交易撮合者

私募股权的经验与教训

[英]**葛涵思**（Guy Hands） 著　　王洋 译

THE DEALMAKER

中国科学技术出版社

·北 京·

The Dealmaker Lessons from a Life in Private Equnity by Guy Hands.

Copyright © Guy Hands, 2021.

This edition is published by arrangement with Peters, Fraser and Dunlop Ltd. through Andrew Nurnberg Associates International Limited Beijing.

Translation copyright © 2024, by China Science and Technology Press Co., Ltd.

北京市版权局著作权合同登记　图字：01-2024-2110

图书在版编目（CIP）数据

交易撮合者 : 私募股权的经验与教训 / (英) 葛涵
思 (Guy Hands) 著 ; 王洋译 . -- 北京 : 中国科学技术
出版社 , 2025. 1. -- ISBN 978-7-5236-0850-0

Ⅰ . F830.59

中国国家版本馆 CIP 数据核字第 202449YQ44 号

策划编辑	李清云　褚福祎	**责任编辑**	褚福祎
封面设计	创研设	**版式设计**	蚂蚁设计
责任校对	张晓莉	**责任印制**	李晓霖

出　　版	中国科学技术出版社
发　　行	中国科学技术出版社有限公司
地　　址	北京市海淀区中关村南大街 16 号
邮　　编	100081
发行电话	010-62173865
传　　真	010-62173081
网　　址	http://www.cspbooks.com.cn

开　　本	880mm × 1230mm　1/32
字　　数	268 千字
印　　张	13
版　　次	2025 年 1 月第 1 版
印　　次	2025 年 1 月第 1 次印刷
印　　刷	北京盛通印刷股份有限公司
书　　号	ISBN 978-7-5236-0850-0/F · 1283
定　　价	79.00 元

致朱莉娅：

　　你是我踏实的港湾，如果没有你无条件的爱、坚定的支持和无限的耐心，我将无法存在。谢谢你，我爱你，永远爱你。

序言

我强大，我软弱

我是两者之间的一切

我为自己骄傲

我是凡人

我奇怪，我怪癖

挣脱宿命合唱团 [1]

《我是凡人》

　　1977 年。正值仲夏，天气潮热。于我，这是一段不堪回首的日子。当时所属百代唱片公司（EMI）的性手枪乐队 [2]（The Sex Pistols）试图在泰晤士河（River Thames）上的一艘船上表演

---

[1]　挣脱宿命合唱团（Escape the Fate），后硬核乐团，于 2005 年在美国内华达成立。——译者注

[2]　性手枪乐队，英国朋克摇滚乐队，于 1975 年在伦敦组建。尽管该乐队的存在时间仅有短短的两年半，但却引发了英国的朋克运动，被认为是流行乐史上最有影响力的乐队之一。——译者注

他们无政府主义版本的《天佑女王》^①（*God Save the Queen*），并以此方式闯入女王的银禧庆典。那时的我年仅 17 岁，正在英国肯特郡（Kent）汤布里奇（Tonbridge）市游泳池旁，与一群芳龄少女共度午后时光。在旁人看来，我大概是拥有某种特殊的魅力，引得女孩儿们簇拥而来。可事实上，这群女生是在庆祝中学毕业，而我只是被当作业余摄影师，被她们叫来帮忙拍照而已。

其实我也没有太多其他的事情可做。我很瘦，举止笨拙，身手也不协调。我是一个有着严重阅读障碍的人，总是受到排挤，因此也总觉得这个世界充满了沮丧。虽然我会无缘无故地产生叛逆感，但也可以理解朋克们的愤怒。在我的生活真正开始之前，我坚定地认为自己是一个失败者。大多数与我同龄的男孩儿都认为我是一只可怜虫，我对此也并不觉得意外。

我跟这群叫我来拍照的女孩儿一样，也刚刚完成了 A-level^②课程的考试。我在最后一次走出校门时发誓，如果不能开着一辆劳斯莱斯威风凛凛地从学校门前呼啸而过，那我就再也不会回到这所学校。

---

① 《天佑女王》，英国国歌。——译者注
② A-level（General Certificate of Education Advanced Level），英国的全民高中课程体系，也是英国大学入学考试的课程。——译者注

序言

1982 年。我已 22 岁，我曾梦想着在美丽的康沃尔郡 ①（Cornwall）沿海小镇福伊（Fowey）开一家带有葡萄酒吧的艺术画廊。如今，这个梦想破灭了。由于银行理财经理的原因，我背上了堆积如山的债务，而这位和善有爱、支持我为梦想努力的人，也因此丢了饭碗。我意识到，若想不破产，我就必须迅速找到一份高薪工作。显然，去华尔街是最好的选择。我担心这种工作多多少少会让我出卖灵魂，但我也知道，我将会比在福伊小镇做小本生意赚到多得多的钱。成功申请到高盛集团（Goldman Sachs）的职位之后，我开始了在 20 世纪最成功的投资集团的职业生涯，一做就是 12 年。

1995 年。我当时就职于野村证券（Nomura）——一家日本的投资银行。我们正在谈一项俄罗斯石油的承购协议，但遇到了一个问题。应该供应石油的公司甚至无法提供有关其对石油合法所有权的最基本信息，他们似乎认为只要告诉我，他们与莫斯科（Moscow）的"俄罗斯白宫"之间存在多么紧密的政治关系就足够了。我把正在跟我打交道的人称为"大彼得"——一个想成为寡头的人，他邀请我和我的两个同事——珍妮（Jenny）和理查德（Richard），去距莫斯科大约 50 英里 ② 的郊外的一个军营开会，

---

① 康沃尔郡位于英格兰的最西南角，几乎被海洋包围，有美丽的海岸景观、海岛和沙滩，是英国著名的旅游胜地。——译者注

② 50 英里约等于 80 千米。1 英里 ≈ 1.61 千米。——译者注

他说这次要"摊牌"了。

我和珍妮二人前往，让理查德留在莫斯科市内——事后证明这样安排非常明智。到达之后，我们被带到了一个四面都是混凝土墙的布满了血迹和弹孔的房间。我们一直等着，过了一个半小时也没有收到任何解释。当珍妮需要去洗手间时，有男警卫会跟着她走到小隔间。她不得不冲着他们大喊一番，警卫才同意让她独自使用。最后，我们终于被带到了另一个房间，"大彼得"就在那里。他坐在一张大桌子旁，两边都是荷枪实弹的武装人员，身边站着他的翻译"小彼得"。

"小彼得"平静地解释说，如果我不同意做这笔交易，"大彼得"就会一枪把我们毙掉。我当然知道野村证券不可能随随便便就答应这笔交易，所以不得不解释说，在公司同意将几亿美元存入"大彼得"的瑞士银行账户之前，我的老板需要我提供更多的信息，而不是简单的一句"可以做"。然后，他们用俄语尖叫着、喊叫着。

最后，我们被带到外面，坐上一辆黑色的豪华轿车，然后被送回莫斯科市。两天后，我接到了一个神秘电话，邀请我到大都会酒店（Hotel Metropole）吃早餐。接待我的人身着一套低调的西装，说话语气温和。他表示自己是一名克格勃[①]人员，并建议

[①] 克格勃，全称"苏联国家安全委员会"，是 1954 年 3 月 13 日至 1991 年 11 月 6 日期间苏联的情报机构，与美国中央情报局、英国军情六处以及以色列摩萨德并称"世界四大情报机构"。——译者注

我尽快离开这个国家，因为我正在打交道的人"非常坏"。我接受了他的建议。那年年底，我收到了一张圣诞贺卡——来自"你在莫斯科的朋友"，里面还有一张我孩子们的照片。

1999年。我还在野村证券工作，正准备买入一个北海①油井的投资组合。谈判开始时，油价为平均每桶16美元。然而，之后油价快速下跌。当接近10美元时，野村证券的东京办事处已经被吓破了胆。我们通过计算得出，如果油价跌至每桶6美元，我们将损失2亿美元，所以，我们没有继续跟进。

但实际上，那一年的油价只跌到了每桶9美元，并没有继续下探到6美元。假设当时我们能保持冷静并完成交易，然后再以100美元的价格出售——原油价格在2008年2月涨到了100美元，随后又继续飙升至140多美元的峰值——我就能为自己赚到90亿美元，而野村证券也可以将360亿美元收入囊中。

2002—2007年。我离开了野村证券，并于2002年4月1日创办了自己的公司泰丰资本（Terra Firma）。我成了一位完全独立的投资人，也成了一个彻底孤独的投资人。我持有这家新公司100%的股权，把自己拥有的一切都交给了它。如果成功，它将是我一生中最大、最成功的一笔交易。如果出了差错，后果将非常可怕——我可能会失去一切，需要重新开始。一位英国税务

---

① 北海（North Sea）是北大西洋的一部分，位于大不列颠岛以东，海底有丰富的石油储藏。——译者注

局（Inland Revenue）的工作人员告诉我，在我就职于野村证券期间，其中有几年我都是全英国缴纳个人所得税最多的那个人。如果我现在隐退，我和妻子朱莉娅（Julia）能够享受到的生活将超乎我们最疯狂的想象，而且我还可以花更多的时间陪伴我的孩子们，或者如果朱莉娅同意我也可以从政。一众老友和医生都在提醒我注意身体。我也知道，如果继续像以前那样玩命工作，我估计会小命不保。但是，我暗暗觉得还有另一笔交易等待我去完成。创立泰丰资本，我希望打造一家可以抗衡——甚至超越美国最强私募股权公司的私募股权巨头。

为了实现这一梦想，我需要邀请世界上最棒的交易好手加入，并且要把他们培养成愿意为我工作的人，而不仅仅是公司的员工。我们的共同目标是将公司不断发展壮大，让所有人都赚得越来越多。时间到了 2007 年，这一策略似乎奏效了。泰丰资本共买入了 8 家成功的企业。其中一家是德意志爱林顿不动产公司（Deutsche Annington），当时已成为德国最大的房地产公司——我个人的持股比例超过 10%。我离开野村证券时，有 20 来位同事随我共同创立了泰丰资本，现在公司的员工数量已经超过了 140人。这时，我拥有全球第九大私募股权公司——也是大型公司中表现最好的一家。我正在超越美国的同行。

2007—2021 年。如坐过山车一样。起初，我一个人独自拥有着全球前十大私募股权公司之一。而这 10 家公司中规模最小的那个，如今也已价值数百亿美元。2007 年，我成功募集到 54

序言

亿欧元 [1]，成立了欧洲最大的第二次独立收购基金。在 20 世纪的前 10 年里，我入评最具影响力的百位私募股权人物，名列第 20 位。

然而，到 2009 年，从严格意义上来讲，我其实已经破产了。在接下来的 10 年里，我的财务状况进一步恶化，身体健康还几次拉响了严重警报。

这些挫折改变了我的人生轨迹，也迫使我重新考虑到底应该优先顾及哪些事情。

如果站在现在回顾往昔，我知道自己一直有着非凡的好运庇护——只遇到过几次坏运气而已。我也知道，生为白人男性，我享受到了很多其他群体无法获得的特权。有时，我非常善于抓住机会，充分利用；也有时，我的状态糟糕得一塌糊涂。我的亲身经历告诉我了一个永恒的真理，即在商业世界中，没有人能像他们自以为的那样出色。

接下来是交易人的旅程——一个不受欢迎、不快乐、愤怒的男孩儿，觉得自己不属于任何地方——一步一步地把自己带到了偏远的北海油田、险些丧命的会议室、酒店房间里的阴暗会议、皇家宫殿里举办的豪华派对，还有胜利的时刻和绝望的时刻，以及最终停留的岛屿——一个靠近法国海岸线的岛屿，一个意想不

---

[1] 1 欧元 ≈ 7.8174 元人民币，54 亿欧元 ≈ 422.1388 亿元人民币。——编者注

到的和平之地，让我重新找回目标感的港湾。

我希望你能从我的故事中找到一些引起共鸣的东西。我也希望你能从我的错误中吸取教训，成为一个比我更加思维缜密的人。如果本书的读者中有些人没有金融背景，我希望你下次在新闻中听到有关私募股权买卖的消息时，能够更清楚交易世界里的真实情况。最重要的是，我希望你在阅读我的交易故事时，能像我在做交易时一样感到乐趣十足。

如果你还在惦记着我年少时暗暗下的那个决心，答案是：是的，如果我愿意的话，我完全可以开着劳斯莱斯回到母校。可是，虽然我深深感激母校的栽培，甚至还为它捐过钱，但从未有过回去的冲动。

目录

第一章　第一笔交易 ……………………………… 1

第二章　寻找使命 ………………………………… 25

第三章　牛津大学的政治生涯 …………… 51

第四章　非常非常贪心 ………………………… 79

第五章　组建期、激荡期、规范期
　　　　和执行期 ………………………… 111

第六章　用数学赚钱 …………………………… 143

第七章　制胜团队 ……………………………… 175

第八章　买狗 ……………………………… 207

第九章　音乐当前 ……………………………… 239

第十章　随船沉没 ⋯⋯⋯⋯⋯⋯⋯⋯⋯ 267

第十一章　拍桌子 ⋯⋯⋯⋯⋯⋯⋯⋯ 287

第十二章　痛苦与反思 ⋯⋯⋯⋯⋯⋯⋯ 323

第十三章　多面地狱 ⋯⋯⋯⋯⋯⋯⋯⋯ 355

第十四章　天堂在地球 ⋯⋯⋯⋯⋯⋯⋯ 373

致谢 ⋯⋯⋯⋯⋯⋯⋯⋯⋯⋯⋯⋯⋯⋯ 401

第一章

第一笔交易

日复一日，独自在山上

傻笑的男人

丝毫未动

世人不问何故

只视他为傻瓜

他从不作答

披头士乐队^①

《山巅愚人》(The Fool on the Hill)

　　当人们把"对于任何一笔交易，最重要的是什么"这个问题抛给我的时候，他们通常期待我的答案是"价格"。显然，我肯定想以尽可能低的价格买入，而且我确实付出了很多时间和精力研究到底应该花多少钱买入，但是，事实上这并不是我最感兴趣

---

① 披头士乐队（The Beatles），1960 年在利物浦组建的一支英国摇滚乐队。该乐队被广泛承认为史上最伟大、最有影响力的摇滚乐队。——译者注

第一章

第一笔交易

的地方。对我而言，交易的全部意义就在于"故事"。是"故事"让每一笔交易都变得独一无二。了解其中的"故事"，可以让我具备优势。所谓"故事"，是由人、公司、压力、技术、全球因素、微观因素和无数其他因素组成的——其中一些可以通过分析得出结论，而另一些只能依靠直觉来判断。在这本书中，我记录下了在我的职业生涯中的"故事"、我经手的交易"故事"，以及我积累经验教训的"故事"。

若是问我最喜欢的音乐剧是哪一部，我会回答《汉密尔顿》。我还会赶紧补充说，这并不是因为我认为自己的生活经历与美国的传奇开国元勋汉密尔顿[①]如出一辙，而是因为我一直把自己当作一个努力融入当地生活的外来移民。我在英国成长，我爱英国，但从文化的角度来看，我在很多方面都是一个外来者，而且我也真的觉得自己像一个外来者。

我的父亲克里斯（Chris）和母亲莎莉（Sally）都是南非白人。和大多数在种族隔离时期长大的南非白人一样，他们都过着非常优越的生活。他们两人从小都在德班[②]（Durban）长大，甚至还上过同一所幼儿园。

我的祖父在德班经营着一家大型律师事务所。我父亲读书

[①] 亚历山大·汉密尔顿（Alexander Hamilton），1755年1月11日—1804年7月12日，美国政治家、军人、经济学家，参与美国宪法起草，被誉为美国建国国父之一。——译者注

[②] 德班，南非主要的城市和海港之一。——译者注

的地方是南非最昂贵的私立寄宿学校之一，毕业后进入纳塔尔大学 ①（University of Natal）学习法律。在同一时期，我的母亲就读于金山大学 ②（University of the Witwatersrand），这里信奉大学对学生应不分阶级、财富、种族或信仰，一视同仁。之后，他们两人又都在英国度过了一段时间。父亲在牛津大学（University of Oxford）修读法学硕士课程，并获得了学位；母亲则在伦敦，在玛丽亚格雷教师培训学院（Maria Grey Teacher Training College）的特威克纳姆校区（Twickenham）和基尔本校区（Kilburn）学习。

他们在南非结婚，但出于对种族隔离制度的厌恶，在我出生后不久，他们共同决定举家搬至英国的殖民地南罗得西亚 ③（Southern Rhodesia）。这是一个美丽的国度，政府的自由程度也远远高于邻国。父亲是一名大律师，母亲在首都索尔兹伯里（Salisbury）经营着一家托儿所。从当时的照片里看，我是一个充满微笑的快乐金发男孩，蓝眼睛炯炯有神，显得精神十足。我有自己尊敬的托班老师，我有自己心爱的小狗阿金（Kim），而且我每天都可以在阳光下玩耍，无拘无束。最重要的是，在我两岁时，母亲就把我送到了四岁以上小朋友才能进的托班。她说，如果能和比我大很多的孩子在一起玩，我就会很开心，也会乐

---

① 纳塔尔大学，南非知名的研究型综合大学。——译者注
② 金山大学，又称威特沃特斯兰德大学，南非著名的百年名校。——译者注
③ 南罗得西亚，后改名为津巴布韦（Zimbabwe）。——译者注

第一章
第一笔交易

此不疲——这样，她就可以分出精力管理托儿所了。但她也提醒过，因为我总是更喜欢和大一点儿的孩子玩，所以很可能在跟同龄人相处时会更加困难。

然而，南罗得西亚对我父母的吸引力也很快消失了。在这片黑人占多数的大陆上，津巴布韦加入了南非的阵营，试图逆历史潮流而动。1964 年，即将当选总理的伊恩·史密斯（Ian Smith）宣布，他将抵制英国提出的多数决定原则，并单方面宣布独立。史密斯表示："我绝对不相信罗得西亚会出现黑人的多数统治——一千年后都没可能。"

我的父母都反对种族隔离。当我还是一名学生时，母亲曾听过纳尔逊·曼德拉（Nelson Mandela）的演讲，印象深刻，以至于后来她还专程去目睹他的风采。她告诉我的外祖父母，她认为曼德拉将会成为南非未来的总理。外祖父母的反应颇具那个时代的典型性——"别傻了，莎莉，千万别把这种想法告诉外人啊。"父亲曾以一名出庭律师的身份，就管辖黑人的法律与司法部门发生过几次争执。父母告诉我，我是在罗得西亚开始害怕警察的。因为有一次我坐在车里驶过索尔兹伯里时，目睹了他们殴打非洲黑人的暴力行为。

父母决定离开罗得西亚，但他们不想回到南非。这就把选择指向了英格兰，因为那是他们两人都曾经求学的地方。留给他们做决定的时间不多了：南非于 1961 年脱离了英联邦的统治，只为像我父母这样的准移民留下了短暂的时间窗口，所以他们决定

5

孤注一掷。1962 年，我们全家从阳光明媚的非洲南部搬到了英国。几个月后，这个国家就迎来了自 1740 年以来最寒冷的冬天。

起初，我的父母在伯纳姆比奇斯（Burnham Beeches）租了一间小农舍，这里离我母亲的姑姑家和叔叔家不远。屋子的条件只能满足最基本的生活需要——暖气还是投币式的，父亲不得不往里面不停地投硬币，才能让它发出一点点热量，而且屋子里还又阴又冷。母亲当时正怀着我的弟弟菲利普（Philip），潮湿的环境让她非常难受。在她于医院分娩期间，我和父亲临时搬去母亲的菲利斯（Phyllis）姨姨和亚瑟（Arthur）姨夫的住处——一个外墙只涂了灰泥的平房，位于科恩布鲁克（Colnbrook），靠近希思罗机场（Heathrow Airport）主要跑道的尽头。他们俩都属于英国的老古董，行为怪癖。我的姨祖母和姨祖父会把食物盖起来，放在屋外的树下，认为这样能让食物避开高温。即使在他们九十多岁高龄时，仍然每天骑着自行车去买菜——这两辆自行车是他们在第二次世界大战前为了一次环法骑行之旅而购买的。

在这期间，我的父母拼凑了所有的积蓄，在伯克郡（Berkshire）库克汉姆村（Cookham）的商业街中段买下一栋名为"静隐"（The Retreat）的半独立式住宅。我们全家在母亲出院后就搬进去了。对我的父母而言，这里无法与南非的居住条件相提并论，但至少他们现在拥有了属于自己的家，至少屋内是干爽的。为了维持生计，他们招了一位年长的房客合住。在她停租后，母亲为了赚点钱，还去教过课。

第一章
第一笔交易

对我而言，这段过渡时期并不容易。我在南罗得西亚目睹了暴行之后，一直感到焦虑不安（母亲告诉我，我三岁生日时收到一组玩具士兵后，就用它们的剑把它们埋在了花园里）。但事实上，在那里，我的日子非常快乐：那个国家温暖舒适、阳光明媚，在托儿所里，我还有小伙伴可以一起玩。老实说，我觉得我们选择离开真是胆小鬼的表现。而现在，我们住在这个阴冷潮湿的国家。父亲暂时无法做律师，必须支付一定的费用才能重新获得执业资格，所以，家里当时面临着巨大的经济压力。

那时，我把自己的不快乐归咎于父母。直到我有了自己的孩子，才意识到他们当时下了多大的决心，才做出这样一个重大选择——从一个他们热爱的国家搬到一个他们明知不得不面对重重困难的国家。当时我唯一确定的是，在这个非常陌生的环境中，我必须以某种方式求得生存。

满五岁后，我就去圣三一小学（Holy Trinity）——库克汉姆当地的乡村小学——读书了。我的班上有四十多个五六岁的孩子。有一位年长的老师总是一本正经的样子。她一开始就告诉母亲，我是她教书以来遇到过的最出色的孩子。她表示，我具备非常广泛的常识认知，并且喜欢辩论政治、宗教和科学等各种话题——通常并不会有五岁的孩子对这些话题感兴趣。然而，我的早熟并没有得到同学们的认同。开学后第一周，我的牙齿就被打掉了。教室是个安全的地方，有"一本正经老师"在的时候其他地方也是安全的，但在别的场合，我频繁遭到霸凌。

库克汉姆居住着能力、财富和社会地位千差万别的各种群体。放学时，农场工人开着拖拉机去接他们的孩子，同在校门外等候的，还有开着劳斯莱斯的职场精英。没过多久，我就意识到我的每一个朋友家都比我家富有得多。一些库克汉姆的富裕家庭的父母邀请我去他们家里和他们的孩子一起玩耍时，我尤其能感受得到，因为他们经常送我礼物。那种感觉好像慈善捐赠，而且可能真的就是慈善捐赠。

我还发现，并不是所有的孩子都像我一样坚守规则。我加入了国际象棋俱乐部，不但学会了下棋，棋艺还日渐精湛，甚至打进了校际锦标赛的决赛。然而，在决赛阶段，我遇到了一个作弊的小朋友，他总想把自己的"国王"放在我的"国王"旁边，这样就可以逼和了。其他的小朋友表示，"涵思，你不能让他这么做"，但我却在老老实实地一子一子地吃掉他的棋子。然后，他当然是采取了不正当的行为。"你的国王摸子[1]了，"他说着，就把棋盘打翻在地上。我当时困惑之深、受伤之重，使得那段经历至今仍记忆犹新。

现在，我意识到问题在于我不够灵活，不会耸耸肩继续往前

---

[1] 摸子是国际象棋中的一种行为。如果一方触摸了自己的棋子，就必须要移动该棋子（除非无法移动），若触摸对方的棋子，就必须吃掉该棋子（除非不能吃掉）不能反悔。如果需要摆正棋子的位置，必须要说"摆棋"或"摆子"等，向对方示意。青少年比赛中经常有故意摸子或诱导对方摸子的行为，较易引起争议。——译者注

走。我发现，一旦确定了行动方向或某种行为，即使事情明显没有按照我预定的方式进行，或者没有达到预期效果，我也很难做出改变。我记得，也是在这段时期，我打扮成稻草人参加了一个当地的化装舞会比赛。那次比赛要求全程几个小时内都要以化妆的身份出席舞会。当有人跟我攀谈时，我一言不发——毕竟，我是个稻草人。但是，虽然我忠实地诠释了这个角色，却并没有交到任何朋友。事实上，还有人问母亲我是否"一直都在那里"。虽然我赢得了比赛，但我认为大家更多是出于同情我可怜的母亲，才把奖项颁给了我。

是我在圣三一小学的第一位班主任意识到我有点不太对劲。虽然，在谈论国际局势、动物、鸟类、天文学、化学、股票和股份、商业和数学时，我的成熟观点与年龄完全不相符（数学是我从亚瑟姨祖父那里学到的），但是，我无法阅读，也不会写字。老师于是请母亲来学校谈一谈。那时，母亲怀着我的妹妹艾莉森（Alison）。我站在教室外面，一边看护着婴儿车里的弟弟，一边能听到里面说话的声调变高。然后，母亲含着眼泪走出来。

在回家的路上，她告诉我老师想不明白为什么我不具备读写能力，但却能够谈论极其复杂的话题；也不明白为什么即使我几乎什么都不写，数学成绩还能非常出色。老师说，也许问题出在母亲的南非口音上——如果母亲的英语说得不好，我又怎么能说好呢？

据母亲回忆说，我当时的反应是立志自学阅读。回到家后，

9

我把自己关在楼上，手里拿着一本图画书，整个周末都在仔细阅读。我拒绝了父母提供的所有帮助。"一本正经老师"指出的是我的问题，不是他们的问题。那时我只有五岁，却已经喜欢独自战斗了。到星期一的早上，我可以认识三到四个字母组成的单词了：猫（cat）、狗（dog）、汽车（car）和船（boat）。这足以让"一本正经老师"不再来指责母亲了。

然而，母亲学过心理学，她意识到我的这些问题存在一些根本性的问题。经过四处打听，她带我去见了各种各样的人，我还接受了他们的无数次测试，但这些似乎没有起到任何帮助。

然后，在我八岁的时候，母亲在玛丽亚格雷教师培训学院的同事心理学讲师贝利女士（Ms Bailey）把玛格丽特·布兰奇（Margaret Branch）介绍给她认识。

布兰奇的人生经历颇为不平凡。她曾在西班牙内战期间担任救护车司机，在第二次世界大战期间帮助将犹太人偷运出已沦陷的布拉格（Prague）。她还曾经被纳粹俘虏，遭受酷刑，但后来成功逃脱，设法回到了伦敦。战后，她在盖伊医院（Guy's Hospital）担任心理治疗师，并与她的生活伴侣卡米尔·鲁格（Camille Ruegg）共同创立了全国天才儿童协会（National Association for Gifted Children）。

我对她的第一印象是严厉但善良。她直接找到了问题的根源。她说，我的视觉认知、口语表达和数学推理能力之间存在着巨大的鸿沟。她决定将我转诊至位于伦敦的阅读障碍中心

（Word Blind Center）。这里是英国最早关注阅读障碍（如今被称作失读症）的机构之一。该中心又将我转诊给麦克唐纳·克里奇利（MacDonald Critchley）博士——一位德高望重的神经学家，善于对人类行为进行一丝不苟的观察。

他的咨询室位于伦敦，里面窗明几净、空气清新。慈祥的克里奇利博士为我设置了各种测试：阅读、写作、数学推理、堆积木、记忆练习、声音重复以及其他各种令人眼花缭乱的肢体活动和脑力任务。我在有些项目中表现得差极了，以至于克里奇利博士开玩笑地说，连他家的狗都能比我做得好。"不过别担心，"他说，"狗不会统治世界。"

他对我的语言和数学推理能力进行了测试，还让我完成了一个通常针对十一岁以上儿童的抽象推理测试。我自信地回答了每一个问题。最后，他告诉我，我的测试结果非常出色。我可能在拼写测试中错得一塌糊涂，而且我的阅读年龄也只有八岁，但在抽象推理和数学方面，我与十六岁的孩子不相上下。我非常聪明，他总结道，同时，我有严重的阅读障碍。

克里奇利博士认为，如果想让我阅读和书写的能力与我潜在的智力水平相当，将是一个不可能完成的任务，而且这个过程也会令我无比沮丧。因此，我需要找到一种应对方式。他知道，我永远不会成为学校里那个出色的孩子，因此建议我应该尽可能以快乐的方式完成学业，然后靠自己努力耕耘奋斗。在接下来的十五年里，每次我们见面的时候，他都没有问过我的学习成绩。

他只关心我过得是否幸福。他积极的态度以及对我的完全信任，对我而言意义重大。虽然我的 A-level 考试成绩一塌糊涂，但我还是被牛津大学录取了。我写信给他分享了这个好消息。他在回信里表示他并不感到惊讶，因为如果有人的考试成绩这么差还能被牛津大学录取，那就一定是我。

我很幸运。阅读障碍中心成立于 1962 年。就在 30 年前，刺激大脑发挥更多功能的标准操作还是施行电击疗法。如果我确诊得再早些，那就难逃一劫了。

向没有阅读障碍的人解释失读症的感受并非易事。因为大多数人对书面文字早就习以为常了，所以他们并不会思考自己的大脑是怎样对它们进行解读的。但是，对于像我这样有阅读障碍的孩子来说，即使纸上写的是最简单的单词，感觉也好像是一串密码。我的大脑根本搞不明白那些拐来拐去的线条是什么，也弄不清楚它们到底代表着什么。"单词盲人"很准确地描述了我曾经历的感受。即使现在，我的拼写水平也只有 7 岁儿童的水平，阅读能力还比不上 13 岁的孩子。

大家普遍认为患有失读症的人都具备某种特殊的技能。确实，有些人是这样的，而我就是其中的幸运儿之一，天生拥有足够的智力水平来应对各种不便。但是，大多数失读症患者的生活都很艰难。在美国，30% 的监狱囚犯和 70% 的死刑犯都患有失读症，而这并非巧合。刑事司法系统（以及普遍的法律系统）往往对不识字的人持有强烈的偏见。

第一章

第一笔交易

当年，在这一领域缺乏研究结果的情况下，克里奇利博士就向我解释，我的问题在于大脑的一侧与另一侧没有正确地连接。他说，这一机制还会带来许多其他的问题，其中一些是我有的（例如运动障碍），还有一些没发生在我身上（例如自闭症）。被告知这个结果的时候，虽然大多数孩子都会十分沮丧，但我仍然记得当时自己激动的心情，因为我终于明白了自己的问题出在哪里。从此以后，我必须学会与阅读障碍和运动障碍相处，但好在我已经知道它们是什么了，我觉得我可以应付得来。

小时候，这些问题常常让我的行为显得古怪。例如，我没有方向感，所以当足球传到我脚下时，我有时会在场上跑错方向。曾经有一次在爱尔兰度假，我和弟弟菲利普一起出去散步，但自己却迷了路。家人们实在找不到我，最后不得不呼叫搜救队出动。而尽管当时菲利普只有 4 岁，却能在我被发现的前几个小时，就自己找到正确的路线回到了我们住的农舍。即使现在，我依然不得其法。看懂车载 GPS 系统对我来说就是一大挑战，因为我经常搞不清楚我面对的是哪条路。我必须要依靠语音提示才能知道开错了方向。不过更多的情况下，这个提示来自我的妻子朱莉娅。我的解决方案很简单：打开语音提示，调高音量。要么我就是朝着正确的方向行驶，要么我听到错误提示之后调头就行了。

除此之外，我的发音也不标准。在学校里，很多同学都听不懂我在说什么。多年来，我不得不一直接受言语治疗。即使现

13

在，朱莉娅也建议我只使用能清楚发音的词语——我努力照做。但是，我还是时不时地要用到对我比较困难的单词，而且我也总要不断学习近年来融入英语的新单词和新术语。对我的孩子们而言，这既能让他们觉得无比搞笑，也会感到深深的烦恼。

在学生时代，我的语言问题让我成为被攻击的目标。即使我自己和其他孩子都认为我是个身体虚弱的人，也依然无济于事。我的身高在长，但体重并没有增加，所以完全没有可能去踢足球，而且全班四十个人里，我还是年纪最小的那个。因此，我惨遭校园霸凌也就不足为奇了。

在我的同学中，有些人非常残忍，报复心也很强。我经常会在操场上遭到同学的袭击，或者被他们孤立。在家里，母亲有一个晾衣服的充气假人，我就会拿它作为出气筒，发泄自己的不快和沮丧。虽然有一段时间我在圣三一小学有幸遇到两位非常善良的老师，对我照顾有加，但这种情况并没有持续太久。这两位善良的老师离开后，来了两位差劲的老师，霸凌就又回来了。当我带着家里的拉布拉多犬小米（Midge）在库克汉姆湿地公园（Cookham Moor）散步时，两个大一点的孩子——一个哥哥和一个姐姐——向我发起了攻击。他们追着我跑，把我逼到桥下，直到小米跳起来保护我，咆哮着扑向他们。他们撤了，我们逃了。我没有向父母提过此事，其实我也并没有把在学校的遭遇都告诉他们。不过他们可能知道一些我没有讲过的事情，因为母亲跟布兰奇老师谈话时，老师用"非常坚忍"来描述我，还说我不愿意

第一章
第一笔交易

向他们寻求帮助。终于有一天，我的瘀伤瞒不住了。母亲找了校长，校长责备了霸凌我的同学——但这只会刺激他们对我加倍攻击。

终于有一天我被惹急了。我当时在圣三一小学四年级就读，遭到的霸凌越来越严重，经常被打得遍体鳞伤。有一次，课间休息结束后，在大家返回教室时，一群同学开始冲过来打我。这次，我展开了猛烈地反击。我推倒了一张桌子，希望能拦住他们，但他们还是扑了过来。最终，我不得不使出浑身的力气举起那张桌子，砸向其中的一个人。正巧就在那时，不早也不晚，有一位老师冲了进来，看到了我的所作所为。他告诉校长我已经完全失控了。

在布兰奇女士的帮助下，我获得了萨默塞特郡（Somerset）拉文克劳福预科学校（Ravenscroft Preparatory School）的奖学金。在这所"特殊学校"里就读的学生，要么有严重的学习或社交障碍，要么两者兼而有之，所以，学生的构成千奇百怪。有个女生的父亲是罪犯，有个男生的父亲是职业赌徒，诸如此类，各种各样。

我选择了留校寄宿，报到入学时，春季学期已经过半。当时，我年仅九岁半。校长吉拉姆先生（Mr Gillam）了解到我对政治和股票交易很感兴趣，下国际象棋时经常能击败我的父亲，还喜欢游泳——虽然我划水的动作不太协调。他还得知我浑身上下总是脏兮兮的，不会系鞋带、不会系领带、精力旺盛、话匣子一打开就滔滔不绝。既然学校接收了我，我想他们一定也看到了我的考试成绩。

我在拉文克劳福预科学校的早期经历并不愉快，不过这也是预料之中的事情。我远离家人和朋友，感到孤立无援。更糟糕的是，因为母亲不会开车，我在期中假期也不得不留在学校里度过。尽管我会准时准点地定期给父母写信诉衷肠，并请他们向弟弟妹妹转达思念，但我还是有与他们脱节的失落感。不过，这可能也不足为奇。事实上，在我后来的童年时光里，即使是回到了家人的身边，我也从未真正感到"回家了"。

在学习上，我仍然在跟阅读和书写等基本技能进行斗争。老师们借助语音和彩色卡帮助我识字——每一种声音对应一种颜色，但是，我的拼写和书写水平依然在倔强地原地踏步。然而，我对数字真的非常敏感。我可以在脑海中复现高度复杂的方程式，在临睡前——有时甚至会花上几个小时——思考复杂的数学问题。当我得出答案时，我知道自己真的是算对了。校长——被我们称为"吉利"的校长——鼓励着我对数字的热爱。事实证明，他对我非常友好。我不知道他有没有和克里奇利博士交流过，但他似乎也把重点放在了对我心理健康的关注上，而并不担心我的学习成绩。他教导我专注在自己能做好的事情上，并会帮我想办法来解决做不了的事情。

尽管有"吉利"校长的支持，但我仍然免不了会遇到麻烦。例如，负责教我拉丁语和法语的老师，我们给他起外号叫"上校"。他似乎认为只有打得够狠，孩子们才能学到东西。我们每

16

周都有一次法语测试，内容涉及一百个单词的拼写。而每出一个拼写错误，都会被他用皮带抽一下。显然，我一个单词都没有拼对过。

最终，"上校"对我完全绝望了，把我交给了"吉利"校长。校长表示，我不需要再在法语上浪费时间了。他把我安排在十三岁学生的班级里，同意我跳过几门他认为不重要的课程，因此，我的新课表轻松了许多。他鼓励我在闲暇的时间里去做任何自己喜欢的事情，发展爱好。突然地，我就不用再学法语和拉丁语了。于是，表演、摄影等这类的课程迅速填满了我的空闲时间。我开始沉迷于摄影，在校园里溜达着四处拍照。早期的照片不堪入眼，但我慢慢地取得了进步。

其他同岁的孩子对我并不友好，也不待见我的特殊课程表。在我从十岁班转到十三岁班的那天晚上，他们回到宿舍，拆掉了我那张破旧的金属床架上的中心弹簧。在我爬上床的时候，床垫突然向内倒塌，我立刻陷在里面，动弹不得。我被死死夹住之后，他们就开始顺手拿起身边的东西向我砸过来。有一个男生扔向我的是易拉罐。我的脑袋被砸开了一个口子，血流满面。"吉利"校长不得不开车把我送去最近的医院。

医生给我清理完伤口之后，校长就开着他那辆老式雪铁龙DS小车送我回到学校。当时他正在气头上，准备拿鞭子把伤害我的学生都抽一顿，但我求他千万别这么做。记得我当时坐在他的车里，一副惊慌失措的样子，后来跟着他回到办公室，努力说服他改变主意。我告诉他，如果他用鞭子抽打欺负我的人，他们只会变本加厉地报复我，最后的结果就是我不得不离开这所学校。

最终我们达成了一致：这次，他不会用鞭子惩罚那些学生，但会发出警告，如果我以后再来告状，不论他们是否真的有任何过错，校长都会用鞭子把他们抽得跪地求饶。这是我的第一笔真正的交易——事后证明这是一笔非常成功的交易。从那以后，我和室友们相处得格外融洽，还会为彼此两肋插刀。

当然，我之所以能够说服"吉利"校长，部分原因在于我向他讲解事情的经过时非常小心谨慎。不幸的是，我没有对法语老师采取同样的谈话方式，这也正是后来我在拉文克劳福预科学校里一直受他折磨的原因。这是一个非常有用的人生教训。

在任何学校，尤其是在接受寄宿生的特殊学校，不可避免地会发生一些不愉快的事情，而这些不愉快的事情往往不为人知，它们要么被有话语权的人们忽略，要么被他们掩盖。在 20 世纪 60 年代，这种情况尤甚。有些在如今可能会引起丑闻的行为，在当时——如果不是每个人都能接受的话——至少也并没有得到充分的管制。记得有一次，我和一个朋友住在距离主校区较远的宿舍里。某天晚上，我们决定偷偷溜出去玩。途中遇到了一些高年级的男生在舍监老师的书房里跳舞玩乐，每个人都赤裸着身体。我的朋友把这件事告诉了他的父亲。然后，我们就被校长叫去了解情况。再后来，这位老师就被撤职了。我也曾受到过老

第一章

第一笔交易

师的特殊关注，然而这种关注并不是我想要的。因为据说反复锻炼手指的活动有助于连接大脑的左右半球，所以我开始学习弹钢琴了。不幸的是，我的钢琴老师利用给我上课的机会抚摸我。我没有向校长告发他——因为只有我们两人相互对质，肯定说不清楚——但我也自己展开了报复行动，偶尔会在他的咖啡里撒盐，或者"失手"让琴盖砸在他的手上。我想，我这一代上过寄宿学校的男孩中，也许有很多人都曾遇到过类似的经历。

在学校里，我曾两次获得过与学习相关的奖项。由于在数学方面的优异表现，我得到了一本关于南海泡沫[①]（South Sea Bubble）的书。我猜想，这一方面大概是因为"吉利"校长想让我明白通过股票市场赚钱充满了不确定性，另一方面也许是因为他很想知道读起来像绕口令一样的"South Sea Bubble"会让我的舌头打成什么样的结。从这两方面来看，他都是对的。直到如今，"South Sea Bubble"的发音依然会让我的舌头打结。当然，我在继续热衷于研究股票市场的同时，也对其天然自带的赌博本质和歇斯底里的情绪抱持谨慎的态度。现在，本杰明·格雷厄

[①] 南海公司（South Sea Company）于1711年创立，表面上从事英国与南美洲等地贸易活动，但实际则在协助政府融资，分担政府的债务。通过虚夸业务和贿赂政府，其股价在1720年飞涨，并带领多家"泡沫公司"的股价上涨，随后又在政府施以监管后暴跌。此事件史称南海泡沫（South Sea Bubble），是英国面临的第一次重大经济危机，也与同年的密西西比泡沫事件及1637年的郁金香狂热并称欧洲早期"三大经济泡沫"。——译者注

姆（Benjamin Graham）所著的《聪明的投资者》（*The Intelligent Investor*）比这本关于投机泡沫的书更适合我。

除此之外，我在拉文克劳福预科学校获得的另一个奖项为我带来了一个不可思议的灵感，也成了我的一个护身符，自那以后，一直伴随着我。那年我十岁，获得了一个英语奖项。鉴于我的阅读障碍和糟糕的拼写能力，这可能听起来很荒谬，但我确实可以做到的一件事就是写诗（当然，我只能写短诗），因为诗歌的创作通常不受到常规语法规则的约束。"吉利"校长看到了我在这一领域所付出的努力，送了一本关于沙卡·祖鲁[①]（Shaka Zulu）的书给我。时至今日，我都不知道他送我这本书是出于什么原因。他知道我的父母来自南非，也许认为我会认为沙卡·祖鲁是一个孤独又潜力无限的人。然而，把一本带有详细描述十九世纪初的祖鲁人如何避孕的书送给一个十岁男孩，还是让人不免觉得非常奇怪。

但事实上，这本书让我深受启发。我认同沙卡·祖鲁，不仅因为他和我的父母都来自南非的同一地区——他的居住地位于德拉肯斯堡高原（Drakensberg plateau）和印度洋之间——还因为他小时候也遭遇过霸凌。作者 E. A. 里特（E. A. Ritter）在书中写

[①] 沙卡·祖鲁，约 1781 年—1828 年 9 月 22 日，非洲祖鲁族的首领，通过战争征服，建立了非洲历史上的一个王国——祖鲁王国，位于今南非东部。——译者注

第一章
第一笔交易

道：当时，祖鲁还仅仅是一个规模不大的酋邦，首领有一个私生子名叫沙卡。他与母亲一起被父亲扫地出门，后来又被母亲的部落——朗格尼人（Langeni）——里的孩子们欺负凌辱。甚至在他们二人搬去姑婆家暂住时，那里的穆提特瓦（Mthethwa）人依然在折磨沙卡·祖鲁，还对他冷嘲热讽。然而，长大之后，他通过外交手段和战争征服，率领着整个祖鲁民族不断扩张，将一个最初只有 1,500 人的酋邦发展成为一个控制着 12,000 平方英里（1 平方英里 ≈ 2.59 平方千米）领土的王国。鉴于我曾经历过的一切，沙卡·祖鲁的故事对我来说，既是一种安慰，又异常鼓舞人心。

其中，有一个故事给我留下了非常深刻的印象。在沙卡成为祖鲁人的首领之后，他训练军队使用一种自重不轻的短刺刀（Assegai），放弃了他们之前惯用的轻型飞刀。他还在训练中让战士们脱掉鞋子，在地上用赤脚踩出一个巨大的三叉"魔鬼刺"。然后，他率领这支军队连夜行军直达朗格尼酋邦的领土中心地带，包围了其首都，并迫使他们的首领投降。随后，他把所有给家人带来过痛苦的男孩们都集中起来，不断让他们回忆自己曾经的所作所为，并对每个人进行单独审判。在宣判之前，他给了所有人一个机会——讲出他们对自己的母亲或妹妹的一次善举。只有一个人能讲得出来，于是他被释放了，并得到了一头牛作为礼物。其他人被分成两组，最残忍的在左边，报复心最弱的在右边。沙卡将左边一组钉在木桩上，并固定在地里，在夜幕降临后

21

在木桩下点起了火。处置右边一组的方法稍显仁慈，只是用棍棒当头一击。

这个人的性格中有如此残忍的一面，最终还遭到背叛，并被谋杀。没错，可能从某个角度来看，我对他产生认同感是一件非常奇怪的事。但对于一个几乎没有朋友、经常被欺负、无法习得普通人常规技能的 10 岁男孩来说，权力和报复念头确实是一种极大的安慰。即使遇到了千难万险，沙卡还是获得了成功。这就是他让我产生认同感的原因。他拒绝妥协，所以取得了成功。

然而，沙卡·祖鲁精神的庇佑，并不能为我遮风避雨。有一天，母亲接到学校的紧急电话，要她尽快赶往巴斯医院（Bath Hospital）。那次，是一位年长的法国男生看到我和他的妹妹走得很近，心生不满，非常暴力地把我按进水里，导致我需要紧急心肺复苏抢救。我记得在医院醒来时，由于我的鼻窦和耳膜受损，头部仍有明显的刺痛感。我还记得康复返校时，得到了室友们的热烈欢迎，仿佛就像我是从坟墓里走回来的一样。但是，因为我自己对这件事的记忆是模糊不清的，所以接受了"吉利"校长给我解释的版本——我是因为严重的鼻窦炎才住院的，不是因为险些溺水。即便如此，我还是变得郁郁寡欢，性格也越来越孤僻，还非常怕水。我总觉得如果鼻窦再进水，我又将经受一次极度的疼痛，或者不得不再去住院。

对我们家而言，那段时间可谓时来运转。父亲找到了一份不

第一章

第一笔交易

错的律师工作，就职于英国钢铁公司（British Steel），甚至公司还给他配了一辆专车。我为他深感自豪，尤其是因为这家公司资助了蔡·布莱斯爵士（Sir Chay Blyth）——他挑战了在当时看来是不可能完成的任务：首次独自驾驶帆船以"错误的路线"[①] 完成环球航行。

但与此同时，我也非常清楚整个钢铁行业——尤其是英国的钢铁公司——都在走下坡路。父亲非常看好这家公司，但事实上它一直在削减成本，并不断裁员。这些事情令父亲心生郁闷。我虽然年纪尚小，但也感到忧虑。

事实是，虽然我在孩提时期经历的苦日子（而且是相对苦的日子）仅有几年而已，但这也会在脑海里种下无端妄想的念头，生怕再次回到那种日子，也带来了强烈的动机，让我尽力避免它的发生。自从记事起，我总是陷在非常害怕失去一切的恐惧之中。也许正因如此，很多像我这样白手起家的百万富翁们即使已经赚到了普通人连做梦都不敢想象的财富之后，依然会在之后的很长一段时间内继续专注于创造财富。借用约翰·欧文（John Irving）在小说《盖普眼中的世界》（*The World According to Garp*）中的一个表达，我把这种恐惧称为"底蛤

[①] 环球航行者通常选择自西向东行驶，可以借力盛行风和洋流，但布莱斯爵士选择自东向西航行，与盛行风和洋流的方向相逆。——译者注

蟆"①(Under Toad)。这本书为我提供了一个形象的隐喻，让我非常受用。自从我记事起，就一直用它表达对无法控制和失去一切的深深恐惧。在我掉进水里的那一刻，陷入真正麻烦的时候，我的脑海中都会闪现它的画面。

---

① 约翰·欧文在《盖普眼中的世界》这部作品中创造了一个充满暴行的世界，死亡时刻准备侵袭盖普与其家人，导致盖普极度担心孩子的安全。这种恐惧被作者塑造成为一种看不见的，但能经常感觉到的生物，并称为"底蛤蟆"。——译者注

第二章

寻找使命

我要大惊小怪

我要大喊大叫

工作一夏天

只为赚一美元

每次给女朋友打电话

想约会

老板都说"不行，孩子，

你得工作到很晚"

有时我想知道

我该做什么

但想治愈夏日的忧郁

我无路可循

埃迪·科克伦 [1]（Eddie Cochran）

《夏日布鲁斯》（*Summertime Blues*）

---

[1] 埃迪·科克伦，1938 年 10 月 3 日—1960 年 4 月 17 日，美国摇滚歌手，他时髦帅气的年轻男子形象和叛逆的态度成为 20 世纪 50 年代摇滚音乐人的典范，后因车祸去世，年仅 21 岁。——译者注

第二章
寻找使命

我险些溺水的事故给父母带来了极大的担忧，他们觉得需要为我重新找一所学校。理论上来说，这应该并不是一个太大的挑战。我已经通过了十一年级以上的考试，父母刚刚搬家到了肯特郡，那里也有几所不错的文法学校①（Grammar School），但实际上，我的阅读障碍是一块很大的绊脚石。

最终，肯特郡的教育精神病学家帮我安排了距离我们新家最近的贾德文法学校（Judd），校长伦德尔先生（Mr Rendall）为我进行了面试。他同意让我试读，但因为担心我可能会难以融入，所以要求我必须在拉文克劳福预科学校再多待上一年。我记得自己当时的心情是既轻松又焦虑。感到轻松，是因为贾德文法学校愿意收下我；感到焦虑，是因为在这所新学校里我一个人都不认识，而且也还是可能会遭到霸凌。与此同时，我不得不在拉文克劳福预科学校再多待一年——既没有目标也没有考试的一年。我的内心被孤独和忧虑占据着，整个人变得沉默寡言。

1971 年 9 月，我来到了贾德文法学校。第一周就是一场灾难。老师们无法辨认出我写的任何东西，所以布置了周末回家的作业，让我抄写一本拼字书和很多字母。虽然我没有遭到霸凌，但我比班上其他的男孩都大一岁，比他们高，也比他们瘦，还在暑假期间进入了青春期。所以，我是班上唯一必须刮胡子的男生，这让我感到既难为情又尴尬。我躲在教室的后排座位上，同

---

① 英国的文法学校指传统中学，主要提供大学预备课程。——译者注

在这里的还有智力发育不达标的同学、调皮捣蛋的同学和恃强凌弱的同学。这里很适合我。没过多久，我就发现遭遇霸凌的是那些坐在教室最前面的同学——以及那些戴眼镜的同学。如果坐在后排，还能尽量少说话，那你就是安全的。

年末，学校的布告栏上张贴出我们的成绩排名。在一百个孩子中，我倒数第二。我最好的朋友都排在最后十名里。我不认为他们是真的不如那些所谓天资聪颖的同学，只是因为他们由于这样或那样的原因，无法融入当前的教育体系——而且因为他们可能具有一定的破坏性，所以他们才被忽视，才被这个体系排挤。他们都没有考上 sixth form[①]。

我在这里的第二个年头，一开始就比第一年更糟。只有校长和另一位老师对我的阅读障碍表示同情。其他老师则认为我是懒惰。在一位老师的课堂上，每当我答错问题时，他都会抓起黑板擦向我扔过来，而且，他扔得很准。我的英语老师也会抓住我的每一个语法错误或拼写错误，全都要扣分。虽然我在肯特郡的诗歌比赛中获得了"最有前途的年轻作家"特别奖，但也无济于事。如果说我的获奖会带来什么改变的话，那就是反而让事情变得更糟了——尤其是当地媒体对我进行了报道，但却对我的学校

---

① sixth form 指英国中学阶段的最后两年，专门指导学生完成高中的最后阶段，并准备大学入学考试。学生在完成中学会考之后，通过考试可进入 sixth form 阶段的学习。——译者注

只字未提。

眼看我在这里就要待到第三个年头了，但状况依然是一团糟，再加上即将进入德语课程的学习，我知道这对我无疑又是一场巨大的挑战。这时，伦德尔校长决定推荐我去寻求肯特郡的教育精神病学家的帮助。我在他那里待了将近一个小时。他简单明确地指出，不论是对于我的情感发展还是学业进步，那所学校都不是一个理想的场所。就在那阵子，我也开始和老师争吵，变得越来越爱捣乱。"你的目的是什么？"他问道。我说："我不想读第三年的课程。"他笑了。"除非你能给学校提供跳过这一年的理由，不然你肯定要读完这些课程。"他说。

在见面临近结束时，我与这位精神科医生商量出一个办法，并约定由他设法说服伦德尔校长接受这个提议。除了拉丁语和法语这两门课外，如果我能在其他所有科目上取得优异的成绩，确保平均成绩都超过70%，那么我就可以跳过第三年的课程，并且在第四年完全不参加语言类的课程，以便我专注于学习英语，尤其是提升我的发音和拼写能力。

有了这个承诺作为激励，对于那些我知道自己可以搞明白的课程，我充满了学习的动力。然而，老师们并没有注意到我在课堂上的行为发生了任何变化：我仍然坐在教室的后排，尽可能地避开他们。当期末考试的结果出来时，班主任当着全班同学的面把我的试卷扔到我身上，大声呵斥我是他见过的最懒惰的男生。对于他的这种反应，我并不感到惊讶。在他气冲冲地离开后，我才有机会拿起那张物理试卷，看到上面用红笔潦草地写着对我不交作业的不满，但同时，我还发现在试卷的底部有两个数字上打了圆圈：1%和92%。我以92%的成绩名列全年级第一。实际上，我本可以得到100%，只不过我画的滑轮系统图是上下颠倒的，而且把算对重量的砝码挂在了对向的钩子上。通过扬长补短，在各个科目上平均下来，我以72%的总成绩在全年级位列第五。

从第四年开始，情况有所好转。虽然我一直都在写作和阅读诗歌——我喜欢鲁德亚德·吉卜林①（Rudyard Kipling）的短诗《如果》（If）——并且喜欢记下我对哲学的思考和对不同政治制度适当性的看法（最近重新阅读这些笔记时，我发现自己当时对南非共产党的目标产生了同理心，这让我觉得很有意思），但英语仍然是对我来说充满挑战的一门课。但是，学校允许我不参加语言类的课程彻底改变了我的人生。在腾出来的时间里，我需要接受额外的言语治疗，并要给拼写和阅读补课。虽然这些课程对我并没有起到太大的帮助，但我有了更多的时间尽情享受摄影的乐趣，并且接下了人生中第一份有偿工作。

我打工的地方叫作兰斯顿报刊铺，位于七橡树镇（Sevenoaks）的火车站对面，旁边有两家维多利亚式酒吧——农夫酒吧和火车

---

① 鲁德亚德·吉卜林，1865—1936年，生于印度孟买，著名的英国作家及诗人，1907年获得诺贝尔文学奖。其作品杰出的叙事与高超的文学性备受后世推崇，对世界文学影响深远。——译者注

站与自行车酒吧。这两家酒吧变成了我社交生活的中心。经营兰斯顿报刊铺的是一位身材矮小微胖的男人。他总穿着一件开襟羊毛衫，但这件开衫不能完全盖住他的大肚子，纽扣还经常被撑开。他是犹太人，全家在 20 世纪 30 年代逃离了纳粹德国的统治，移民至此。兰斯顿先生（Mr Lansdowne）不惜勤劳辛苦，每天的工作时间都长得令人难以置信，还把员工当作家人一样对待。我在 14 岁那年开始为他打工，从初级店员干起，负责把货架装满、从地下室搬运货物、摆放报纸，并在指定投递到家的报纸上标记好地址。

如果排班轮到我在报纸上标记地址，当天我必须在早上 5 点就位，以确保在 6 点之前就能全部标记完毕，帮送货员做好准备。完成工作之后，我正好有足够的时间返回家中，洗掉手上和胳膊上的墨水，换好衣服去上学。渐渐地，我用努力工作证明了自己的价值，开始接手收银员的工作，然后被调去盘点货物，再到收银对账，最后升至轮班的负责人。负责安排轮班表和每周末进行收银对账是我在铺子里的职业生涯巅峰。尽管工资很低（每小时 12.5 便士[1]），但我爱极了这份工作。随着我的资历累积，工资也确实有所上涨。我特别喜欢与客户互动。我对他们买的东西很着迷，即使那只是一些糖果或一本杂志而已。

我也学到了一些有用的经验。第一个经验非常朴素，那就

---

[1] 便士为英国的货币辅币单位，1 便士 ≈ 0.09 元人民币。——编者注

是经营企业必须以赢利为目的。兰斯顿先生很擅长陈列商品，客户服务水平也堪称一流，但他太想面面俱到了。他不愿意看到任何一位顾客失望，所以最后囤积了很多销量很低的东西。我意识到，在满足顾客需求和赚取利润之间始终需要找到适当的平衡，而企业的管理层——实际上是企业的所有者——并不总是能做出这种平衡决定的最佳人选。现实是残酷的，如果一个企业过分强调任何一边，都会难免失败。

我还学到了要以鼓励销售的方式陈列商品，这一点至关重要。这方面，兰斯顿先生堪称专家。他知道顾客走进铺子之后，并不一定会买他们本来想要的东西，所以他会把吸引人的商品摆在显眼的位置。他与客户的交谈中也充满了各种诱导性的语言，提示他们可能还想购买的其他东西。令人惊讶的是，有非常多的顾客本来只打算买一份报纸，却对"你今天想抽烟吗？"这个问题说"是"，然后带着一份报纸、二十支万宝路香烟、一块巧克力和其他小玩意儿离开。

兰斯顿先生的员工是一群不拘一格的孩子，年龄从十三岁到十九岁不等。其中有很多人都存在着各种各样的障碍。在铺子里的时光能带给他们所需的稳定感。因此，时常会遇到这里的前雇员（有时是戴着圆顶硬礼帽的市政府工作人员）在路过时进来感谢兰斯顿先生，是他帮助他们建立起对自己的信任。但难免有人会占便宜。我清楚地记得，有一次兰斯顿先生刚刚度假回来，他把我叫到办公室，说打算差不多要把所有人都解雇掉。他表示："我在度假前做了一次核查，现在又核查了一次。大家一直在偷我的东西。我非常难过。因为……"他都没能把话说完。

后来，我发现那些孩子们一直在偷整箱装的香烟，然后拿去学校出售。我认为，在某种程度上，兰斯顿先生将此归咎于自己。他把每个为他工作的人几乎都当成家人一样对待，而且对他们也过于信任了。事实证明，偷东西最多的人正是他最亲近的人。如果他的经验让我们看到信任可能会被背叛是生意难做的原因之一，它也告诉我们设置系统和控制结构的重要性，以尽量确保信任不会被辜负。

发现员工盗窃后，铺子变了，变得更加商业化、更加注重利润，还引入了电子化的库存核查方案，但兰斯顿先生与我和我的同事安德鲁（Andrew）的关系并没有改变。他甚至对我更加放手，允许我做一些小小的创业。我首先尝试了对整箱相机胶卷进行分装，以小包装出售，但其中利润微薄，并没有让我赚到多少（这也给我上了重要的一课，让我明白在做交易之前，必须首先明确它是否能带来价值的增加）。但随后，我的"鹅卵石"小生意大获成功。这是我自己用半宝石制成的小动物，它们的利润率不低，在当地女学生之中广受欢迎（我的妹妹艾莉森就是我的批发商）。

渐渐地，我发现虽然我的郁闷情绪（从在拉文克劳福预科学校时开始，郁闷取代了我的愤怒）并没有消失，但它被很好地抑制了。兰斯顿先生很看重我，安德鲁是个好朋友，我也有自己喜欢的事情做。

在某种程度上，这对我是极大的慰藉，弥补了学校带来的失落——那里依然被一大堆无关紧要的课程占据着，学生们在黑暗的教室里上课，到处飘散着粉笔灰，在巨大的黑板上，老师们以极快的速度潦草地写着笔记，同时还会不断提高语速，用最大声冲着我们讲课。对于像我这样存在大脑障碍的人来说，这一切都行不通。我没办法以足够快的速度抄笔记，如果我试着跟抄，就不能同时听讲。多年之后，我才意识到我的大脑中最宝贵的功能就是记忆力。当时，我忍着学业上的负担，全身心地投入报刊铺里，每周工作四十个小时。我经常在课堂上睡着。老师们把这归咎于懒惰，而我把它归结为对工作的热情。

跳过第三年的课程，意味着我从坐在班级后排的年龄最大的学生变成了四年级里坐在前排的最小的孩子之一。对我而言，这是改善。我和年级里最聪明的男生们交上了朋友。我们四五个人抱团，力量变得强大。大家相处得很好，互相支持。难免有校园霸凌事件发生在我们身上时，我们还会共同发起抵抗。

记得一天，有一个坏同学欺负我的朋友彼得（Peter）时，我决定挺身而出。一群男生围住了我们，不断怂恿我们出手。我一点一点挪向他，然后突然出招，没用多久就把他按在地上了。虽然我不如他强壮，但在那时，愤怒让我占了上风。然后，我试着跟他谈判。"要不，咱们就当这事儿没发生过？"那个坏同学同意之后，我们站了起来，但就在我转身的那一刹那，他举起两个

第二章
寻找使命

拳头猛击我的后脑勺，力气之大，使我短暂地失去知觉，一下倒在地上。我不确定这个事件让我学到了什么经验教训，但我一点儿也不后悔当时挺身而出。

在这几个好伙伴的带领下，我爱上了打扑克牌，还跟他们学到了一些打牌的技巧。我们会在午休时间和放学后去各式各样的小酒吧玩牌，尤其爱去临近的奇普斯特德村，那儿有一家叫作蜂巢酒吧的地方，在里面与当地一家冷藏公司的工人切磋牌技。优秀的数学能力让我能够以非常快的速度算牌，但是，若想成为牌桌上的主导，我就必须要能"读懂"其他玩家，知道什么时候该虚张声势，什么时候该沉默不语。幸运的是，我发现冷库工人的心思全都写在脸上，所以每周四晚上我们去那里玩牌的结果都是大获丰收。

有了玩牌挣来的钱和在兰斯顿报刊铺打工的收入，我可以更加投入我的另一个爱好中去，那就是摄影。我的视觉记忆力和视觉想象力都非常糟糕——这就是所谓的心盲症[1]。与普通人不同，我需要通过某种触发因素才能记住事件、地点和人物，比如我敏锐的嗅觉或详细的清单。例如，我无法在脑海中形成我的妻子朱莉娅的形象，但我知道她有一头金发。摄影让我能够记录下自己的生活，所以给我带来了很大的帮助。毫不夸张地说，这些年来

---

[1] 心盲症也称为视觉想象障碍，受影响者无法在脑海中想象一幅视觉画面。——译者注

我拍摄了成千上万张照片——可能都超过了 200,000 张。

到我 16 岁时，摄影不仅帮助我缓解了心盲症带来的困难，而且还带来了赚钱的机会。事情是这样的，我在兰斯顿报刊铺的橱窗里贴了一个广告，准备成为一名兼职摄影师，为客户拍摄婚礼、肖像以及我生命中的祸根——大家养的顽皮小狗和不守规矩的小猫。起初，虽然我的摄影技术并不够好，但我的眼光独到、创造力强。后来，我的摄影水平日渐精湛。很多朋友——以及他们的母亲——都会请我去拍照。

其中，也是最具挑战性的一次——当然也是我最尴尬的一次——是受到一位朋友母亲的邀约，40 岁的她希望由我来给她拍摄肖像，造型是摆出裸体躺在裘皮大衣上，然后把照片送给她的丈夫（显然，她在 21 岁时也曾为他拍过类似的照片）。我从未见过女人裸体的样子。她确实非常性感，不过这对我的精神状态没有帮助。最终，我选择了在 20 世纪 30 年代普遍被新秀明星采用的风格，让她摆出一些相对保守的姿势，拍摄柔焦照片。由于我没有专用的镜头，只能在滤镜边缘涂抹一些凡士林才能达到我想要的效果。我问她有没有凡士林的时候，她大笑起来。"你想用凡士林做什么？"我的脸涨得通红，解释了原因。她便去给我拿了一罐。显然，这次的拍摄效果非常不理想，所以我不得不再给她拍一次。她也付了我拍摄两套照片的钱。我不确定她是否把照片送给了她的丈夫。

与这次拍摄工作难度相当的，是另一次我为几个认识的女孩拍摄泳装模特作品集，而且还给我带来了一些人身危险，但那次并没有很尴尬。女孩们非常喜欢这种照片。她们认为这就是名利场的通行证。在她们的母亲看来，"如果拍了，就拿出来炫"。然而，她们的父亲却恨不得我赶紧去死——或者也要至少离他们的女儿越远越好。

曾经，学校请我为全校同学拍摄形象照，让学生们带回家展示给以他们为傲的父母。但是，由于冲印室的操作失误，最终整卷胶片都严重显影不足。因为无法安排重新拍摄，我决定以每人 1 英镑的特优价格出售这些照片——而通常我的定价是 5 英镑。平时，买照片的人占全校学生数的 10% 到 20%，但这次几乎达到 100%。我学到的另一个经验：降价（这次的降价幅度高达 80%）并不总能带来更高的利润，但令人惊讶的是，由降价带来高利润的情况其实并不少见。

如果换成别的父母，也许我在青少年时期做的事情会被诸多限制，但我的父母并没有试图引导我走某条特定的道路；他们相信道德引导的作用，希望我能找到适合自己的路。只要我不偷不抢、不吸毒、不嚼口香糖，还能从学校毕业，他们就心满意足了。我很尊重我们之间的这笔"交易"，并尽我所能把精力投入在我知道自己擅长的领域——商业。我希望这能给他们一些信心，让他们知道在漫漫人生道路上，我确实可以做好一些事情。

尽管我的学习道路坎坷，但我在普通教育证书考试① 中取得了足够好的成绩，可以进入 sixth form 的学习。起初，我打算修三门课，分别为数学、化学和物理，学校也对我充满了信心。但在 sixth form 的第一学期结束时，我打算放弃一门数学课，改修经济学。这就带来了一个时间上的冲突，因为经济学课与化学课是同时进行的。然而，有一次我在未经批准的情况下做了一项化学实验，导致实验室爆炸，连消防队都出动了。于是，这个难题就不存在了。因为校长宣布，如果我想继续学化学，就要被抽一顿鞭子作为惩罚，或者我放弃化学，也可免去体罚。我不情愿地放弃了化学，改去上经济学课了。

母亲对我的信任给了我勇气，加上父亲曾就读于牛津大学，我决心也要申请牛津大学。而且由于我的 A-level 学习进展顺利，学校也支持我的决定。因此，我在 sixth form 的第四学期参加了大学入学考试，也收到了牛津大学的面试邀请，但最终没有被录取。校方给我的评语是：他会是一位有意思的学生，但他需要成长。显然，学校的老师希望我也考虑申请其他大学，例如伦敦政治经济学院（London School of Economics），或者贝尔法斯特女王大学（Queen's University Belfast），但我固执地坚持己见。如果去不了牛津大学，就哪所都不去。伦敦政治经济学院确实是一个高

---

① 普通教育证书考试（General Certificate of Education，GCE），英国的高中毕业考试，通过之后可选择继续念大学预科课程。——译者注

知精英的集散地，但它还并没有培养出 23 位首相。校长深吸一口气之后，同意我在 A-level 考试之后再试一次。

我还一直在打着工，日子也似乎过得顺顺利利，但是有一天，我乘火车回家，到达七橡树小镇车站时，我意外地跌出车厢，摔倒在月台上。医生的初步检查结果认为我可能患有胰腺癌，这把我们都吓坏了。随后，住院检查结果显示我的病情并没有那么严重。我患有严重的反应性高血糖，也就是如今人们通常说的 2 型糖尿病的前兆。全科医生在处方中写到我应该一天吃 6 顿饭，只要出现饥饿感时就服用葡萄糖片——这可能并不是适合推荐给糖尿病前期病人的最佳饮食方案，但我谨遵医嘱，经常半夜起床大嚼香肠、培根和鸡蛋。我每天摄入的热量为 5,000~6,000 卡路里，这还不算所有吃下的葡萄糖片，感觉我好像是一名长跑运动员似的。

对健康的焦虑给我的 A-level 考试几乎带来了灾难性的影响。血糖水平的剧烈波动和几次大病让我无法完成很多论文，虽然我在经济学课上取得了 A 的好成绩，但物理课只得了 E，数学课只得了 X。[①] 不出所料，没有一所大学对我有兴趣。

不过，这个打击并没阻止我想去牛津大学的雄心壮志。虽

---

① 在 A-level 考试中，学生的卷面分数作为初始分（Raw Score），根据试卷组、难度等因素不同系数，计算得到一个 UMS（Uniform Mark Scale）标准分，再根据标准分转换为等级，其中 A 为优等、E 为通过、X 为无成绩。——译者注

然伦德尔校长非常支持我（他为我专门给牛津大学发了信函），但我还是认为我和贾德文法学校的缘分已经走到了尽头。我发誓永远不会回来——除非我哪天碰巧开着一辆劳斯莱斯路过。后来，我选择了位于肯特郡坦布里奇韦尔斯小镇（Tunbridge Wells）的一所补习班，名为林登公园（Linden Park）学院。那是一座巨大的老房子，破败不堪，班上全是（对我来说）充满异国情调的伊朗学生。

我在这里的第一周对我来说是真正的洗礼和最好的教育。有一项作业需要我对纳粹主义进行道德分析。我按照要求在班上念了作文，结果有同学把我的本子扯走，撕了个粉碎，还扔在地上踩了几脚。而老师则冲我大吼，说这篇作文充满了资产阶级思想，简直无聊透顶。他确实很严厉，但他是对的。鉴于我糟糕的学习成绩，如果我再表现得毫无特点，还总是跟其他同学表达完全一样的想法，那我肯定没什么机会能引起牛津大学的注意。我必须发挥我的与众不同之处。

几个星期过去了，我在失败与痛苦中学到了两个重要的经验教训。首先，对我而言，大量准备申请材料是毫无意义的——我的知识量不如其他人多，写字速度也不如其他人快。其次，我必须开始真正的思考。"你的脑袋很灵"，有人告诉我，"但你把它放在了这个叫作'教育'的盒子里，导致它现在完全被浪费了。"

有两位老师虽然看起来不像为人师表的样子，但在他们的帮助下，我开始取得进步。在写论述文章时，我明白了需要花一半的时间思考，再花另一半时间写作，这至关重要。我还明白了，一个出色的段落远胜于多个平平庸庸的段落，一个有力的论点远胜于三页正确的车轱辘话。在考试再次到来之时，我已经取得了足够的进步，争取到了牛津大学基布尔学院（Keble College）的面试机会，并申请攻读哲学、政治学和经济学专业①（PPE）。

但面试并不顺利。面试官问到了保罗·萨缪尔森②（Paul Samuelson）的经济学理论，但我支支吾吾地没答上来——林登公园学院肯定没教这部分内容。我猜想这次肯定又没戏了，绝望地在电话亭给伦德尔先生打电话。他富有同情心，但也非常务实。他告诉我，有时候学院也会招收把它们列为第二志愿的学生。基布尔学院一直是我的首选，因为父亲就是在那里修完了他的法律研究生学位，而且大家一般都建议考生申请与他们有个人关系的学院。我的次优选择是曼斯菲尔德学院（Mansfield College），虽然我与它没有任何关系，但也值得一试。我正式给

---

① 哲学、政治学和经济学（Philosophy, Politics and Economics，PPE）专业提供一个跨学科本科和研究生学位，课程内容由三个学科组成，建立了政治科学与哲学之间的联系，被誉为"人文学科塔尖的皇冠"，是非常优秀的人文学科专业之一。全世界第一个提供 PPE 学位的高等院校是牛津大学。——译者注

② 保罗·萨缪尔森，1915 年 5 月 15 日—2009 年 12 月 13 日，美国著名经济学家，为新古典综合学派的创始者之一，凯恩斯学派的领导者之一，他于 1948 年出版的《经济学——入门分析》是史上最畅销的经济学教科书之一。他在 1970 年获得第二届诺贝尔经济学奖。——译者注

学院院长秘书致电，请求一次面试的机会。

她对我彬彬有礼，但坚定地回绝了我。她表示，如果学院希望面试我，就会主动给我打电话。显然，我需要采取一些极端措施。在考完牛津大学的入学考试后，整个秋天我都在挨家挨户地推销百科全书，所以，登门拜访这件事对我而言简直易如反掌。因此，在给院长秘书打电话之后的那几天里，我开始经常在曼斯菲尔德学院出没，在任何温暖而干燥的地方——院长秘书办公室、门房、低年级公共休息室、图书馆外——逛来逛去。这场消耗战在寒冷的 12 月里，整整持续了两天。最后，院长秘书可怜我的用心良苦。"现在有一个空档了，"她说，"我给你安排一个小时的面试，但你要答应我，如果进行得不顺利，你就回家，可以吗？"我答应了。

我的书面申请材料仍然是递交给了基布尔学院。然而，或许正因如此，我这次面试的表现出彩极了。我不会受到书面材料中学习成绩的限制。相反，我可以深入思考，在脑海中构建出复杂的模型来回答有关供需关系以及经济贸易伙伴的相对竞争力等问题。我的面试官之一就是学院院长，他同时也是一位牧师和一位地理学教授。我在他面前畅所欲言，讨论着言论自由等话题。最终，各位老师不再向彼此提出质疑的问题，也不再质疑我的观点。这让我有了一种安慰感。我感觉曼斯菲尔德学院会是一个终于能让我快乐起来的地方。

但是，我当然知道我在中学的学习成绩会成为我前进的障碍，而且，第二语言在当时是申请成功的先决条件之一，但我一种都不会。即使这样，曼斯菲尔德学院还愿意给我提供面试的机会，已经是仁至义尽。在经济学面试临近结束时，我使出了最后的撒手锏。我知道肯定会有老师问我，为什么一个人成绩这么差，而且没有读书的能力，还会想要上大学？

"因为我想通过学习找到左翼和右翼政治的替代解决方案，如果你们录取我，我保证我能找到答案。"我回答道。

我回到了七橡树小镇的家中。父母把家里的车库改造成一间带门的卧室，方便我在凌晨3点从酒吧打完扑克溜回家时不会吵醒其他人。12月23日，星期五，几乎是在圣诞节前的最后一波邮件里，有一封盖着牛津大学邮戳的信寄来了。母亲冲进我的卧室，把它塞进我的手里。我轻轻地把它扔到房间另一头，然后翻个身继续睡觉。

"你不拆开看看吗？"

"我知道里面写的是什么。我先睡个觉。"

"你怎么知道？写的是什么？"

"肯定是我被录取了啊。如果他们不打算录取我，为什么要给我写信？他们直接通知中学就行了，伦德尔校长会打电话告诉我的。"

母亲一直催着，我不情愿地把信封拆开，把信递给了她。几秒后，她就打电话给所有人报喜了——家人、朋友、伦德尔校长——每次都在尖叫，"他被录取啦！他被录取啦！"

交易撮合者
私募股权的经验与教训

我翻了个身，又睡着了。

对我而言，这是一种很奇怪的体验。虽然失败会对我造成巨大的打击，而且难过的心情总是挥之不去，但对偶尔降临的成功，我也只会有非常短暂的体会。因为事实上，伴随着成功的到来，我也感觉自己正在进入越来越深的水域，发现"底蛤蟆"会变得越来越难，从中逃脱也变得越来越不可能。当我成功做好一件事之后，自豪感是如此的短暂，我几乎感受不到它的存在。

收到牛津大学的录取通知后，那年秋天我又回归了打工时光。白天，我在兰斯顿报刊铺上班。晚上，我在一家位于冷藏库大楼的数据传输公司工作。有很短一段时间，我挨家挨户地推销百科全书，我在报刊铺里学到了很多直接与顾客打交道的方法，在这里全都用上了。后来，我又挨家挨户地推销窗户，本以为我也能顺利上手，但却以失败告终。最后，我看到有一家位于泰晤士河畔金斯顿小镇（Kingston-upon-Thames）的画廊在伦敦《Time Out》杂志上刊登了一则广告，招人销售"年轻艺术家的作品"，随即与他们取得了联系。这家画廊本身是一个上下两层的小店，内部装修采用了木制材料，以白色调为主。它就位于河边，屋后只有一条小路与泰晤士河隔开。小店的二楼是储藏室，一楼是画廊。

我遇到的三位艺术家都没有自己的销售宣传文案。其中一位艺术家名叫安东尼（Anthony），他几年前在加拿大度假时，在多伦多（Toronto）找了一份工作，挨家挨户地推销彩绘天鹅绒画，为自己的旅行筹措资金。今天，回过头来看看这些二十世纪六七十年代的画作，它们都有一种奇妙的复古感，但在当时，它们让我觉得阴森恐怖。

我同意把他们的两个展示作品集带回家，但不带任何天鹅绒画，然后为他们整理出销售宣传文案。我的脑海里总能浮现出一个画面——我坐在某户人家客厅的地板上，从一个巨大的作品集中拿出画作，然后受到了热烈欢迎。不幸的是，我没有想过怎样才能进入这些客厅。我邀请好友彼得·尼克松（Peter Nixon）跟我搭伙卖画。有一天，我们在晚上去了人心不设防的布莱顿市（Brighton）。那次的惨痛经历充分证明了提前制订一份切实可行的销售计划有多么重要。我们俩背着超大号的黑色袋子，晚上7点到10点之间还在街上闲逛，看起来就像是卡通片里的窃贼。我很幸运，没有被警察抓住，但彼得就没那么走运了，他被人三次报警。在第三次时，有一位好心的警察告诉他，最好不要提着黑色的袋子去别人家敲门。彼得放弃了这个小生意，我也得从长计议。

我再次联系了那几位艺术家，请求他们为我制作一些展示画（街道风情的水彩画似乎最好卖）。同时，我开始着手编写销售话术。这次的新策略有非常奏效的一面：比起仅靠我自己的推销，登门拜访时拿着一幅精心装裱好的画作，大大增加了我销售成功的概率，而且我发现每天晚上我都能成功走进两三家人的客厅。但也有失败的一面，虽然销售话术经过了我的修改，但依然收效甚微。我会把作品集里的每幅画作都饱含热情地讲解一遍，这就拉长了我的推销时间。有时候，我说得太好了，成功地打动了买家，让他们忍不住想买下所有的画作，但由于没那么多钱，最终就决定一幅都不买了。

回到金斯敦的画廊后，解决方法就自动呈现在了我的眼前。我观察到，有一位顾客希望装裱一幅画，艺术家只拿出了两个画框，让她挑一个最喜欢的。顾客二选一，艺术家量尺寸、装裱，顾客付钱。显然，我给买家的选择太多了。这就是我无法完成交易的原因。从那时开始，我就只提供有限的选择。找我咨询的买家总会问道，我售卖的画作是否是一项好的投资，我的回答简短而诚实。我不知道它们将来是否会更值钱，我说。买下的唯一理由应该就是喜欢。

这份销售艺术品的工作是我的转折点之一，它使我的信心大增。产品、销售模式和客户接待方法全部在这里融会贯通。现在，我开始为销售人员做广告，并组建了一个四人团队。突然间，我们每晚能卖出十幅画。没过多久，我就组建了两个四人团队。每天晚上，当大家都做完了上门销售之后，我们就约在酒吧里，聊一聊成功和失败的经历。我们在一起的画面基本是七八个衣服皱皱巴巴的女孩子——还经常被雨淋湿——把成堆的现金交给她们中间那个年轻的男人。我也不知道在酒吧里的其他人总是看到这样的场景会作何感想。

我们的业务从七橡树小镇扩张到了坦布里奇韦尔斯（Tunbridge

第二章

寻找使命

Wells）、奥尔平顿（Orpington）以及肯特郡更远的地方。不出六个月，我就已经组建了四个团队，在英格兰东南部挨家挨户地销售画作。无论画作的质量如何，我们都会想出一个绝佳的交付系统和一套极具说服力的宣传话术。我们不断总结如何推销艺术品。

充分发挥语言的力量、精心设计推销方案、学会看懂人们的反应、留心发现促成销售的因素和导致销售失败的原因——最重要的是，认识到在成功的推销中，建立情感联系多么的重要，而智力高低多么无关紧要——这是给我的一个重大启示。没有人愿意承认他们决定购买画作是出于喜欢销售人员开的玩笑。但是，我曾经在伦敦哈罗德百货公司①（Harrods）买过一双粉蓝色的鳄鱼皮鞋，那个店员非常讨人喜欢，还略带挑衅性地问我敢不敢用"有点狂野"的方式表达自己。这证明了伟大的销售人员可以拥有多么强大的说服力，而这与能考出好成绩的"聪明"毫无关系。我雇用过几个被公认是出色的普通聪明人，也雇佣过被公认是聪明的牛津大学本科生，而他们却没有成功卖出一幅画。多年之后，我发现百代唱片公司（EMI）的所有员工都是不懂销售的聪明人，所以我不得不把大多数人都辞掉。

---

① 哈罗德百货公司，由查尔斯·亨利·哈罗德（Charles Henry Harrod）于1849年建立，原用于扩展伦敦东区杂货店的规模并进行茶叶贸易，如今，这里已是全球闻名的奢侈品零售百货公司。——译者注

　　就在这一切发生的时候——准确地说是在 1977 年的新年派对上，我遇到了我未来的妻子。"她就是我梦想中的女人"，我想着。然而，我太害羞了，没有采取任何行动，所以朱莉娅都没有注意到我。当时，我正在与一位名叫伊丽莎白（Elizabeth）的可爱女生约会，她准备去牛津大学攻读古典文学，但她的父亲不赞成她与我交往（他认为阅读障碍会让我永远找不到工作），强行把伊丽莎白送到德国去做一段时间的互惠生①，但她并不喜欢做那些事情。一年后，在我们共同的朋友举办的另一场元旦派对上，我再次遇到了朱莉娅。她在跟着 ABBA② 的音乐跳舞。过了一会儿，我问她是不是愿意吻我一下。出于某种原因——其实直到今天她自己都不知道是为什么——她居然同意了，而且她也同意单独跟我约会一次。那一年我十八岁，她十七岁。那次约会着实有些尴尬。我和朱莉娅相约去伦敦布莱克法尔（Blackfriars）的美人鱼剧院（Mermaid Theatre）看猴子乐队（the Monkees）的戴维·琼斯（Davy Jones）和米奇·多伦斯（Micky Dolenz）演的音乐剧《尖角》（*The Point*），但出发时是伊丽莎白陪我一起去

① 互惠生，或互惠换工生，以帮做家务、照顾小孩等换取食宿和学习语言的外国年轻人。——译者注

② ABBA，阿巴乐队，是瑞典的流行音乐组合，成立于 1972 年。乐队名称源于四名成员的姓名首字母的缩写组合。该乐队于 1982 年解散，后于 2016 年合体至今。经典名曲包括《妈妈咪呀》（*Mamma Mia*）和《舞后》（*Dancing Queen*）。——译者注

火车站的（当时我们依然在暗中交往，但她因为父亲反对这段关系，所以对我与其他女生交往非常释怀）。在那次约会之后，我又约了朱莉娅很多次。伊丽莎白就渐渐消失在我的生活中了。朱莉娅成了我的女朋友。和我一样，她也计划考大学，但心心念念的是剑桥大学，而不是牛津大学。

我手机里有一张我们俩在她十八岁生日聚会上的合影。朱莉娅看着我，好像是在问，"这个男生究竟做错了什么啊，我应该如何照顾他，又如何才能让他跟我们一样呢？"然而，我看起来就像是一只刚刚舔过奶油的小猫。从我们交往之初，她就给了我无限的温柔，有时严格，有时坚定，有时充满爱意。我开始意识到，原来我也可以拥有快乐。

事业上的成功证明了我具有自我表达能力、富有创造力、能充分调动我的情感和谈判技巧。我与朱莉娅的关系让我觉得踏实、稳定。我知道身边的这个人是我深爱着、尊重的人，我们有着共同的梦想。我可以完全依赖她。她不仅是我一生的挚爱、一生的朋友，还是我一生的护身符。她让我感到踏实、安全。现在，我长大了，童年已成为过去时，我找到了自己的使命，也找到了灵魂伴侣。

第三章

牛津大学的政治生涯

妈妈们，不要让你们的孩子长大后当牛仔

不要让他们弹吉他、开旧卡车

让他们当医生和律师

妈妈们，不要让你们的孩子长大后当牛仔

因为他们永远不会待在家里

即使和他们所爱的人一起，他们也将永远孤独

韦伦·詹宁斯和威利·纳尔逊[1]

（Waylon Jennings & Willie Nelson）

《妈妈们，不要让你们的孩子长大后当牛仔》

（Mammas Don't Let Your Babies Grow Up to Be Cowboys）

---

[1] 韦伦·詹宁斯（Waylon Jennings），1937—2002年，美国创作型歌手和吉他手，乡村音乐的代表人物之一。威利·纳尔逊（Willie Nelson），生于1933年，美国音乐家、词曲作家、演员、社会运动人物，乡村音乐的标志性人物之一。1985年，这两位重量级乡村音乐歌手联合约翰尼·卡什和克里斯·克里斯托佛森，组成乐队"劫道团"（The Highwaymen）。——译者注

第三章
牛津大学的政治生涯

我开着自己那辆 1968 年迷你库伯（Mini Cooper）汽车独自去牛津大学时，就离开了我的家人和朱莉娅以及她的家人。与那个舒适、温暖和充满支持鼓励的温柔之乡告别之后，我进入一个完全陌生的环境。我知道，在所有被这一顶尖学府录取的学生中，自己可能是考试成绩最低的。我在驾车的途中心里怀疑自己，不知道是否能适应在牛津大学的学习和生活，搞不清楚为什么我曾经会想要去那里深造。或许，我应该调头回家，专心经营我的卖画生意。只有想到朱莉娅说她会在几周后来牛津陪我小住，才让我坚定地继续向前开，没有调头返回。

曼斯菲尔德学院由产自科茨沃尔德（Cotswold）的石材建造而成，是一座具有维多利亚中期风格的哥特式建筑。除了曼斯菲尔德学院外，牛津大学的其他所有学院都与外界道路隔绝，只能通过门房的小屋进出。但在这里，沿着曼斯菲尔德路的学院外墙上，有一个很大的开口——这意味着不论在白天还是晚上，大家总能够在任何时间进进出出。

这种非正式的风格是曼斯菲尔德学院的传统。它是牛津大学的第一所非国教学院，成立于 1886 年，也就是在非圣公会教徒不得获得学位的禁令被取消的几年之后。你可以认为它的核心就是叛逆精神，这一点与我非常契合。整体而言，牛津大学在我看来似乎非常传统，但曼斯菲尔德学院则完全相反。对于当时痴

交易撮合者

私募股权的经验与教训

迷于扼杀者乐队 [①]（The Stranglers）和朋克音乐反建制风格的人来说，这里简直再适合不过了。

我的宿舍位于一座新建于二十世纪六十年代的楼房里，有一间简陋的小卧室和一间书房。这些都只是最基本的配置而已，但当时的曼斯菲尔德学院穷得就像教堂里的老鼠。事实上，直到二十世纪六十年代后期，它的大多数校友也是穷得叮当响，几乎都是一些不墨守成规的神职人员。书房里有一个小电炉可以提供一些热量，但它也只有两个发热管。事实证明，在牛津进入寒冷的冬天之后，它完全起不到供暖的效果，房间里的温度也不比室外高多少。

我们是按姓氏的字母顺序分配宿舍的，所以与我住在同一层的几乎都是姓氏以 H 开头的人。鲁珀特·希尔（Rupert Hill）是我的隔壁舍友，他的父亲是一位预科学校的校长，他在寄宿学校中度过了童年。他得知我上过文法学校之后颇感惊讶，而面对这些来自完全不同背景的人，我也发现自己必须要适应他们的心态和习惯。他与很多从私立学校进入牛津大学的学生一样，喜欢豪饮啤酒、在业余时间划船，一有机会就去打橄榄球和曲棍球，还喜欢在宿舍搞恶作剧。有一次，我和朱莉娅都躺在床上，他竟然

---

① 扼杀者乐队，又译为行刑者乐队，英国摇滚乐队，成立于 1974 年初，至今仍活跃在乐坛。虽然他们因为咄咄逼人、毫不妥协的态度被媒体归类为朋克摇滚，但他们创作的歌曲很少遵循任何单一的音乐类型。——译者注

第三章
牛津大学的政治生涯

爬上我房间外面的墙，从窗户外跳了进来，扑到我们身上。我俩一点儿都不觉得好笑。但除此之外，希尔对我还是挺好的。我很快就发现自己喝啤酒的酒量和速度都完全无法与他和他的朋友相提并论，所以我改喝了伏特加。我能够以很快的速度喝掉很多伏特加——然而大概半小时之后就会断片儿。

我们楼层有两个卫生间，供八个人共用。对希尔而言，因为在他之前的寄宿学校里，卫生设施是公用的，所以他很容易适应这种设置。而且，他认为这样已经非常奢侈了，但我很不习惯洗澡时有另一个人在旁边上厕所，所以觉得很不安。不久，我就找到了解决方法。如果我想安安心心地洗个澡，要么早起，要么晚睡。于是，我变成了一个很晚睡觉的人。

入学后的第一年里，学院希望学生在主厅吃早餐和午餐，而晚餐必须在这里吃。主厅很像霍格沃茨魔法学校①（Hogwarts）的餐厅，墙上挂着曼斯菲尔德学院历任院长的照片。早餐以自助餐的方式供应，食物放在厨房的出餐口，供学生自己取用。香肠不温不热还软塌塌的，鸡蛋也是半溏心的，让人提不起胃口，所以那个学期的大部分早餐我都逃掉了。然而，以二十世纪七十年代的烹饪水准来看，主厅的晚餐还是不错的，尤其是

---

① 霍格沃茨魔法学校，英国女作家 J. K. 罗琳的小说《哈利·波特》中主人公就读的魔法学校。该系列小说后被改编成电影，餐厅的取景地就在牛津大学。——译者注

每周一次的"主厅正式晚餐",大家需要穿着礼袍出席,现场的灯光也会被关掉,在餐桌上摆满蜡烛。正是在主厅的正式晚餐中,我第一次吃到了炖野鸡和香煎鸭胸配橙汁酱,并爱上了烤土豆。而且你还可以自带葡萄酒,邀请客人,这让晚餐变得乐趣无穷。

然而,没过多久我就发现,曼斯菲尔德学院与其他学院的主厅正式晚餐存在着天壤之别。在曼斯菲尔德学院,虽然学生必须穿着学院派的黑色长袍,但没人在意你是打了领带还是穿着牛仔裤。但是,在其他学院,我惊讶地发现有些人是穿着他们的公学校服,搭配量身定制的三件套西装和伊顿公学(Eton College)、哈罗公学(Harrow School)或温彻斯特公学(Winchester College)的领带。这种排他感也体现在俱乐部和社团中。一些学生模仿《故园风雨后》[①](Brideshead Revisited)中小说人物的样子穿起吸烟夹克[②]和地毯拖鞋,或者抽着加了长烟嘴的香烟,想把自己在十八岁时就打扮成推动工业变革和政治变革的社会运动家——这也是他们希望成为的样子。更自信的人通常也是布灵

---

① 《故园风雨后》是英国作家伊夫林·沃(Evelyn Waugh)的一部小说,于1945年首次出版。小说讲述了从20世纪20年代到40年代初主人公查尔斯·莱德的生活和恋情,探讨了天主教和对英国贵族时代的怀念等主题。——译者注

② 吸烟夹克(smoking jackets),旧时代上流社会的男士在晚餐后把燕尾服换成无尾西装,在吸烟室里讨论社会时事和文学艺术等话题,他们将所穿着的便装称为吸烟装,是晚会西装的一种。——译者注

第三章
牛津大学的政治生涯

顿俱乐部 [①]（Bullingdon Club）等类似团组的成员，他们会沉迷于香槟，在餐厅乱扔垃圾，还会做出其他令人发指的行为。

来自私立学校的学生大多都具有令人难以置信的自信、沉着，富有机智和魅力。即使在我们文法学校里最傲慢、最善于表达的学生都与他们相距甚远。好在我很幸运，因为曼斯菲尔德学院的学生大多背景各异。在这里，来自顶尖公学的孩子们与来自文法学校和公立学校的学生以及各国的留学生每天擦肩而过。

但尽管如此，我在这里的第一个学期依然充满了忧郁——正如我担心的那样。无论加入多少俱乐部，我都找不到让我开心的事情。我对表演没有信心，公开演讲的水平也不尽如人意，而且我强烈地感觉到与同龄人和导师无法建立联系，这让我很难受，不知所措。更糟糕的是，我把登门销售画作的生意交给了朱莉娅和母亲打理。她们做得不比我差，但是少了很多戏剧性的场面，这也并不能真的让我感到欣慰。我很想念她们，也很想念亲自打理生意的日子。我对自己经营和创办小生意的能力充满信心，商业能给我一种成就感。但是，在牛津大学里，每天要跟政治、社会和学术打交道，这让我觉得困难重重。我看不出它们与我未来

---

① 布灵顿俱乐部，创建于1780年，1875年成为牛津大学的正式学生社团，曾经是一个以狩猎和板球为主的俱乐部，但如今已演变成了牛津大学的一个餐饮俱乐部。能加入这个俱乐部的牛津学子一般都是家财万贯的富家子弟。俱乐部的成员常因为酗酒、发酒疯以及做出种种其他出格的事情而声名狼藉。——译者注

的生活有什么关系。

我向这里严重的酗酒文化低了头。多数学院的入学仪式上都免不了大醉一场。吧台上，有人为我准备了很多啤酒，我都拒绝了。有人给我倒了二十四杯伏特加，我几乎连一分钟都没用完，就全部灌下肚去，当然，也差不多瞬间就醉倒了。但是，至少再也没有人挑战过我喝酒：我已经证明了我的酒量。但随着这学期一天天过去，我自己却喝得越来越多，而且——毫不奇怪——开始变得抑郁。我宿舍的架子上摆满了伏特加和波特酒的空酒瓶。我一醒来就开始喝伏特加，直到深夜；又从深夜开始喝波特酒，直到清晨。

这个学期一共八个星期，唯一的亮点就是朱莉娅到来的日子。她来看过我几次，帮助我写论文。我的导师很快发现我写的字难以辨认，即使他们能看明白字母，但我拼出来的单词也可能像密码一样。因此，他们允许我大声朗读我的论文。朱莉娅的学业成绩比我好得多，她读完了我的阅读清单上的书，帮我准备那些需要写论文的课程。在她的帮助下，我硬着头皮通过了导师的辅导课。我回家过圣诞节时，已经变得瘦弱憔悴，看起来很糟糕，身上还带着浓重的酒味，满脑子想的都是要不要退学。

我回到七橡树之后几天，朱莉娅就被剑桥大学录取了。虽然之前她一直顺着我，但这时却非常明确地表示，无论我做出什么选择，她都会去剑桥大学读书。所以，既然朱莉娅要离开七橡树，那我自己搬回来重操旧业也没什么意思了。我还担心朱莉娅

第三章
牛津大学的政治生涯

在剑桥大学会遇到很多优秀的男士，怕自己竞争不过他们。于是，我发誓要戒酒，好好吃饭，想办法在牛津大学生存下去，认真学习，顺利毕业。

新的创业项目带给我一些信心，但我的学业成绩仍然一塌糊涂。我发现自己很擅长经济学，虽然我并不认同"经济人"是理性和可预测的这一标准观点。时至今日，我仍然认为，如果你不了解行为科学，那么宏观经济学几乎毫无用处，而且在商业世界中，如果你不了解人们的背景，你就无法与他们交流。在政治课上，我学习政治史颇为吃力，但对其中心理因素起到的作用很感兴趣。

我的哲学课成绩喜忧参半。由于对"快乐"概念的诠释争论，我和我的哲学导师闹翻了。虽然他曾经想过把我从这门课程里除名，我也确实打算放弃这部分学位，但实际上，我在年终考试中的表现却相当出色。我的导师是来自另一所大学的访问学者。牛津大学的哲学系教授愿意阅读我的考试论文，表明他们对古怪的想法持宽容态度。如果我放弃的是经济学而不是哲学，也许我的最终学位成绩会更好。

与此同时，我在家乡创立的艺术品销售业务在朱莉娅的领导下继续蓬勃发展，我的母亲负责记账，我的妹妹艾莉森负责装裱，菲利普和父亲则负责维护保养销售团队的二手车，尽量降低它们的维护成本。而我，擅长培训销售人员。朱莉娅很愿意与我一起工作，但不是为我打工。她去了剑桥大学之后，我就再次管理了公司。在内心深处，我知道商业是我的热情和技能所在。

但是，在牛津大学读书的时光里，在我决定从商的同时，我的政治意识也被唤醒。有生以来，我第一次发现自己周围的人都继承着某种特权，而且他们想当然地认为这些特权是自己应得的。他们的人生目标是利用这种特权在政治、法律等领域获得工作，并且确保他们的后代能继续享受类似的特权生活。

在大学生涯的后期，我受邀加入了一个更加神秘的俱乐部——一个以十九世纪初某位保守党议员的名字命名的辩论协会。如果想要入会，就必须保证不向任何人透露俱乐部的存在。我怀疑甚至都不会在任何一本书中读到有关它的信息。有一次，我参加了一场在奥里尔学院（Oriel College）（牛津大学最晚招收女学生的全男性学院）举行的会议。在一间光线昏暗的房间里，一位来自温彻斯特公学的男生就十八世纪政治史中的一个晦涩话题发表了四十分钟的演讲。他看起来最多二十岁，但声音听起来就像一个六十岁的老学究。他讲完后，服务人员端出了一杯杯波特酒和几个放有奶酪和饼干的盘子。与会的听众需要就刚刚听到的内容发表评论，并提出问题。其他的人都在滔滔不绝地谈论大英帝国以及辉格党和托利党的崛起。他们似乎了解非常多过去的事情，这很可能是因为他们依然生活在过去。相比之下，我发言时舌头总是打结，感到自惭形秽，而且压根也没有人再向我发问。

但我本能地知道，我的这些同学里，没有人能够接收到当下或过去对我们的启发，也自然不能理解其中的意义。我坚信，虽然他们最终可能会成为这个国家的管理者，但在国家遇到各种问题和挑战时，他们将无能为力。

如今，人们会把二十世纪七十年代想得极具浪漫色彩，被那时古怪的时尚风格、性解放运动以及天马行空的音乐创造力和艺术场景而吸引。不过，对于年仅十几岁的我而言，那是一个处处都不对劲的时代。北爱尔兰发生了内乱，罢工无休无止，对电力设施有计划的破坏导致了大面积的停电。在 1976 年那个漫长而炎热的夏天，甚至还出现了限水的情况。再加上 83% 的最高所得税率和国际货币基金组织（International Monetary Fund）的紧急救助计划，真的让人很难对英国的未来持乐观态度。就连打开电视看节目也都让我很痛苦。《班尼·希尔喜剧秀》①（*The Benny Hill Show*）等节目流露着当时流行的种族主义和性别歧视，着实令人沮丧；而《直到死神将我们分离》②（*Till Death Us Do Part*）这部情景喜剧本意在讽刺其中的荒诞，但却更真实地证明了这些思潮有多么根深蒂固。

在牛津大学里，我对自己所见所闻的特权阶层非常反感，但让人感到震惊的是我最终成了一名保守党人。在那个时期，保守

---

① 《班尼·希尔喜剧秀》，又译《不文山鬼马表演》《傻人艳福》，以幽默、讽刺、黄色笑话为卖点。——译者注
② 《直到死神将我们分离》，一部英国电视情景喜剧。——译者注

主义正在被重新定义。我现在依然能回忆起当时参加的一次演讲，发言人是坚定的左翼分子托尼·本（Tony Benn），给我留下了深刻的印象。但第二天听到的基思·约瑟夫（Keith Joseph）——玛格丽特·撒切尔（Margaret Thatcher）的政治导师——的演讲，则让我更加钦佩。我鄙视党内的老派右翼势力及其认同的隐性种族主义、性别歧视和权利感。虽然我在内心深处反对撒切尔夫人所支持的许多社会议题，但在当时，她的存在犹如夏日清风——当然，她得到了约瑟夫等人的力挺。她不自鸣得意，也不骄傲自满。她给人一种充满活力的感觉。她与我看重同样的品质：个人荣誉、勤劳努力和锐意进取。

我受到撒切尔夫人的鼓舞，从第二个学期开始就加入了保守党协会，但不理会其中让我深恶痛绝的右翼分子。我投身于1979年的选举，为保守党助选。这次选举是在"三天工作令"①生效后举行的。对我而言，这一法令是英国摆脱加税、通货膨胀和货币贬值这一恶性循环的最后机会。我暗下决心，如果撒切尔夫人败选，我拿到学位之后就立即离开这个国家。

在5月3日投票当天，我在大部分时间里都开着自己那辆破旧的1966年版米色迷你库伯小车穿梭在牛津大大小小的街道里，

① 三天工作令，在高通胀的背景下，英国保守党政府在1973—1974年推出的几项节电措施之一，希望通过限制商业用电的时间来保持用以发电的煤炭的库存量，从而降低公司倒闭的可能性，并避免进一步的通货膨胀和货币危机。——译者注

第三章
牛津大学的政治生涯

载着上了年纪的男士和女士前往投票站。相比往年的同一时点，那天更冷、雨更大，但投票势在必行。我很担心，但也很兴奋。十多年来，这座城市一直是工党的势力范围。在投票日之前的两周里，我一直在散发传单。我有一种感觉，如果牛津变蓝①，那么这个国家可能也会变蓝。

当时，牛津这座城市由三个部分组成，这似乎反映着这个国家的构成——到现在也依然如此。在牛津的东部，有一家考利汽车厂（Cowley Car Plant），里面全是已经加入工会的体力工人；还有一个主要由移民组成的大型社区，居民多在小企业打工，比如考利路（Cowley Road）两侧的印度餐馆和全天营业的商店。这部分的牛津选民是坚定的左翼。大学所在的牛津中部选民倾向于软左派。牛津市里比较富裕的地区以及周围的乡村区域选民都是坚定的右翼，但并不一定支持撒切尔夫人。

在进入牛津大学之前，我每天有 12 个小时都在推销百科全书和画作，所以非常懂得如何登门销售——只是现在我推销的内容是保守党。因此，我大概了解到牛津对这次竞选的态度，感觉参选的两边不分伯仲。在登门宣讲的过程中，我能频繁看到两种态度。首先，在牛津的富人区，许多人都向我表示，虽然他们通常会投票给保守党，但他们也不知道这次是否可以信任一位女性

---

① 在英国，保守党传统的官方颜色为红色、白色和蓝色，其中蓝色最为常用。工党的官方颜色是红色。——译者注

来领导这个国家。其次，学生和牛津较贫困地区的居民明确表示，他们对撒切尔夫人的反感在某种程度上来自她曾被冠以"牛奶掠夺者"的称号——她在担任教育部部长期间废除了免费为初中生提供牛奶的制度。

奇怪的是，在左翼和右翼两边，都有很多人讨厌她，而且是出于同样的原因：撒切尔夫人并非来自权势集团，而如今却靠自己的力量走进了富裕阶层。左翼人士会因此讨厌她，这不难理解。但右翼人士厌恶她的原因则更为复杂。我认为，部分原因是厌女倾向和势利心态——因为她是一名女性，而且出身于中下阶层。但我怀疑，这在很大程度上是因为被她吓到。她很激进，也很独立。她不可能被那些想要维持现状的保守党成员所控制。

我们地区的候选人是约翰·帕顿（John Patten），他是赫特福德学院（Hertford College）的一名研究员，首次参加竞选，后来被《时尚》杂志（Cosmopolitan）评选为"年度最迷人教授"。他是保守党中的左派，由于相貌出众、才智过人，再加上信仰天主教，所以广为人知，但他与选民并不亲近。我带他参观东牛津时，并不确定哪种场景更能触动他：是考利汽车厂里魁梧的体力劳动者，还是两上两下的小排屋①中挤满的人？并不是说我与这些背景各异的群体有多么密切的关系，但跟帕顿相比，我与他们

---

① 两上两下的小排屋指的是楼下有两个大房间，楼上有两个卧室的连排小楼。——译者注

的共同点确实更多一些——我喜欢他们吃的食物：富有异国情调的牙买加食物（再配上雷鬼音乐）、孟加拉人开的美味印度餐厅、属于英国利兰汽车公司[①]工人的考利咖啡馆中提供的大份英式早餐。一天清晨，当我带温斯顿·丘吉尔（Winston Churchill）的孙子鲁珀特·索姆斯（Rupert Soames）去考利咖啡馆时，他还戴着前一天晚上参加舞会时的白领带，我想都不敢想汽车工人会对他有什么样的看法。

撒切尔夫人这场选举赢得顺理成章。她的胜选给了我很大的鼓舞，打理小生意的经验也给了我不小的信心。于是，在第一学年的夏季学期，我决定加入大学的政治组织。对于保守党而言，牛津大学的学生政治实际上是以牛津大学联盟（Oxford Union）为中心展开的，记者大卫·沃尔特（David Walter）1984年在一篇关于该机构历史的报道中指出，牛津大学联盟位于牛津的中心地段，是一大片维多利亚时代的建筑群，也是一个"权力的游乐场"。这个联盟就像一个青年版的下议院，里面还有辩论桌。这里是未来领导人的摇篮，他们希望打磨演讲技巧、聆听杰出人士的客座辩论，并掌握暗中交易的政治艺术："如果你的支持者投票给我，我的支持者也会投票给你。"但几周后，又会甩出卑鄙的托词："哦，对不起，他们只是当时不清楚情况，所以没有

---

① 英国利兰汽车公司（British Leyland）创立于1968年，目前已经不再存续。其曾为捷豹、路虎、Mini等品牌的制造商。——译者注

投票。"

如果牛津大学联盟是下议院，那么牛津大学保守党协会（Oxford University Conservative Association，OUCA）就是竭力在模仿议会中保守党的运作方式。我想参与政治观点的辩论，其他大多数人对哲学没有兴趣。他们主要关心的是："谁能赢得保守党内的选举？我们如何才能让自己的地位上升一个台阶？"

当时，星期一俱乐部（Monday Club）①中聚合着保守党内的极右翼人士。在我到牛津大学时，他们已经放弃了在牛津大学保守党协会的选举中推举候选人的做法，而右倾派的态度虽然相当温和，但却处于如今被称为"莫德林机器"的中心位置。比他们的观点稍左一些的是托利党改革派（Tory Reform Group）的"湿婆"②们，他们认同爱德华·希思（Edward Heath）的观点，并对欧盟持积极态度。由于在欧洲和移民问题上存在严重的分歧，这三个派别无休止地相互争斗。在我看来，可以说他们对彼此的憎恨比对工党的憎恨更甚。

各方基本上都在维持休战的状态，以便集中精力协助帕顿赢得选举。但是，到了那个学期牛津大学保守党协会的主席选举

---

① 保守党周一俱乐部（通常被称为星期一俱乐部），是英国的一个政治压力团体，成立于1961年。——译者注
② 在英国俚语中，"湿"指软弱、无能、无效。在政治背景下，二十世纪八十年代，撒切尔夫人的支持者用"湿"形容反对其强硬政策的政治对手。——译者注

第三章
牛津大学的政治生涯

时，大家就开始坚持己见。我自己就反对持妥协态度的候选人克莱夫·麦金托什子爵（Viscount Clive Mackintosh），支持查理·威廉姆斯（Charlie Williams）——他曾在伊顿公学就读，认为如果我们希望进步并改变英国，那么就需要抛弃托利党改革派和爱德华·希思的主张。他嘲笑主张休战的阴谋集团是"穷鬼"①（piss poor），在他的竞选政纲里，甚至有一张他和整个团队对着一棵树撒尿的照片，正是对这一点的暗示。他特立独行、聪明绝顶、机智过人、本性率直。他总是穿着驴夹克②（Donkey Jacket），看起来更像是社会主义工会的会员，而不是顶级公学的学生。他对每个人和每件事都有异议。当然，他输了。

在那次选举中，我得以进入牛津大学保守派协会的委员会，处在倒数第二的席位。在我获得了牛津大学联盟中最年轻的委员会里最基层的职位的同时，牛津大学联盟也进行了选举，特蕾莎·梅（Theresa May）未来的丈夫菲利普·梅（Philip May）当

---

① piss poor，英语俚语，语气粗鲁，形容非常穷的状态，或非常低的标准。piss 本意为"撒尿"。——译者注

② 驴夹克，1888 年，为修建曼彻斯特运河（Manchester Ship Canal）的工人设计的保暖外套。设计师偶尔看到船员使用一种被称为驴引擎（Donkey Engine / Steam Donkey，小型的蒸汽动力绞车或伐木引擎）的东西牵引船只后，得到了为这款外套命名的灵感。由于耐磨、防雨、保暖的特性，驴夹克逐渐发展成为典型的传统英式工装夹克，作为工人阶层的标志性单品，一直与劳动有着某种联系。后经由时尚设计师改造，成为具有复古调性的英伦外套的典型代表。——译者注

选为主席。

我设计了一套方法，让大家都以为我在非常卖力地为帕顿助选，但实际上没有放弃自己的观点。因此，当接到保守党中央办公室的消息说威廉·黑格①（William Hague）被牛津大学录取，将在那年秋天入学时，我被委以照顾他的重任，并要确保他不会倒向不支持撒切尔夫人的"错误的"保守党一派。他当时年仅十六岁，但已经在几年前以题为《缩减国家边界》（*Roll back the frontiers of the state*）的演讲在党内大会上一举成名。黑格到达莫德林学院（Magdalen College）还不到一个小时，我就打听到了他宿舍所在。当时他和女朋友正在屋里拆行李。我单刀直入，即刻展开游说，试图说服他加入"莫德林机器"。

从那天开始，我们就相处得很好。他从约克郡的一家综合学校毕业后直接来到牛津，所以对英格兰北部以外的生活几乎一无所知。他告诉我，他原以为英格兰南部是一片平原，没想到肯特郡居然有高低起伏的山丘，所以非常震惊。他以前也从未吃过印度餐，我第一时间就带他去了考利路上那家我最喜欢的咖喱餐厅，给他补上这一顿。他很喜欢那个味道，所以后来我们每周都会来这里吃几次晚餐。他总是点一份印度坦度里烤鸡——或者，

---

① 威廉·黑格，生于 1961 年，英国保守党政治家，上议院议员，曾就读于牛津大学莫德林学院的哲学、政治学与经济学系，并担任牛津大学保守党协会的主席。——译者注

用他的话说，"印度式烤鸡"和薯条。我鼓励他尝尝其他印度菜，但他不喜欢。

在对黑格有了相当的了解后，我介绍他认识了另外两位来自公立学校的牛津大学同学，加里·杰克逊（Gary Jackson）和理查德·欧德（Richard Old），他们也是撒切尔夫人的支持者。考利的英国利兰汽车厂工人咖啡馆是一个可以逃开窥探者目光的地方，我们四个人经常选在这里见面，讨论如何着手控制大学里的保守党政治。鉴于我有从事销售工作的背景，就担起了政治操盘手的角色。

欧德是一位富有魅力的领导者，他有能力说服人们追随他，而且发表的演讲总是异常有力——虽然你仔细回想的话，会发现他其实并没有表达太多内容。

杰克逊是我们的大脑，启发我们用初心思考。他带着我们脚踏实地，走正路。

而黑格是我们公认未来会成为首相的那个人。他为人可靠、体面、体贴、友善且风趣。他从不矫揉造作，在牛津大学政治的暗流中犹如一缕夏日凉风，而且他的口音还帮他打破了阶级障碍。绝顶聪明的他似乎可以过目不忘，阅读速度也飞快，在我读二十页的时间内他就能读完一本书。后来他成为牛津大学保守党协会的主席、牛津大学联盟的主席和哲学、政治学和经济学专业的一等生，这在我看来简直是顺理成章、实至名归。我们成了好朋友，在后来的大学时光里还合租了一所房子。

我与欧德和杰克逊三人一起，承担起保护黑格的任务，让他免受丑闻的影响；还请保守党中央办公室的新闻官随时给我提供消息：这样如果有摄影师会去某个热闹的晚宴或活动，我就能够确保黑格不去参加。有时，他会反对我们像哥哥一样照顾他。不过，事实是——与许多其他政客不同——黑格在学生时代确实没有任何一张不恰当的照片流出。

当时——直到现在——保守党与牛津大学之间的联系都非常紧密。特雷莎·梅在 1977 年从牛津大学毕业后，也经常回来与老友相聚，回到牛津大学联盟喝上一杯。她比我大三岁，聪明、自信、老练、魅力十足。她似乎认识每一个重要的大人物，还能同时注意到像我这样的无名小卒。她未来的丈夫菲利普·梅曾经当选为牛津大学联盟的主席。不过，尽管他也是雄心勃勃，但我从未觉得他具有特别的政治天赋。

有时，托利党里的有钱人会资助有政治理想抱负的学生进行周末活动。我清楚地记得，有一次活动是在牛津郊外的一座美丽的乡间别墅里举行的。我们一行大约三十个人，包括当时的财政大臣奈杰尔·劳森（Nigel Lawson）的儿子和女儿。劳森的支持者和他本人都认为他非常聪明。他的儿子多米尼克（Dominic）曾就读于伊顿公学和威斯敏斯特公学（Westminster School）。因为他察觉到我不善于社交，并且有一定的生理缺陷，所以待我非常友善。多米尼克的妹妹奈杰拉（Nigella），如今是一位人见人爱的美食节目嘉宾，但当时还略显稚嫩鲁莽。当我某个观点表达得特别糟糕时，她会比较尖锐地回应。没过多久，我就意识到我无法继续待在这样的氛围中，在周末剩下的时间里都在盼着它赶快结束。我记得，当时我在想，为什么这群人聚在一起似乎只愿意讨论过去的政治和如何赢得未来的选举，他们对重大的社会问题和英国的未来一点儿也不感兴趣。我再次强烈地感受到，接受私立教育的人与上文法学校或公立学校的人之间确实存在着一道巨大的鸿沟。相比之下，黑格显得游刃有余。和房间里的其他人一样，他的重点在于赢得竞选；但与我不同的是，他并没有感觉到被冒犯，而且非常自信。在其他人看来，他选择丘吉尔作为榜样这一事实——甚至包括他的讲话风格——都无疑大有帮助。

尽管我不善于社交，并且有一定的生理缺陷，但我仍然通过努力在大学生涯的最后一个学期成功登上了牛津大学保守党政治圈层的顶峰，当选为牛津大学保守党协会主席。我发起了一个野心勃勃的演讲项目，计划邀请诸如劳森和杰弗里·豪①（Geoffrey Howe）等保守派名人参加。所有的名字都列在一本黑白印刷的小册子上，我给它起了个朴素的名字——卡片。我也邀请了一些非保守派人士：时任奇西克②妇女援助组织（Chiswick Women's

① 杰弗里·豪，1926 年 12 月 20 日—2015 年 10 月 9 日，英国资深政治家，保守党成员，他是玛格丽特·撒切尔的内阁成员中任期最长久的一位，曾先后出任财相、外相、下议院议长及副首相。他亦是中英香港前途问题谈判的关键人物之一。——译者注
② 奇西克，伦敦西部的一个地区。——译者注

Aid）主席的艾琳·皮齐（Erin Pizzey）。我还带领大家参观下议院、欣赏爵士乐队演奏，并组织了许多晚宴。我甚至鼓励牛津大学的保守党分子早上 5:30 起床，乘公共汽车去考利，在工厂对工人进行游说。牛津大学保守党协会的学期活动卡[①]由当地餐馆的广告资助，上面印有一名拿着机关枪的士兵和一句波兰语口号"Na Zachod"（"去西方"），但结尾是问号而不是感叹号。当然，十年之后，波兰就正式进入了西方民主国家的阵营。在学期活动卡的背面，我印上了这样一段引文："民主制是未受过教育的人的统治，而贵族制是未受过良好教育的人的统治"。［这本是吉尔伯特·基思·切斯特顿[②]（G.K. Chesterton）的著名论述——"民主制意味着由未受过教育的人组成政府，而贵族制意味着由未受过良好教育的人组成政府"，我自己在此提炼了一个精简版本］。

我发现自己很擅长政治机制，善于与政治派别谈判（事实上，我在左倾派和右倾派的委员会中均担任了职务），善于赢得个人和小团体的支持；但是，我非常不适合做公开演讲。一想到要在牛津大学联盟的辩论会上发言，我就会浑身发抖。这不仅是

---

① 学期活动卡，每个学院对一个学期内各种娱乐活动的安排表，从正装晚宴到小酒吧聚会等，形式丰富多彩。——译者注

② 吉尔伯特·基思·切斯特顿，1874 年 5 月 29 日—1936 年 6 月 14 日，英国作家、文学评论者以及神学家。热爱推理小说，首开以犯罪心理学方式推理案情之先河，与福尔摩斯注重物证推理的派别分庭抗礼。——译者注

第三章
牛津大学的政治生涯

因为我很清楚自己的演讲有多糟糕，还因为在那种场合下男士必须要戴领结，而我完全不知道怎么打。我只能祈祷没有人发现我总是靠一个能夹在领子上的假领结蒙混过关。

但是，一次偶遇带给了我一些希望。在一场辩论之前，我正在牛津大学联盟的洗手间里方便，发现旁边站着英国前总理哈罗德·麦克米伦（Harold Macmillan）。他紧张极了，甚至还跟我说担心自己手抖得太厉害，洗手时会溅到我的鞋子。众所周知，麦克米伦是一位出色的公众演说家，我问他为什么会紧张成这样，他说不出来原因，但他告诉我他曾遇到过很多非常优秀的演说家——包括丘吉尔和劳合·乔治[①]（Lloyd George）——都同样害怕公共演讲。

在大学时不仅公开演讲让我神经紧张，大学政治的肮脏一面更让我感到悲伤和沮丧。有一次，牛津大学保守党协会的选举变得非常恶劣，以至于有人向我的车泼了混凝土。我试着想刮掉，但最后不得不放弃。我安慰自己，等干了之后，它们大多会自己脱落。大约在那前后，一本名为《不为人知的小葛》（*Private Guy*）的杂志在全校散发，里面声称我和朋友们闹出了各种各样的性恶作剧——其中大部分我都从未听说过——以及一系列其他

---

① 劳合·乔治［（Lloyd George），1863 年 1 月 17 日—1945 年 3 月 26 日］，英国自由党政治家，在 1916 年至 1922 年间领导战时内阁，在 1926 年至 1931 年间担任自由党党魁。——译者注

的反社会活动。

而且，我不是唯一一个被攻击的人。前牛津大学联盟主席达米安·格林（Damian Green）——后来成为英国政府的内阁成员——先后被左翼和右翼团体从莫德林桥（Magdalen Bridge）上扔进了河里。是可忍，孰不可忍。虽然我最终也没有找到谁是泼混凝土的元凶，但我秘密调查了《不为人知的小葛》之后，发现了查尔维打字中心，大多数小册子和出版物正是在那里制作的。打印《不为人知的小葛》使用的打字机色带，也曾被用来制作托利党改革派的标语"真诚，而非玩世不恭"。我查出了预订打字机的人，并威胁要以诽谤罪对他提出诉讼。肇事者被吓坏了。第二个学期，校园里的每一个学生布告栏上都贴出了巨大的道歉海报，闹事的人自此退出了牛津大学的政治圈。

当选为牛津大学保守党协会的主席之后，我还参加了牛津大学联盟财务主管的竞选，但以一票之差落败。从过去的记录上看，如果你参与财务主管的竞选，那么也将成为下一届主席的候选人——除非你的对手领先的票数太多。但是，当我发现黑格也打算参选时，就主动退出了。他比我更适合那个位置，而且也是我最好的朋友。相反，我选择了牛津大学联盟的财务管理员这一无薪职位。

这一决定带来了双重影响。首先，通过创建联盟终身会员年费制度（之前的会员资格是自动延续的），我帮助牛津大学联盟夯实了财务基础（如今，年费制度每年可带来 100 万英镑的收入）。其次，在这一年休学期间，我将艺术品生意带上了一个新的台阶。

凭借自己当时已经赚到的钱，我在牛津的杰里科地区（Jericho）买了一套位于纳尔逊街（Nelson Street）的房子——当时这是市区里一个破败不堪的区域。在那里，我把数百名本科生培训成上门推销员，而且在这一过程中，每晚能赚到二三十英镑。这个生意进展得非常顺利。于是，1980年年初，我决定开设自己的艺术画廊。在沃尔顿街（Walton Street）和小克拉伦登街（Little Clarendon Street）的交汇处，我买下了一家空置的自助洗衣店。那里当时是一个刚刚形成的波希米亚聚集区。我处理掉了所有的洗衣机，粉刷了墙壁，为画廊取名为"Artsake"，正式开张了。

起初，我尝试销售各种地区风格的艺术品，从南美到中东，不一而足。然而，我很快就发现，虽然路人可能很喜欢驻足欣赏橱窗，但到了要花钱购买时，他们要么对作品没有信心，要么囊中羞涩。风险经营的方式也许适合伦敦或纽约，但在1980年的牛津，完全没有可能。因此，我迅速转移了经营重点。我注意到，画廊的相框业务非常突出，而且大多数人是带着海报来装裱的，尤其是艺术零售商Athena制作的海报。Athena是一家非常成功的公司，从附庸风雅到稍显调皮的风格，他们都游刃有余。

所以，Artsake就变成了一个销售艺术海报和相框的场所。我挂在架子上的作品都是从伦敦的海报之家（The Poster Shop）

批发而来的，这也是我大部分的备货。其他还有一些海报来自世界各地的博物馆和画廊：以色列、荷兰、美国、法国、澳大利亚；有一些来自即将关闭的艺术画廊。利润非常可观。为了继续创收，我把画廊上层的公寓租了出去，还将曾经的自助洗衣店锅炉房改造成一个小商店，由一位可爱的年轻女子经营。

一切都进展顺利，我也安于同时过着两种生活：我在牛津大学的生活，与未来的政治家混在一起；我的小生意生活，与艺术家、波希米亚人、餐馆老板和手工艺人混在一起。我喜欢这种反差，还能看到我的生意不断发展壮大。

但随后 Artsake 遭遇了一次严重的沉降事故。我曾经天真地假设，这座始建于 1820 年的建筑既然能坚挺 150 多年，那么我在购买之前就不需要委托相关机构进行结构测量了。这极其不明智。事实上，这座建筑需要大量维修和支撑结构。曾经一度利润丰厚的生意现在变成了吞金兽。我欠下了 40,000 英镑——这是当时英国平均工资的 6 倍——此外，我还要为这笔债务支付每年 20% 的利息。破产近在眼前。

我有两个选择。其一，开第二家公司来增加我的营收（我曾短暂地考虑过女士内衣业务，与一位曾为我工作并拥有设计硕士学位的女生合作）。其二，做一些绝对不在我宏伟计划之内的事情：找一份"真正的"工作。但是我能有什么选择呢？还债是必须的。所以，我的政治操盘手和企业家的双重生活不再是可持续的了。

第三章
牛津大学的政治生涯

我与大学职业顾问谈了谈我的情况，他向我推荐了薪水最高的雇主企业：高盛集团。紧接着，他就让我估计一下自己将能拿到什么样的学位等级。我很乐观地回答道"三等"，都没说可能会肄业。但他听到后，告诉我这种成绩绝对不可能被录取，高盛集团只聘用获得一等学位的毕业生。"好吧，我就是一个三等生，他们只能接受这样的我。"我反驳道。

我走出他的办公室，开始了黑暗之旅。

第四章

非常非常贪心

有些事情正在发生，就发生在当下

而你却毫无察觉

有些事情正在发生，就发生在当下

时不我待

我说过有些事情最好要改变

扼杀者乐队 [①]（The Stranglers）
《有些事情最好要改变》（*Something Better Change*）

虽然必须得还清债务，但投身金融圈却让我忧心忡忡。在我十六岁那年，学校组织了一次职业拜访活动，让我们了解一些商业银行的运作方式。那次经历让我感到非常沮丧。在 Hill Samuel 银行 [②]，一位资深的从业者描述了他的一天——他的司机（由银

[①] 扼杀者乐队，英国摇滚乐队，成立于 1974 年，迄今已在乐坛活跃长达五十余年。——译者注

[②] Hill Samuel 银行现归属于英国重要的私营金融机构劳埃德银行集团（Lloyds Banking Group）。在 1987 年被 TSB 银行收购之前，它曾是英国一家领先的商业银行和金融服务公司，而 TSB 银行也在 1995 年与劳埃德银行合并。——译者注

第四章
非常非常贪心

行聘请）开着车（由银行购买），从他居住的位于肯特郡的农场（也由银行资助）接他去上班。我一直想知道，在他看来，这一切是为了什么。英国人渴望通过自己的努力奋斗（而非他的身份）获得成功的那股冲劲到哪里去了？他们角逐国际舞台的动力到哪里去了？我暗下决心，永远不要成为英国银行系统中的一分子。

五年之后，我成了一个不在乎衣着、爱好艺术的大学毕业生，并立志成为一名企业家。不幸的是，我确实成了一名企业家，但欠了米特兰银行①（Midland Bank）40,000英镑。如果我继续延续当前的职业道路，那么这笔贷款我一辈子都还不清。

至少，我认为，高盛集团与其他金融机构略有不同。我在读A–level时，曾在《经济学人》杂志（The Economist）上看到过它，并立即被它的非正统的企业文化所震撼。这是一家以交易员为中心的投资银行，充满了奋进向上的文化氛围，而这是在纽约其他地方所没有的，但问题是，我的简历不可能让我获得面试机会。因此，我让母亲使用Artsake画廊的抬头纸帮我打印了一封信，鲜明地列出了五个基本事实，并非常谨慎地回避了另外两个事实：我是牛津大学的学生；我不懂任何外语；我有自己的艺术画廊；我的驾驶执照上从未有过事故记录；我有挨家挨户登门销

---

① 米特兰银行在20世纪中是英国的四大银行集团之一，现归属于汇丰银行。——译者注

售的经历，卖出过百科全书、双层玻璃窗和画作等。

被我回避的两个事实是我的学业成绩和失读症。在这封信的最后，我请求面试他们股票部门的销售职位。

显然，我作为一个年轻人，这样的表现是无礼的，但一定有什么事情让银行注意到了我。我居然收到了邀请，在高盛集团的牛津大学招聘日那天，与一位名叫杰米·基尔南（Jamie Kiernan）的面试官共进午餐，这着实让我很惊讶。同样令我惊讶的是，基尔南来自固定收益部门，而不是股票部门。

面试地点是在伦道夫酒店（Randolph Hotel）里的一间豪华会议室。面试之于我的同学，都是面对着两名在一张大桌子后面正襟危坐的面试官和一连串密集的提问。但是，面试之于我，则变成了与基尔南——一个大块头、友善的爱尔兰裔美国人——共进午餐。我猜想他只是感到无聊，不想一个人吃饭而已。

如果考察的是用餐礼仪，那么这次午餐面试并不算成功。我点汤失误。侍者端上来了一个精美无比的带盖汤盆和一把我见过的最大号汤勺，结果我把汤洒得到处都是。但是，估计我们在聊到我的艺术品生意时，让基尔南对我产生了一定的兴趣。后来，他推荐我去伦敦参加了一系列固定收益部门和股票部门的面试。这些部门涉及的业务包括债券承销、债券交易和债券销售。他耐心地解释说，债券基本上就是政府和公司在需要资金时出售或发行的债务证券。高盛集团的业务涉及承销债券的发行、债券销售，并有专门的团队在二级市场进行债券交易。他还告诉我，销

第四章
非常非常贪心

售人员和交易员是两个截然不同的群体，他们之间的关系可能会很紧张。他表示，债券承销需要丰富的经验才能胜任。债券交易具有一定的风险，也需要一定的信任，因此我也做不了这个。不过，我也许可以去销售固定收益产品——这意味着我将与机构打交道，而且不但薪水可观，还有可能获得巨额的年终奖金。

在伦敦的高盛集团，我遇到的人都聪明绝顶，而且每个人都各有各的风格。股权部门的员工颇有教养、精明老练、衣着考究。而在固定收益部门的人，大多数都非常聪明，但却难与他人合得来，除了都一心只想成功之外，他们几乎没有其他的共同之处。

例如埃迪（Eddie）——一位盎格鲁-希腊混血，热切盼望着发生革命的社会主义者，他的父亲在皮姆利科①（Pimlico）经营一家旅馆。还有约翰·基奥（John Keogh），他负责管理高盛集团在伦敦的债券交易部门，与生俱来的智慧和敏锐的直觉让他对任何事情都有自己的看法，是一位逆向投资者。我的面试官共有三人，除了基奥和埃迪之外，还有专程从纽约飞来的公司债券交易负责人埃里克·辛伯格（Eric Sheinberg）。"如果我们录用你，"辛伯格说，"你需要谨遵三条规则：不要偷窃，永远不要对我说谎，不要发生办公室恋情。"他还给我提了一些建议，包括买几件像样的衣服（他甚至还表示愿意借钱给我）。我都照做了。

---

① 皮姆利科，伦敦的富人住宅区。——译者注

随后，我前往纽约进行下一轮面试，被安排住在一家豪华的五星级酒店里。好在这费用由公司买单。入住后，我就去了高盛集团的办公室。我亲眼看到了这个对比鲜明的奇异世界。一边，巨大的交易大厅中熙熙攘攘，里面满是销售人员和交易员，还有无数块屏幕上闪烁着不断变化的绿色数字。而另一边，在交易大厅旁，是管理层的办公室，充满了安静平和的气氛。在高盛集团，每一个群体都可以通过他们发出的声音大小来识别。管理层很安静，销售人员很吵，中心的交易员是我遇到过的最吵的人。你会觉得他们的肺随时都会衰竭，他们的脸也都红得出奇，让我觉得很快就会有人突发心脏病。时不时地，会有销售人员小心翼翼地跟交易员交流，但却被吼走。然后，他们会跑回自己的办公桌，他们团队里的同事要么投来同情的目光，要么就与他们击掌庆祝。

没过多久，我就发现他们已经为我取了一个绰号——"卡车司机"。我在高盛集团的纽约办公室的前台注册时，使用了驾照作为身份证件，但我之前考驾照时，由于办事人员的失误，给我签发的是重型卡车驾照[①]。显然，这消息一下就传开了。然后，我进行了一系列面试。固定收益部门的负责人（管理层）无比希望能找到我们共同的兴趣点。最后，他发现我们都喜欢吃，于

---

① 在欧美国家，尤其是美国，对重型卡车司机的要求极高，因此考到相应驾照并非易事。——译者注

第四章
非常非常贪心

是开始给我分享他在纽约最钟爱的餐馆，试图增加我对他的好感。在一次后续面试中，他向我介绍了奖金计划——我有可能在工作的第一年就获得高达 42,000 英镑的巨额收入。"你父亲挣多少钱？"他问道。那时，我父亲的年收入大约只有这个数字的一半。"你父亲已经工作了一辈子了，也比你更能胜任自己的工作，但你在入职的第一年就比他赚得多，你怎么看这一点？你认为这是你应得的吗？"

"这对我来说并不是一个问题，"我答道，"这是一个对你提出的问题。你们已经为这个岗位开出了这份薪水。你需要决定谁是值得获得这份工作的人。"我不知道我的答案是否正确，但它确实为我那段时期在高盛集团的职业生涯定下了基调：回应问题，并说出自己的想法。

那天，我在最后一次面试中面对的是一位名叫查克·戴维森（Chuck Davidson）的交易员。后来，我发现他被大家昵称为"咯咯笑先生"。他是个大人物，一位功成名就的交易员，而且还非常有趣。当我走进他的办公室时，他正斜着身子倚靠在电传机后面的转椅上。他只问了我一个问题："'卡车司机'，你能真的开一辆大型重卡送我去机场吗？"我当时特别紧张，回答了"可以"。他立刻打开门，对着交易大厅尖叫，"他真的是个卡车司机啊！"然后，他转过身来说轮到我提问了。

"优秀的交易员需要具备什么素质？"我问道。

"贪婪，"他果断回复，"你必须非常非常贪婪。"

我又跟着问了一个自认为很妙的问题："那么，伟大的交易员需要什么素质？"

他把转椅向后一推，说："你需要非常大胆！"他随即放声大笑。

我得到了这份工作。从牛津大学毕业后的第二天，我就与其他三名实习生一起，加入了高盛集团的伦敦办公室。两周后，我被派往纽约，参加高盛集团的培训课程。没过多久我就明白了，只要你努力肯干，懂得一些常识，并表现出具有比其他人更适合这份工作的能力，这份工作就像是一个印钞许可证，而且印出来的钞票会多到超出人们的想象。但是，伴随这个印钞许可证而来的，是责任。公司的联合负责人约翰·怀特黑德（John Whitehead）和约翰·温伯格（John Weinberg）教导说，"虽然我们是因为才华出众被录用的，但我们的角色是为客户服务。"他们表示，我们的客户应该永远比我们赚得多。如果我们为他们提供优质的服务，就能得到很好的报酬，但如果我们停止为客户工作，公司也不会希望我们继续在这里工作。

1982年，高盛集团的伦敦办公室充满了一种斗志昂扬的氛围，仿佛是一家凌乱杂凑的初创企业：面积不大，谦逊低调，除了有几台电传机之外，办公室里几乎没有什么高科技的设备。它负责在政府债券、股票和货币市场进行交易。这种交易具有双重目的。首先，显而易见的是：赚钱。其次，避免为他们赚到的钱纳税——在最高税率为83%的时代，这也许不足为奇。办公室

第四章
非常非常贪心

里还流行实物偿付，又增加了一种市场摆摊的感觉。也许在某一天是一大批卫生纸，第二天又是一箱箱的内衣。这些货物会被转卖给在老肯特路（Old Kent Road）等地摆摊的朋友。我的收入还没有高到需要担心税率的地步，我也明白了不要四处打听。

我被放在了买卖国际债券双方的激战之中。当时还没有台式电脑和宽带，所以我的同事帕特里夏（Patricia）每天都不得不在晚上来整理数千份电传信息，才能确定我们在白天要执行什么指令。我会在早上 6:30 左右到办公室，查看前一天晚上同事留在我办公桌上的债券单，然后拿出惠普手持计算器，算一算从标记时间起，美国政府国债市场发生的各种变化所产生的影响，并根据我们需要实现的收益率来上调或下调债券价格，从而吸引买家和卖家。当时，有些银行仍在使用带有纸轮的大型桌面计算器，但我们使用的惠普计算器是最新技术——更快、更准确。当埃迪和基奥达到办公室后，我们就可以开始根据我算出来的数字进行报价，然后开始一整天通过电话买卖债券的工作。

对我来说，阅读书面上印刷的文字犹如在白色的暴风雪中寻找白色的北极熊。但是，辨认数字很容易。我很快掌握了要点，而且发现我对债券估值的直觉通常是正确的。我还掌握了债务凭证的财务意义和法律上的复杂性。没过多久，我就对流动性极差的债券产生了兴趣，尤其是那些最深奥的高收益债券，它们普遍都信用不良，或附有认股权证。如果我发现了某个债券被市场低估，就会尽可能多地建仓，希望能够在卖出时获得丰厚的利润。

换句话说，我一直在别人看不到的地方寻找价值——从那以后，我一直坚持使用这种方法。

我和同事们在工作中都勤劳肯干，参加社交活动也都十分踊跃。在二十世纪八十年代初期，纽约市的大部分地区似乎都处于永久宿醉的状态。午餐基本上已经变成了醉酒的开始，一直持续到深夜。但是，在高盛集团，我们的饮酒量远低于其他大多数银行。即便如此，如果我外出吃午餐，也总会喝上几杯。我们的办公室是一个禁酒区。

从入职的第一天起，我发现不同投资者对回报水平的预期差异极大，也发现投资者似乎更多是被情绪而非逻辑所驱动。这些现象引起了我浓厚的兴趣。当时，大多数投资者认为公司几乎是比所有国家（美国除外）都更加稳定的经济实体。例如，他们认为法国存在着巨大的信用风险，政府债券以超过 19% 的利率交易，而迪士尼主题公园的债券的交易利率仅为 9%。投资者显然认为华特·迪士尼（Walt Disney）会按时偿还债务，但对法国政府就没有这么信任了。

我还学到了其他一些重要的经验教训。首先，聪明才智的价值巨大，但也会导致巨大的局限性。有时，有了持之以恒的毅力，并且只要参与其中，就可以做成一笔交易。我发现，最优秀的交易员会一直工作到下午的晚些时候，积极为第二天的交易做准备，而大多数业绩平平的交易员则早就下班了。在他们的启发下，我会一直工作到傍晚。

第四章
非常非常贪心

我还发现，只需要比其他人多掌握一点点信息，就可以赚得盆满钵满。对于我持仓的债券，仅仅是研究它们公司的招股说明书，就足以让我获得很大的优势，尤其是因为许多公司发行的债券都设有附加条件。令我震惊的是，有一些非常聪明的人居然都懒得先搞清楚公司的价值，就直接开始做价格交易。他们没有阅读过招股说明书，也没有提出过任何问题。在盲人的世界里，即使是一位二十三岁的单目失明者也可以称王。

最后，我发现在进行交易时——其实是在做各种买入和卖出的操作时——强烈的个性几乎是必不可少的。我的老板约翰可以只通过一个来自另一个大洲的电话，就嗅到卖家或买家的味道。为了得到他看中的市场，他会毫不留情地挤掉其他销售人员，所以他赚的钱曾一度超过了伦敦所有的债券交易从业者。在这个过程中，并不需要特别的智力优势：他会利用自己的个性来改变市场，把国际债券交易当作一个巨大的全球性扑克牌局。另一位值得一提的前辈是纽约办公室的乔恩·考尔茨（Jon Corzine），他曾是高盛集团的资深管理人员，后来从政，当选为美国参议员和新泽西州州长。考尔茨的买入或卖出操作也从不等待市场信号，而是将自己的意志投射到市场上。其他人则在他造成的影响中畏缩不前。

我在伦敦刚刚步入正轨没多久，就被派往了东京。对我而言，这并非易事。朱莉娅和我在 1983 年订婚，并定于 1984 年 9 月 1 日举行婚礼。之所以定在这一天，是因为我觉得这个日期比较容易记住，这样我就不会忘记我们的结婚纪念日了。因此，我们虽然极不情愿，但也不得不在新婚宴尔之际就暂时别离。我们去了意大利度蜜月，23 天的时间里我增重了 14 磅（约为 6.35 千克）。然后，我立刻启程飞往日本，住进了东京最宏伟、最具日式传统风格的酒店之一——大仓酒店（Hotel Okura）。婚后的几个月里，我们大部分时间都两地分居。

在东京，高盛集团固定收益部门的办公空间宽敞，团队由四个人组成：一位来自日本当地的销售人员博（Hiro）、一位负责亚洲其他地区销售业务的中国香港人威利（Willy）、一位日本人担任双语秘书，还有一个非常年轻、非常缺乏经验的英国人，正在思念他的家和他的妻子。作为高盛集团的隔夜债券交易员，我负责在伦敦和纽约的交易员睡觉时管理两地的账目信息。简而言之，虽然我的头衔很高级，但其实只是一名记账员，需要遵守严格的指示，保持我的账簿做到收支平衡，为公司规避风险。有前辈告诫我，要为客户服务，但不要试图为公司赚钱，也绝对不要制造任何亏损。

几周过去了，一切安好——如果某一个晚上我的工作表现不错，那么赚到的钱可能也就只够支付我的电话费、住宿费和一顿饭的费用。然后，有一天晚上，市场经历了一次大幅反弹。于是，我清掉了手上的仓位。像往常一样，我做到了收支平衡。我还很高兴这一操作让那晚赚到了 40,000 多美元。然而，我并没有意识到的是，如果我继续持仓，则会大赚一笔——即使赚不到

第四章
非常非常贪心

几百万，也至少是几十万。伦敦的账目负责人勃然大怒，我觉得有必要打电话给考尔茨解释一下。我还提到我被伦敦的政府交易员痛骂了一顿。考尔茨很同情地听着我讲完，然后说，"去外面走走吧，找点好吃的好玩的。别舍不得花钱，我给你签字报销。"

这是高盛集团处理问题的经典方式：大把花钱，这会让你感觉舒服些。我选择在大仓酒店的高级正餐厅里安慰一下自己受伤的心，生平第一次点了鱼子酱。为我上菜的有两名服务员。他们端着一个巨大的冰牡蛎壳，周围被云雾缭绕的干冰包裹着，里面装着大粒的大白鲟鱼子酱①，颗颗饱满圆润，犹如黑色珍珠一般。餐厅里每个人都盯着我看。服务员带来了伏特加和香槟供我挑选。我选择了库克香槟②（Krug）。这时，我才发现，在外人看来，我仿佛是在告诉整个世界，我被深爱的女子拒绝了，正在借酒浇愁。但这件事却也有积极的一面，那就是让考尔茨意识到东京并不适合我，其他地方更能让我施展拳脚。三个月后，我就回到了伦敦过圣诞节。

二十世纪八十年代中期见证了金融界的技术革命。人们不再需要冲着电话大声喊叫，也不需要再挥舞着纸条，一切都开始让位给电脑。老前辈们认为技术是障碍，但我很清楚，这就是未

---

① 大白鲟的鱼卵质量最好，为最顶级的鱼子酱，向来有"海里珍珠"的美誉。每千克市场售价7,000到22,000美元不等。——译者注
② 库克，全球顶级的香槟品牌之一。——译者注

来。我们从美国引进了一个以价值为基础的价差交易程序，他几乎可以对交易进行实时评估。当时，在伦敦除了所罗门兄弟公司（Salomon Brothers）之外，我们是唯一拥有这种软件的公司。做决策的速度变得越来越快，但也时不时地会出现令人尴尬的沉默时刻——计算机宕机，而且在早期还经常宕机。一旦出现这种情况——空气仿佛都凝固了——因为经纪人、销售人员和客户都在大骂，基奥、埃迪和我就会告诉销售人员假装我们全都在上厕所。

在接下来的几年里，曾经年收入超过 100 万美元的高盛集团高级销售人员和交易员被纷纷解雇，取而代之的是一台计算机和一位机灵的工商管理硕士毕业生（年薪 65,000 美元）。这个组合能完成的交易数量之多、速度之快，是老前辈们永远无法企及的。很快，计算机就不再仅仅是传递信息和沟通的工具了，还成为一种针对特定类型投资者开发新产品的方式。例如，高盛集团和华尔街的其他几家公司开始购买美国政府债券，然后将本金与利息分开偿付。这样，他们能够以高于整体销售的价格分别单独出售这两种产品。通常，我们将本金偿还款出售给出于情感和税收原因希望获得资本收益的个人，而将利息偿还款出售给需要当前收入来偿付中期负债的保险公司。

随着时间的推移，高盛集团的创新产品在华尔街被普遍效仿，利润率也随之下降。但是，我没有停下探寻的脚步，一直在琢磨新的交易优势。在 1986 年，我开始尝试使用类似的技术来

第四章
非常非常贪心

处理信用质量较差的标的。这个交易策略需要具有长远眼光的客户的支持，而我有幸遇到了一位聪明又可爱的香港商人叶维义（V-Nee Yeh）。他和我年龄相仿，我俩的父辈也都以能看得长远为荣。他专程来到伦敦，希望能深入地了解市场。我为他创建了一个证券产品，本金在三十年后提取，不支付利息，而且通常由质量较差的银行提供担保。然后，我把息票偿付款卖给了机构。我赚到了非常高的利润，而且我很高兴地说，叶维义在多年之后也拿回了他的本金。根据我的计算，他仅用几百万美元的投资就赚到了近五亿美元。这就是三十年来高收益债券复利的力量。

这些都是我在职业生涯中最快乐的日子。在牛津的时候，我觉得自己就像在空中转着一千个盘子演杂技一样，所以，加入高盛集团之后，我的生活仿佛立刻进入了度假的状态。当其他人都在抱怨工作太辛苦的时候，我却享受着（虽然很短的）舒适的睡眠、每个月末可预测的工资支票、可以报销的午餐费、年终奖金和带薪假期。现在，我的责任和压力比以往任何时候都少。

虽然日子如此美妙，但我也不能松懈。我不断深入研究着我持仓的公司，连最小的细节都不放过，这有效地刺激了我的肾上腺素分泌。这是一种令人愉悦的自由感，但它不可能永远持续。

当我的新老板从纽约办公室空降而来时，仿佛就预示着第一个转折即将到来。卢克（Luke）以为带他去吃午餐和晚餐的伦敦交易员都喜欢他。但是对他们而言，卢克就像是打扑克时的那个大笨蛋，让人忍不住要联手打对付他。他的业绩开始损失惨重，还跟我争论在伦敦债券市场做交易的最佳方式，并且变得越来越不友好。我们的关系僵化了。

就在发生这一切的时候，我接受了一个国际债券交易商会议的邀请，前往新加坡开会。会议进行的第三天，我受到了卢克的上司尼尔森·阿班托（Nelson Abanto）的约见，地点是在奢华无比的香格里拉酒店（Shangri La Hotel）。我被带到酒店的游泳池——仿佛是007电影里的场景一样——阿班托在那里等我，他看起来也完全像是电影中的一个明星。他体格健硕，曾在奥尔德肖特[1]（Aldershot）为英国陆军教授武术，获得过两颗紫心勋章。他的舞姿像天使一样优美，长相非常英俊。

他游到我身边。

"小葛，我叫你来，只是想告诉你我今天早上把卢克解雇了。"

我惊呆了。"哦……那接下来谁负责欧洲债券部门呢？"

"你。祝你好运！"他说道，然后跳回水中，游走了。

我们的约见就这样结束了。当时年仅二十六岁的我就挑起了负责欧洲债券部门的重任。这不仅在高盛集团，就是在整个伦敦金融圈，都是一个不小的成就。

成为管理层之后，我对高盛集团的看法开始改变，同事们对

---

[1] 奥尔德肖特，英格兰汉普郡的一个城镇，被誉为"英国陆军发源地"，也因此在维多利亚时代从一个小村庄发展为城镇。——译者注

第四章
非常非常贪心

我的看法也开始改变。我不再是"好人小葛"了。对于卢克的朋友而言——他有很多朋友——我是"坏人小葛"。

随着升职，我的影响力可能确实在增强，但在任命正式宣布后，有些友谊就化作了过去式。每个人都认为伦敦的固定收益部门中只有一个人可以成为合伙人，而现在我正是这个理想职位的潜在竞争者。如果成为合伙人，不仅可以分享一部分利润，还能获得公司的股份和发言权（确实，万一遇到经济不景气的年份，合伙人需要自掏腰包来填平亏损，但这几乎从未发生过）。不止一个人告诉过我："小葛，你知道，咱们现在都在竞争合伙人的位置，所以就不再是朋友了。"

角逐合伙人位置的过程异常激烈。我（几乎）可以肯定，一心希望攀登事业顶峰的合伙人从来没有找人谋杀掉他的竞争者，但我知道很多人确实盼着自己的竞争对手早点儿小命呜呼。正如一位投资银行部门的合伙人曾对我所说："我们部门今年有三个人会竞争合伙人的位置。我想最终会有两人能有机会晋升。如果你算一算成为合伙人之后我能赚到多少钱，再算一算我不当合伙人又能赚到多少钱，那么最简单的逻辑就是我花钱雇一名杀手，干掉另外两人中的一个，但我是个胆小鬼，所以这种事情我做不出来，"当我目瞪口呆地看着他时，他补充道，"但是，仍然……"

与此同时，高盛集团和伦敦金融城都在经历翻天覆地的变化。高盛集团在伦敦的规模不断扩张，从最初的初创公司发展成为拥有四百名员工的大型企业。在这样的环境和压力下，维持办公室友谊——事实上维持任何友谊——都是一个巨大的挑战，所以，我把重点放在了我的事业、朱莉娅和家庭经营之上。

就在这时，伦敦金融城经历了一次"大地震"。突然，经纪人的固定佣金制度一夜之间就不存在了，一起消失的还有多年来让伦敦金融城一直被当作公学"老男孩"俱乐部的一系列习惯操作。于是，英国商业银行的缺点也瞬间被暴露出来。它们没有资本、没有系统，也没有在这个美丽新世界中竞争所需要的人才。

嗅到水里的血腥味之后，美国投资银行就像鲨鱼一样围着伦敦金融城转来转去，挥舞着其支票簿，向高级合伙人收购公司股份。除了极少数例外，这些高级合伙人也都认识到新世界不再适合他们，因此乐于兑现股权，回到乡村庄园享受退休生活。随着交易大屏取代公开喊价交易，环境迅速发生了变化。伦敦金融城的文化和职业道德也随之而变，不再有那么浓重的俱乐部气氛了，也不再强烈依靠"老男孩"网络，没有那么多人买醉，性别歧视和种族主义也略有减少。同时，这里变得更加平等，人们更加自以为是，充斥着好胜、好斗、自负和贪婪的气息。赚钱要靠聪明才智加上高科技，成功在这里生存下来的人都觉得是靠自己的努力做到的。与此同时，伦敦金融城为英国经济贡献了越来越多的税收，因此受到政府的大加赞赏。

我自己把大量的时间投入到工作之中，并且采用了广撒网的原则，所以事业蒸蒸日上。我最成功的交易之一是买入了欧洲原子能委员会（European Atomic Energy Commission）发行的名为

第四章

非常非常贪心

Euratom 的债券。因为名称中涉及原子能，所以被大家视为一颗定时炸弹。人们都认为如果一旦发生核事故，Euratom 债券总会或多或少地受到牵连，但是，如果了解了这个机构的运作方式，就会知道这种观点完全是胡说八道。Euratom 由多个国家在 1957 年签订条约正式成立，也得到这些国家的背书。实际上，它是一个类似欧盟（EU）、世界银行（World Bank）或原子能委员会（Atomic Energy Commission）这样的超国家组织。它的债券由多个国家联合发行并担保，因此信用评级非常高——与欧洲经济共同体发行的债券同级。

在研究了招股说明书并了解到其承诺的未来将实现的机会之后，我开始尽可能多地购买这只债券，直到全部的发售份额都已售罄。然后，我制作了一份销售演示文稿，开始向全球的潜在买家推荐，最终与佛罗里达州的一家保险公司达成了交易。这只债券在有效期内每年约增加 150 个基点的额外收益率，因此我为高盛集团赚了几百万美元。这里面并没有什么高难度的操作，只需要做足功课即可。

到 1988 年年底，债券市场的竞争已经变得异常激烈。我们需要做一些与众不同的事情。我们在制定下一年的预算时，考尔茨要求我提交一份业务规划，把 1989 年的收入目标设定为我在 1988 年已实现业绩的两倍。我向他解释说这很难做到，因为毕竟利润率已经下降了 50%。"好吧，"他回答道，"我们会把你的交易限额提高 4 倍，那么你就可以持有 4 倍多的债券，然后在总业绩上实现翻倍。"从数学上来看，他这么算没问题。只要市场坚挺，那么我们的营业额可以增加四倍，利润就会翻番。

但不幸的是，现实并没有数学那么美好，1989年成为我在高盛集团期间亏损的一年。我8月去度假。那时，我们持有超过10亿美元的低流动性债券，其中美国的银行债券价值1亿美元。这些债券购买时看起来很便宜，后来仍然一路下跌。我9月返岗时，账面价值增加了不少，我们持有的美国的银行债券价值近2.5亿美元。我担心的是，陷入这种混乱局面的机构并不只有我们一家。到11月时，事实证明我近乎偏执的担心是有道理的。

在那段时期——后来被称为"财技"（Zaitech）的泡沫年代，日本公司一直在以公司的资产负债表为抵押进行借款，并投资收益更高的外国债券。到1989年，日本国内的四大巨头——野村证券、大和证券（Daiwa）、日兴证券（Nikko）和山一证券（Yamaichi）——市场份额合计已高达40%。如果把日本的银行和二级经纪商都纳入统计，那么市场份额将接近50%。在我经手的一些交易中，甚至还有过日本银行买下了100%的债券。

然后，日本政府在1989年上调了利率，还悄无声息地敦促本国的银行避免进行高风险的涉外交易。8月，所有潜在的日本投资者都退出了美国联合航空公司（United Airlines）的救助计划。灾难很快就要降临了。一旦日本方面停止购买，其他机构也就不会再跟进了。过度依赖债务的交易瞬间失宠，低质量债券市场实际上也已经消亡。有些债券的价值甚至下跌了40%。事实证

第四章
非常非常贪心

明，几乎不可能找到哪家愿意冒险买入单个的垃圾债券，美国和欧洲买家只对被评为"投资级"的债券感兴趣。

我知道，我经手的大部分产品都是高质量的，给足一定的时间，价格总会涨回来，但是，从整体来看，高盛集团持有数量庞大的垃圾债券。因此，我们决定减持仓位，接受重大损失。我们必须找到新的方法才能重返赛场。

经过构思，我们给出的解决方案是担保债券凭证（Collateralised Bond Obligation，CBO），把大量不同的债券打包在一起出售，这样可以带来相当大的灵活性。通过一个被称为"证券化"的过程，它们被重新包装成为多种多样独立的部分，可以满足不同投资者的要求——无论是对回报率、评级还是预期久期。

在此之前，证券化几乎只应用在优质抵押贷款或信用卡偿付款的打包产品中。相比之下，我们想用这种方式把打包的产品分拆成多个部分出售。我们对担保债券凭证进行了结构化设计：首层债券可优先兑付现金，并获得 AAA 评级，且久期较短；而底层债券实际上是股权，清偿的优先级最低。在恐惧的心态下，买家倾向于 AAA 级债券；而在贪婪的驱使下，买家更偏爱股权。我们的工作是对这两种冲动进行套利。事实证明，我非常擅长搞明白如何定价。

1990 年，我完成了第一个担保债券凭证的承销，这个产品被我们称为"珍珠街"（Pearl Street）[之所以选择这个名字，一方面是因为这条街距离高盛集团不远，还是著名的弗朗西斯酒馆博物馆①（Fraunces Tavern）的所在地，另一方面也是因为有一位机智的分析师将我们正在做的事情比作在牡蛎中寻找珍珠］。珍珠街是一个垃圾债券的投资组合，我们把这个组合证券化（即分成几部分），将它们的现金流导向不同的方向，然后由证券化投资者的代表方进行管理。就这个产品而言，管理人是高盛集团的资产管理部（Asset Management Division）。

我们从灾难的魔爪中夺取了胜利。我们买入债券时能赚到利润，卖出债券时也能赚到利润，而且还能收取管理投资组合的管理费。抵押债券市场就此诞生了。

做成这笔交易为我赢得了首个高盛集团的纪念杯。这是一个由有机玻璃或玻璃制成的纪念品，通常设计得非常用心，专门授予为重大的债券或股票交易项目做过贡献的人。我的珍珠街纪念杯如今正摆放在根西岛②（Guernsey）会议室的架子上。它由一块有机玻璃制成，静静地讲述着自己的故事——以垃圾桶的图片开始，代表我们开始处理的垃圾债券；以一颗真正的珍珠结束，纪念着我们为投资者带来的改变。

---

① 弗朗西斯酒馆博物馆，位于纽约曼哈顿金融区的一座历史建筑，现为博物馆和餐厅。它曾在美国革命史上发挥了重要的作用，是华盛顿和英军谈判的地点，也是联邦政府早期的办公地点之一。一说其为曼哈顿现存建筑中历史最古老的建筑。——译者注

② 根西岛，英吉利海峡中的一个岛屿，面积65平方千米，国际上将其视为由英国负责的领土，但在法律上不属于联合王国的一部分。——译者注

第四章
非常非常贪心

在证券化领域大获成功之后，我又开始寻找下一个挑战，接下了萨克斯第五大道精品百货店（Saks Fifth Avenue）这块烫手山芋。这家精品百货店主要销售衣服、鞋子、化妆品和配饰等商品，是纽约富裕家庭挥金如土的地方。当时它正身处困境。它以15亿美元的价格被出售给了巴林的一家私募股权公司 Investcorp，其中部分资金来自总计5亿美元的高息贷款。由于萨克斯精品百货店的信用评级很差，所以如果想以传统方式借款，那么成本将高得吓人。而 Investcorp 也发现这些贷款很难再融资。当时，摆在它们面前的路只有两条——眼睁睁地看着公司的全部现金流被用来支付债务利息，或者，更糟糕的是公司倒闭。

按照我的计划，需要说服一家名为 Financial Security Assurance（FSA）的单一险种保险公司（传统上只经营单一业务的公司，即为借款人违约提供保险服务）为萨克斯精品百货店提供贷款担保，其抵押品为萨克斯位于纽约的旗舰店以及其在比弗利山庄、旧金山和美国各地的其他地产。一揽子抵押品的总价值远远超过债务金额，所以 FSA 认为几乎不需要承担信用风险就能赚到高额费用。有了 FSA 的担保，就足以让信用机构相信这笔交易可以被评为 AAA 级。因此，萨克斯精品百货店能够以低廉的成本筹集资金，并偿还5亿美元的债务。

在高盛集团内部，有人怀疑我是否有能力让所有各方都坐到谈判桌前，怀疑我能否说服一家巴林投资公司旗下的美国大公司相信值得去做再融资，也怀疑我能否将这笔债务卖掉。除了各种各样的怀疑，还有一种怨恨——我正在把脚伸出自己的地盘。

但我仍然充满信心。可是，紧接着在1991年1月17日，以美国为首的联军针对一年前入侵邻国科威特的伊拉克发起了"沙漠风暴行动"。就在一瞬间，我看到了投资者惊慌失措的样子，而高盛集团持有的5亿美元债券，也无处寻找买家，但我仍然相信这笔交易能做成。我还认为必须要坚持为我们的客户服务——这是一件无上光荣的事情，但我的一些同事确实感到不安。

很快，我就接到了当时高盛集团的负责人史蒂夫·弗里德曼（Steve Friedman）的电话。"小葛，"他毫不掩饰威胁的口气说道，"你想象一下，我正在拿着枪指着你的头，告诉你必须清掉这些债券。如果你不照做，我就会扣动扳机。那么，你会怎么办？"

我犹豫了一下，答道："我会礼貌地请您慢慢扣，越慢越好。"

弗里德曼啪的一声挂断了电话。

虽然我知道这样回答可能会葬送我的职业生涯，但我也确信，除非我们坚持下去，等到市场复苏，否则将面临巨大的损失。当时，除此之外，市场上一片风平浪静。幸运的是，海湾战争在2月结束，我们能够在3月内卖掉萨克斯第五大道精品百货店的债务。高盛集团在这笔交易中取得了可观的利润。我记得有人问我这笔交易的承销费是多少。客户建议应该按常规的1%收取，即500万美元，但我很轻描淡写地说，如果是1%，我连起床的动力都没有。我还表示自认为应该收取最少2.5%的承销费用。他们没有反驳。于是，高盛集团获得了2.5%，即1,250万美

第四章

非常非常贪心

元。我死里逃生，可以去做下一笔交易了。戴维森说得没错：在困难时期，你绝对需要大胆无耻。

实际上，证券化业务就是我多年来一直在做的事情：将支付承诺从不同的证券要素中分离出来，然后再把它们重新捆绑在一起。现在的不同之处在于，我不再只用证券这种单一形式来做，而会联合证券投资组合和其他资产一起规划。我的目标是在自己的能力范围内将更多的资产形式进行证券化。

鉴于我最近取得的成功，高盛集团批准我开辟一个全新的业务领域，并将之命名为高盛集团全球资产结构小组（Goldman's Global Asset Structuring Group，GAS）。我发现，如果想在这个领域做出成绩，我需要三大法宝的支持：高质量的法务咨询、优秀的分析师和最新的计算机系统。我最信任的律师是安迪（Andy），当他告诉我不能做某事时，我通常的回答只有两种——要么是"有没有其他的司法管辖区可以允许我们做这件事？"，要么是"如果这件事我们不能做，那我们能做的与它最类似的事情是什么？"当我的分析师确定他做不出某个我需要的模型时，我通常的回答只有一个："去买一台更好的电脑。"

当然，一旦我找到了一个可以证券化的领域，就避免不了被别人模仿，所以，我不得不再重新寻找其他尚未被证券化的资产种类。我热爱我的工作。它是一种极大的智力挑战，而且我真的很喜欢我的三人小团队。我为高盛集团赚得盆满钵满，我自己的收入也相当丰厚。

但随着时间的推移，我发现自己与高盛集团越来越疏离。鲍勃·鲁宾（Bob Rubin）曾经对我说，"小葛，你的工作很出色，理当成为合伙人。要记住，低调很重要。不要高调，不要好斗。"他曾担任高盛集团联席主席，后在克林顿政府中出任美国财政部部长。虽然这是个很好的建议，但我没有听进去。1988年，我得到了一次调任东京的机会，如果接受了，那成为合伙人应该就是板上钉钉的事了，但当考尔茨在与朱莉娅和我共进晚餐时提出这个任命之后，朱莉娅的回答是"涵思可以去东京，但我不去。"所以，我拒绝了。于是，我成了被妻子挡路无法成为合伙人的男人，这在高盛集团变成了我的一则笑柄，但我却为朱莉娅骄傲，因为她拒绝成为"为高盛集团付出的妻子"。我发现我很难成为一名"优秀的企业公民"。我的新老板迈克·莫塔拉（Mike Mortara）——《说谎者的扑克牌》[1]（*Liar's Poker*）一书中的"月球脸"[2]——有一次请我去纽约小意

---

[1] 《说谎者的扑克牌》被公认是描写二十世纪八十年代华尔街文化的经典名作，被福布斯评为"二十世纪最具影响力的二十部书籍"之一，作者是迈克尔·刘易斯（Michael Lewis）。"说谎者的扑克牌"是流行于华尔街金融家之间的一种休闲游戏，以最善于欺骗他人而实行心理欺诈为胜。作者将此作为隐喻，描述了自己在所罗门兄弟公司四年的工作经历。书中的精彩片段被各种媒体广泛引用，对美国商业文化产生了重大影响。——译者注

[2] 原书使用了"Pizza Face"（比萨脸），以西方常见的形象进行比喻。中文里人们日常更多用"月球脸"描述脸上长满痤疮的状态。两者均带有一定的讽刺和贬损意味。——译者注

第四章
非常非常贪心

大利[①]（Little Italy）的一家高级意大利餐厅大快朵颐，还试图让我发誓对他永远忠诚，并对高盛集团不离不弃。但是，我意识到我的忠诚是给了我所做的业务和我的客户，并不是给了高盛集团。

如果说高盛集团对我感到失望，那么有一笔交易确实让我也对他们感到失望。有一位名叫 R.J. 的客户打电话给我，希望高盛集团能帮他将一个位于美国南部的移动房屋园区[②]做证券化处理。这对我来说似乎是一笔很好的交易，但它却在公司内部引起了"外交"问题。迈克·莫塔拉认为这项业务本应该归他在纽约的那支两百人的团队来处理，但这通电话却打到了伦敦。同时，让我非常失望的是，纽约团队在与 R.J. 面谈的过程中，听 R.J. 解释完自己的构想以及他认为这笔交易的可行性何在之后，他们居然回以嘲笑。R.J. 一气之下离开了会议室，最终转投摩根士丹利（Morgan Stanley）。几年后，他卖掉了这个项目，获利超过 4 亿美元。当我听说这一消息之后，立刻拿起电话就打给了当时尤其反对我做 R.J. 这笔交易的一位高级房地产投资银行家，冲着那边大喊道"喂！我是 R.J.！你还没当上合伙人啊，但我的身价已经 5 亿美元了。"然后我就挂断了。

---

① 小意大利，美国纽约市曼哈顿下城的一片街区，曾是大量意大利裔美国人的居住地，现仍保留诸多意大利商店和餐馆。——译者注

② 移动房屋园区是一片安装好水、电、气等基础设施的土地，供租户建造可移动的预制板房。土地的所有权归业主，移动房屋的所有权归租户。近年来被视为一种另类地产投资模式。——译者注

交易撮合者
私募股权的经验与教训

大约一年后，我在一次酒会上偶遇了那个倒霉的投资银行家。我假装天真地问他，自从拒绝了那项业务之后，他是否还有收到过 R.J. 的消息。他就给我讲了那通神奇的电话。"R.J. 的身价真的有 5 亿美元吗？"他问。我说："R.J. 的身价现在可能已经将近 10 亿美元了，而且他的新业务正在不断壮大。"——这样回答他让我感觉太爽了。

我对高盛集团的失望又进一步加深了。我和我的团队注意到，传统公司的管理层对资本的使用一般较为低效。他们会利用资本扩张成为企业集团，或者实施毫无意义的多元化战略，进入一些不相关的领域（例如自来水公司买入酒店资产），但其实他们本应该对自己的核心业务再投资才对。我们逐渐明晰了一个想法，那就是对这类公司进行重组是有利可图的，因为这能帮助它们提高效率，并把资本用在更明智的地方。

这强烈地唤醒了我心中的创业精神，所以我花了 18 个月不辞辛苦地钻研，终于在 1994 年 4 月拿出了一份长达 60 页的商业计划书——因为我无法用上班的时间起草这种文件，所以大部分的打字工作都由朱莉娅帮忙完成。它的核心概念非常简单直白。我建议，与其用投行的资产负债表作为抵押来承销通过证券化或债务重组得到的证券，不如我们直接购买资产，即使这意味着买下整个公司。投行既然承担了大部分风险，还承销了大部分证券化产品，那为什么不以本金投资人的身份进行交易呢？这可以让我们把绝大部分的利润收入囊中。每年让证券化部门赚到数千万

第四章
非常非常贪心

的管理费用，不如每年从本金投资中赚上几个亿。

我把这一计划直接拿到高盛集团，然后被要求向考尔茨汇报——他当时已是高盛集团固定收益部门的负责人。我兴奋极了。他是继史蒂夫·弗里德曼[①]（Steve Friedman）之后最有可能掌管高盛集团的人，他的话一言九鼎。我们那次见面被安排在美国亚利桑那州凤凰城天港国际机场（Sky Harbor International Airport）的候机室。他瞥了一眼我的计划书，拿在手里随便翻了几页，然后轻轻地塞进随身携带的棕色皮质文件盒里。

"小葛，这里面牵扯的人情世故太多了，"他说道，"我不打算因为这件事与公司里的其他人起冲突。"

"乔恩，"我回答道。"如果不能做这个业务的话，那我可能会离开高盛集团。"

我的胃里犹如翻江倒海，我口干舌燥，我感到头晕目眩。我已经提高了赌注，但却不知道如果考尔茨拆穿了我这个虚张声势的打法，接下来我该怎么出牌。我是否会再次自己创业？如果是，那我就必须卖掉房子，搬到更小的地方，还无法继续供孩子们读私立学校。我会试着去另一家投资银行找工作吗？我是否应该在华尔街四处奔走，看看是否有人会支持我？我应该留在高盛

[①] 史蒂夫·弗里德曼 1966 年加入高盛集团，1973 年成为合伙人。他在 1987 年—1990 年 11 月期间担任高盛集团联合首席运营官，并在 1990 年—1994 年期间担任（联合）主席，后于 2005 年担任小布什政府的美国总统情报顾问委员会主席。——译者注

集团，然后变得越来越不快乐、越来越失望，直到他们解雇我吗？或许我们全家可以搬到夏威夷，开一家小船租赁公司，或者搬到意大利，买一个葡萄园。

我向莫特·弗莱舍（Mort Fleischer）寻求建议。他是我曾经的一位潜在客户，住在凤凰城，掌管着美国特许金融公司（Franchise Finance Corporation of America，FFCA），该公司在英国持有连锁餐厅的房产［令人惊讶的是，他手上居然连一家麦当劳（McDonald's）都没有］。两年前，美国特许金融公司准备上市时，我曾代表高盛集团与他接触。虽然最终他选择了美林证券（Merrill Lynch），但我至少给他留下了深刻的印象——见面前不久，我的一只眼睛被高尔夫球击中，见面当天还缠着绷带。这位潜在客户后来成了我的朋友。

弗莱舍邀我在当地一家餐厅享用牛排和红酒。餐间，他表示我别无选择，只能离开高盛集团。我的心显然已经不在高盛集团了，如果我继续留着不走，那么对我、对高盛集团都不公平。忠言逆耳，但他是对的。我感谢高盛集团，因为它教给了我很多。虽然自立门户难免会存在一些风险，让我失去自己打拼来的舒适生活，但我需要继续前进。

因为我不快乐。我仍然渴望成为一名本金投资人和一名企业家。我仍然希望为自己工作、为公司发现问题，以其他人可能认为疯狂的方式解决这些问题，然后让我的解决方案发挥作用。大家对我的评价是无比聪明，但很难管理。

第四章
非常非常贪心

我不愁钱花，但也并没有富到可以不管不顾的程度。我需要考虑我的孩子们和朱莉娅。我们的大儿子出生于 1987 年，随后又迎来了二儿子，然后是两个女儿，小女儿是在 1997 年出生的。高盛集团给我配了一辆公司专车，我的飞行里程足够我们全家去国外度假，我还在 1990 年的时候在七橡树小镇买了一栋房子，那可是我在小时候以为自己永远住不起的一条街。在物质上，我当时过的是田园般的理想生活。朱莉娅和我拥有了我们想要的一切。

我愿意为了自己的痛快和荣耀让这一切都跟着冒险吗？当然，这也有可能让我大赚特赚。根据我的商业计划，假设我每年的总资产收益率约为 10%，并且在 5 年内我们每年将投入大约 2 亿英镑。如果一切顺利，我就有可能赚到大约 1,000 万英镑——这是一笔难以置信的数目。

高盛集团正在成为一家精英机构，它不再是试图打入市场的弱者，而是开始拥有市场的强者。它并没有试图破坏权威，而是让自己成为权威。弗莱舍是对的。是时候离开巢穴了，我该展开翅膀翱翔。

第五章

组建期、激荡期、规范期和执行期

我的周围皆为陌生人

每个人都像躲着飓风游侠一样避开我

每个人

所以我要变成日本人

我想我正在变成日本人

我真的这么认为

蒸汽乐队 [1]（The Vapors）

《变成日本人》（*Turning Japanese*）

　　我有自己的商业计划，但过往的工作业绩都是背靠高盛集团这棵大树做出来的。我知道单靠自己的力量来筹集一只独立基金必将面临重重困难。弗莱舍把我引荐给了一家日本银行——野村证券。他告诉我，这家总部位于东京的银行集团在日本以外没有

---

[1]　蒸汽乐队，英国新浪潮和强力流行乐队，在 1978—1981 年间活跃。他们曾以歌曲《变成日本人》（Turning Japanese）一举夺得 1980 年的英国单曲榜上排名第三和美国公告牌热门榜上排名第三十六的成绩。——译者注

任何投资银行业务，所以我就不会与任何人起冲突了。野村证券在国际投资银行业务方面的缺口也许正好是我一直在寻找的机会。

弗莱舍把我介绍给了银行家里克·马格努森（Rick Magnuson），他之前效力于美林证券，在美国特许金融公司的上市项目上击败了高盛集团。那时，马格努森已经加入了野村证券，与出生于美国杨克斯市（Yonkers）一个蓝领家庭的伊森·彭纳（Ethan Penner）共事。彭纳当时正在纽约，为这家日本银行开发一项激进的房地产业务。彭纳出身平平，但他非常热衷于招待请客，还因此聘请了一家时尚餐厅的联合创始人担任营销主管，从而确保他的团队和客户总能在任何一家餐厅订到位子。

在野村证券，他以激进的方式经营着非银行商业抵押贷款业务，业绩出色。当时美国的银行和保险公司正在饱受巨额亏损之苦，几乎放弃了传统的商业房地产贷款业务。基本上，他以野村证券可以拿到的借款利率借入，然后以更高的利率借出，以期通过证券化模型来降低风险。他在做的事情正如我之前在高盛集团的工作，但他是以本金投资人的身份在做，而且规模要大得多。

20世纪80年代，日本股市一片欣欣向荣，野村证券成为全球最大的证券公司。它的规模曾一度是美国最大的经纪公司美林证券的4倍。1986年，它成为伦敦证券交易所的首批外资成员之一，市值超过1,000亿美元，而当时高盛集团的市值仅为10

亿美元。其股票交易占东京证券交易所营业额的 15%。

但是这家银行遇到了问题。尽管野村证券仍然有很多钱，但作为该银行最大的客户群所在的日本股市，已经崩溃。此外，野村证券还受到了丑闻的冲击。在日本股市崩盘之际，它为了挽回最大客户的损失，选择牺牲较小客户的利益。它还向一个广为人知的有组织犯罪头目借出 1 亿美元的巨款，并协助他用这笔钱操纵股票市场。其董事长田渊节也（Setsuya Tabuchi）于 1991 年 7 月被迫辞职。银行需要恢复形象并重建业务。在日本经济没有复苏迹象的情况下，这意味着发展国际业务。

正是出于这个原因，彭纳的业务才获得了支持，并且也给我创造了机会。他的房地产业务是银行的四项新业务之一，其他三项分别为新兴市场的交易业务、伦敦的自营交易业务和纽约的债务交易业务。野村证券的总部位于日本东京，按照管理层制订的总体方案，将在纽约、伦敦、中东、新加坡和其他地区开展新业务，利用其日本资产负债表的优势，让优秀的交易员和企业家能够在他们认为合适的时机赚到钱。他们希望这也能为野村证券赚很多钱。同样重要的是，这将使管理层能够从这些成功的外国人那里学习业务，以便他们能在全球继续建立其他由日本团队运营的衍生公司。

彭纳希望我为他工作。他开出了极高的薪水和丰厚的奖金——我为他赚得收入的 50%，这很诱人，尤其是因为他很乐意让我留在伦敦工作，并愿意为我的成功做担保。但我也有所保留，细想一下，我辛辛苦苦地经营自己创办的企业，还要上交

50% 的利润，这个主意的吸引力似乎并不大，而且我在高盛集团的那段时间里就已经敏锐地意识到，虽然从表面上看，他们和英美人差异不大，但底层文化却大不相同。

我向一位在高盛集团的时候结识的朋友杰瑞·梅尔奇昂纳（Jerry Melchionna）求助，我们曾在野村证券伦敦办公室一起工作，当时他住在纽约，热爱朋克文化。他表示，为了"赚钱"，需要见一下野村证券伦敦办公室的投资银行业务主管柴田拓美（Takumi Shibata）。于是，我提前温习了一下日本礼仪（包括如何正确使用敬语后缀 san①），开始与柴田拓美进行一系列秘密会面。我当然不希望这个消息传到彭纳的耳朵里。虽然我不想在他手下工作，但也不愿意让他不高兴，尤其是在我还不确定后续将如何发展的时候。

彭纳对我的商业计划几乎毫无兴趣，但知识渊博、博览群书的柴田先生一次又一次地仔细斟酌着这份商业计划书，分析着它的微观细节，还为我们的会面专门准备了多个记事本，不停地在做笔记。几天、几周、几个月过去了，我不知道自己还能再跟柴田先生见几次面，甚至都开始担心他只是想窃取我的想法留为己用。有一天，他出乎意料地向我发出了一份工作邀请。

而且出奇的巧合，几乎在同一时间，一位猎头给我打电话，

---

① san 是日语称呼"さん"的英文音译，接在人名之后，表示尊称，意思是"先生"或"女士"，是一种使用极为普遍且方便的敬语。——译者注

询问我是否有意愿担任花旗集团（Citigroup）欧洲资本市场主管，并开出了丰厚的薪酬。相比之下，柴田先生这边的待遇就显得格外小气——只有83,000英镑的薪水，没有股份，没有贷款，也没有奖金，但是，我可以从自己创造的所有利润中分成。更重要的是，他给我提供了在野村证券麾下自己经营业务的可能性，让我有机会掌握自己的命运。我们对利润分成方式达成了一致。对野村证券而言，这是一笔非常划算的交易；对我而言，大家都知道这就是我一心向往的事业。

在与野村证券接触的初期，我曾在一次面谈中问他们，如果加入野村证券，我可能需要一名商业教练提供建议和指导，希望他们为我支付费用。在我看来，在高盛集团特有的企业文化中，我是一名具有创业本能的技术专家；而在野村证券，我需要成为一名具有创业本能的商业领袖。因此，教练的指导至关重要。他们同意了。我为自己找的教练是帕特里克·艾伦（Patrick Allen），他是一位非常文雅、有教养的前辈。就性格而言，我俩几乎毫无相似之处，但对于一个抛想法像扔手榴弹一样的人来说，他的高超智慧和耐心指导是无价的。

第一次辅导课程其实让我颇感震惊。刚一开始，艾伦就明确表示他认为我不应该接下野村证券的工作。他说，诚然野村证券也许会为我们的辅导课程买单，但他担心野村证券会把我嚼碎了再吐出来，而这一切的代价，连花旗集团薪酬方案的3%都不到。然而，我已经拒绝了花旗集团的工作邀请。他建议我再跟花旗集团联系一下，看看那个职位是否仍然空缺。

在我看来，有个人来有条不紊地拆解我的想法，是一件非常有价值的事情。很多时候，我会动摇，或者至少稍微调整一下方向。但是，有时会更进一步让我相信自己是对的。在辅导课程上，我总会多次使用"我听到你说的了"这句话。我想要表达的就是字面意思——不是"我同意"或"我不同意"，只是"我听到你说的内容了"。我对艾伦说"我听到你说的了"之后，就动身回到英国，然后把事情的始末都告诉了朱莉娅。"你应该听他的。"她反应道。

艾伦对我这一决定的质疑反而帮我厘清了思路，让我明确了为什么直觉告诉我选择野村证券是对的。在高盛集团，我原以为自己是局内人，但事实证明我是局外人。在野村证券，我从一开始就知道我会是一个局外人，但这种自知之明实际上会让我跟他们打交道变得更加简单直白。关键是他们要尊重我，而我知道在野村证券我会受到尊重。

当我把最终决定告诉艾伦时，他向我介绍了美国心理学家布鲁斯·塔克曼（Bruce Tuckman）于 1965 年提出的团队发展阶段模型。自那时起，这个理论就成了我的思考框架。塔克曼认为，任何团队都需要经历四个发展阶段[1]：聚在一起、解决问题、寻

---

[1] 布鲁斯·塔克曼在 1977 年对这一模型进行了补充，在最后添加了休整期（adjourning）。——译者注

找解决规范和交付成果。他将这四个阶段称为组建期（forming）、激荡期（storming）、规范期（norming）和执行期（performing）

根据塔克曼的理论，组建期是团队成员相互了解并明确任务的阶段。他们发现彼此的长处和短处，并找出可以依靠的对象。在这一阶段，他们会避免冲突，并"表现得很友好"，因为他们希望被接纳。团队领导者的任务是帮助团队确定目标、角色和责任。

当团队成员体会到了更多的安全感，并开始突破界限时，就进入了激荡期。由于彼此的个性和工作方式各不相同，难免出现摩擦和冲突。领导者需要让团队保持对任务的专注，并解决冲突。

规范期是建立规划的阶段。团队成员开始从他人的长处中受益，并可以接受他们的短处。他们会互相帮助，并开始相互熟识。在这个阶段，领导者应该提出问题，不要发布指令，甚至可以组织社交活动来提高团队的凝聚力。

在执行期阶段，团队稳定，目标明确。团队成员工作配合顺利，几乎不需要外部监督，也少有冲突。一个好的领导者会鼓励大家提出创造性的不同意见，赞扬已取得的成就，并且至关重要的是退后一步。在很大程度上，高效的团队是自主运转的。一个好的领导者能做到委任放权，自己专注于制定愿景。

1994年12月5日，星期一，我正式就职伦敦的野村证券，脑海中一直浮现着塔克曼的理论。第一天充满了意外。是柴田先

第五章
组建期、激荡期、规范期和执行期

生以极大的热情招我加入野村证券，我非常期待在他手下工作，但他在一周前刚刚升任新职，被调去了中国香港。代替他的是山添弘三（Kozo Yamazoe）。在我面试时，他在公司的职级还与我是一样的，我原以为我们会是同级关系，但他现在是我的上级了，尽管他丝毫没有柴田先生的影响力。

在东京总部，大家都认为柴田先生可能最终将掌管公司，认为山添先生是一个非常有悖传统的人，不适合担任领导者。有传言说他在二十世纪六十年代后期曾是日本的一名左翼学生，并在政府镇压社会主义分子之后，于七十年代初期离开了祖国，曾在印度生活过一段时间；然后来到英国，在一家旅行社工作，那时野村证券是他的大客户之一。这种经历意味着他不太可能再回到东京，更不用说被提拔到公司负责人的位置了。因此，伦敦办公室里的西方人并没有特别重视山添先生。

但是，经过一段时间的接触，我意识到这些西方人错得有多么离谱，他们严重低估了山添先生的能力。撇开别的不说，他身怀两项绝技。首先，他对东京总部同事的风格了如指掌，很清楚怎样调整幻灯片的呈现方式来提高他们对内容的理解，这让我离不开他。其次，他对欧洲的顶级餐厅如数家珍，这让野村证券总部离不开他。

没过多久，我就从山添先生那里了解到，日本人看待书面文字的方式与大多数西方人不同。他们看到奇怪的拼写、发音拗口的单词和复杂的英语长句时，往往会眉头紧锁。他们更乐于看图

119

片配着简单的文字说明。在日语中，书面文字的作用是用尽可能简单的方式向观众介绍某事物。在野村证券，任何一位高级别的外国同事都别想试图用复杂词汇来迷惑东京的老板。

作为一个阅读障碍者，我高兴极了。我有生以来能够第一次大大方方地说出"我不明白那个词，"或者"你能帮我拼一下吗？"却不感到尴尬。我可以自由地使用短句和简单词。对我而言，加入一个重视简洁性的机构有着莫大的好处。在野村证券，我明白了一个道理并且仍然坚信：好想法在写出来之后，一个14岁的孩子也能看明白，如果做不到这一点，那么这个想法可能首先就不是个好想法。

然而，就在第一天上午，当我和团队成员开会时，我才发现我的语言，不管是简洁的或是复杂的，都不足以激励他们。我的团队里共16名同事，既有英国人也有日本人，平均收入35,000英镑。我看重这些新面孔，发表了一通我自认为鼓舞人心的演讲。我说道，我们将从零开始做一项令人兴奋的事业。这将会充满挑战，但我保证我们会学到很多东西，并赚到很多钱。我自信地宣布，在接下来的两年里，我们将在资产抵押业务上投入超过10亿英镑的银行资本。

然而，当会议主题进入差旅和娱乐费用时，团队成员才变得热情起来。但我解释说，山添先生现在是董事总经理，而我只是副董事经理，所以报销差旅和娱乐费用的签字权在他手上，并不属于我的职权范围。听到这里，他们暗暗发出了一阵恼怒的不

第五章
组建期、激荡期、规范期和执行期

满。大家为了试试自己是否仍然可以报销午餐费用，我刚一讲完，他们就奔向小酒吧，而且直到下班时间都没有再回来。

山添先生是一个慷慨大方的人，有着一张大大的笑脸和一颗宽广的心。看到我被这样对待，他表示很遗憾。下午 6:30 时，我还在独自工作，于是他邀请我和股权资本市场部门的负责人一起共进晚餐。就这样，我结束了在野村证券第一天的工作，来到苏活区（Soho）① 的一家多层钢琴酒吧享用清酒和寿司。虽然第一天的开场算不上是什么好兆头，但至少结束得悠闲自在。

大约一周后，我参加了一个由某评级机构举办的圣诞晚会。在场的那群人对我在高盛集团从事的证券化业务非常感兴趣。正在聊天的时候，一个新来的人冒了出来，"嗨，小葛，你在野村证券感觉怎么样？"他问道。于是我解释说，我刚从高盛集团离职，加入了野村证券。大家全都盯着我，表情震惊极了。就好像我刚刚宣布了自己的死讯一样。"天哪，他到底在做什么啊？"当人群逐渐散去时，我听到一个人对另一个人这样小声说。然后，就只剩下我孤零零地一个人站在那里。我下定决心在我的职业生涯中放弃社交活动，这既不是第一次，也不是最后一次。

我全身心地投入到工作之中。在圣诞假期期间，我一直在

---

① 苏活区，位于英国伦敦西部的次级行政区西敏市（Westminster）境内，也是伦敦西区（West End）的核心区域，现为知名的休闲商区，聚集了众多餐饮、商店和酒店。——译者注

思考如何为新业务命名。野村证券不希望我们使用"私募股权"或"资产融资"这样的词，原因是前者听起来涉及高风险，后者听起来感觉很无聊。按照他们的要求，我们最终将其命名为本金投资部（Principal Finance Group, PFG）。同时，我也在思考如何与我的新团队相处。在高盛集团的时候，我发现在那些委托我们筹集资金的企业里，管理团队的素质可谓千差万别。很多人甚至都没有搞明白自己的客户是谁，也无法适应不断变化的市场。因此，虽然这些企业可能具有稳固的根基，但它们会被视为高风险资产，因此价值往往被低估。这就是我们的机会所在。因此我决定让团队集中火力冲进这一战场。我敏锐地意识到必须得尽快先打一场漂亮仗。经过一段时间的调研之后，我列出了一个投资清单，上面大约有三十家企业备选。我的团队从未取得过巨大的成功，而且我的老板们也并没有真正体会到这一事业的巨大可能性。所以，必须得先做出点成绩，才能证明我们的实力。

我也非常清楚，我以前并没有真正完成过这种类型的交易。我已经制订好了总体计划，发现了被低估的企业，了解了它们的需求，并确信我的方法会奏效。但是，我还没有证明自己的实力。如果我要攀登珠穆朗玛峰，那么唯一方法就是自己亲自上阵。于是我选择一家企业，并将我所有的资源投入其中。我知道，如果我失败了，老板就会让我走人。这确实有风险，但我告诉自己，如果某件事值得做，那它就不会是一件容易做成的事。

第五章
组建期、激荡期、规范期和执行期

最有希望的机会似乎是酒吧行业。鉴于我从不到十四岁开始就是酒吧的常客，我对这一行业应该说是有着独到的见解。我知道这一行业正在发生着巨大变化，但是业内的管理团队并不懂得如何跟上时代的潮流，而且，我深知需要做出什么改变，才能提高它们的业绩表现。

曾几何时，酿酒厂的营业执照就相当于一张印钞许可证。一直以来，啤酒的生产成本都非常低。如果能实现规模化，那么就可以降低分销成本和营销成本，因此，酿酒厂的逻辑显然是尽量在全国各地都拥有自己的酒吧。随着时间的推移，六家行业龙头企业逐步实现了垄断。它们每年生产数百万加仑（1 加仑 ≈ 3.79 升）的啤酒，客人别无选择，只能消费它们的产品。不可避免地，产品质量和客户服务都日渐转差，因为这两点并不是赢利的主要决定因素。因此，消费者开始表现出强烈的不满，其中，激进的"真艾运动"（Campaign for Real Ale，CAMRA）[1] 就代表着这种情绪。

但到了二十世纪九十年代，躺着赚钱的日子结束了。1989年，政府出台了名为《啤酒法令》的法律文件，设置了每家厂商可以拥有的酒吧数量上限，并允许酒吧的经营方销售其他品牌的啤酒，以达到打破垄断的目的。结果，成千上万的酒吧被无奈出售。同时，人们的饮酒习惯也发生了转变，使得这一行业的困境

---

[1]　真艾运动，成立于 1971 年，目标是拥有高质量的真正的艾尔啤酒（Real Ale），并且拥有更繁荣的酒吧和俱乐部。——译者注

更加雪上加霜。越来越多的超市开始出售平价酒。酒吧曾经是社区的社交中心，而现在越来越多的人选择晚上待在家里吃外卖，喝一瓶葡萄酒，再看一段视频。从 1987 年到 1993 年，全国各地每周都有 10 家到 25 家酒吧关门。

然而，顾客在变，酒吧行业却没有随之而变。它们仍然把重点放在卖啤酒上，并没有尝试通过提供食物、娱乐项目或饮料来扩大收入来源。他们对正在发生的事情视而不见，只关注啤酒的总收入。他们宁愿开着一家无利可图的酒吧，也不愿重新审视自己的资产和商业计划。

虽然我在野村证券的新团队明显缺乏工作热情，但我还是在选定了凤凰酒吧公司（Phoenix Inns）之后，正式启动项目。这家公司由饮料和休闲巨头大都会集团（Grand Metropolitan）和澳大利亚酿酒商福斯特（Foster's）共同持有，旗下共拥有 1,800 家酒吧。它 100% 由资产支持，但在战略上似乎停滞不前。我约见了大都会集团的董事长兼首席执行官谢泼德勋爵（Lord Sheppard）。他在伦敦东区 ① 长大，通过自己奋发图强获得了身份和地位。最初，他是一名汽车行业的初级金融分析师，后来转行到了酿酒行业，已成为资深的业内人士。他于 1986 年接管了该集团。他非常守旧，而且不待见傻瓜。

---

① 伦敦东区，简称东区，指伦敦靠近港口的东部地区，曾是贫困人口聚集的地方。——译者注

第五章
组建期、激荡期、规范期和执行期

我们刚开始接触的时候，谢泼德勋爵把我视为一名投资银行家，但那已经是我两个月之前的身份了。我们甚至都讨论了酒吧的服务费定在多少比较合适。作为一个整体，这些酒吧的总价值为2.5亿英镑（谢泼德勋爵承认，如果他不卖给我，他唯一的选择就是将每一家分别卖给当地的酒吧老板）。我还是从银行家的角度思考了一下，起初打算建议以1,000万英镑购买，但我又立刻意识到，我现在不再是以代理人的身份参与这笔交易了，而是本金投资人，需要承担所有的风险，因此应该提高费用。我问谢泼德勋爵他认为应该是多少。他答道，2,500万英镑。我表示对于要承担的下行风险而言，这个数额似乎也并不高。"但是，"他说，"如果一切顺利，你将会享受到上行的收益。我对你的收费可以根据上行机会来定，并上调价格。"

在我俩的这盘棋中，他这是走了一步好棋。我决定和棋。"那么，好吧，它们估值为2.5亿英镑，减去2,500万英镑之后，是2.25亿英镑。我就给你这么多钱吧，但要先进行尽职调查。"我们握手成交。他表示，希望我在4个星期内完成签约。我答道，"我听到你说的了。"同时解释说我依然需要先说服野村证券，获得他们的支持后才能进行此次收购。

事实上，我花的时间远不止4个星期。在整整连续5个月里，每次当我与他联系又无法提供任何确切的消息时，他就变得很是烦躁。我们的会面变得越来越短。我是幸运的，因为当时这一行业并不受欢迎，所以他别无选择，只能等待。

交易撮合者
私募股权的经验与教训

在他等待的期间，我正在向山添先生学习"根回"[①]（nemawashi）。这是一个日语单词，字面意思是"绕着根"，但翻译成"奠定基础"最为达意。根回是一个非正式的过程。在立项的前期，你会与所有相关人员沟通，希望获得他们的支持，从而为最终决策铺好道路。如果有人在规模较大的会议上提出一个新想法，与会人员会感到自己像个局外人，所以更有可能投下反对票。如果你从早期阶段就以温和的方式寻求大家的支持——这意味着要确保从最初级到最资深的每个人都支持你，那么，你更有可能最终赢得他们的支持。

根回是一个达成共识的好方法，但很耗时。在高盛集团，我得不到太多支持，因而感到很沮丧。在野村证券，有人支持我，但在采取下一步行动之前，我必须获得伦敦和东京的广泛支持。

于是，我频繁地往来于英国和日本之间，也因此深入地了解了野村证券的总部。那里有戴白手套、彬彬有礼的门卫保安，传统的底层银行大厅，还有安静的上层走廊，里面铺着厚实的地毯，两旁摆满了无价的艺术品——大多出自法国印象派画家之手。大家待我亲切至极，也非常礼貌和善。虽然我受雇于野村证券，但他们仍然把我当作客人款待。

[①] 根回，原义是指在移栽植物的过程中，把大大小小的根须仔细包起来，以提高植物的存活率，后延伸表示为事情顺利发展而进行前期沟通并建立共识。——译者注

第五章
组建期、激荡期、规范期和执行期

　　有些会议进行得很顺利，有些则不太顺利，但我非常幸运，每天都会和山添先生交谈几次，自始至终都得到了他的热情支持。山添先生给我提出了一个建议，推动事情向前发展。"为什么不邀请一批东京的高级管理人员去英国参观一下这些酒吧呢？"他提议，"这会是获得他们支持的最好的方法。"

　　按照我在高盛集团的经验，"参观"的标准行程就是在办公室开会、去酒吧看看，然后在一家时髦精致的餐厅享用晚餐。但是我错了。野村证券的高级管理团队只有在相信这个项目是他们愿意推荐的前提下，才会考虑是否来伦敦。为了确认，他们表示会首先派中层管理人员来进行现场调研，完成尽职调查。他们并不是准备快速参观一两家当地的酒吧就草草了事，而是我必须安排他们参观全部 800 家。

　　我最初认为这么兴师动众完全没有必要，但事实证明，野村证券的坚持是无价之宝。随后就是漫长的调研，我们在考察期间难免要喝酒，虽有微醺，但我立刻领会到了第一手信息的无可替代性。到访这么多酒吧之后，我们了解到它们的位置信息和顾客特征统计，这使我能够再次思考商业计划的各个方面，从如何将房地产价值最大化到找出可能的运营机会进行全方位审视。我们一家一家地走访，同时用颜色进行编码：灰色代表目标顾客是五十岁以上人群的酒吧，粉红色代表同性恋社区，蓝色代表有舞者的酒吧……还会标记亲子友好酒吧、销售咖啡的酒吧和供应美食的酒吧等。在参观的过程中，我们就已经获得了充分的灵感，想出了充分发掘这些酒吧价值的方法。

自从那次精心设计的地毯式酒吧参观之后，我在做每一笔交易时，都会让我的团队进行极其细致的尽职调查，逐个地点、逐个客户、逐个产品一一研究透彻。我曾有过两笔交易出现了严重的错误，究其原因，正是因为我们走了捷径。如今，我坚持让团队在花钱之前亲自去看看情况。许多高级管理人员不会这样做，但代价可能非常昂贵。

对于凤凰酒吧公司，我们选择实施了高度严格的支出预算。因此，任何高于 1,000 英镑的支出都必须得到利益相关方的批准。自此之后，这条纪律就伴随着我们所做的每一个项目。例如，朱莉娅后来负责经营采撷典藏酒店集团 [1]（Hand Picked Hotels），她收到更换地毯的申请时，就会亲自去酒店看看是否真的有必要。几年前，我们发现旗下德国的酒店公司高管打算批准一笔重新装修的费用，数额高达两三百万欧元。朱莉娅亲自到访了涉及的所有酒店，并仔细查看了建筑图纸和室内设计图纸。在这个过程中，她发现其实成本可以压缩，于是要求重新安排设计，并重新招标。最终，只花费了原预算的一半，就获得了质量更好、预期寿命更长的产品，顺利完成装修。采用这种方法，可能需要处理一些简单琐碎的事情，例如，否定白色地毯的方案，改为自然密

---

① 采撷典藏酒店集合了多个独特的乡村别墅和温泉酒店，每家酒店都各不相同，其中包括多处历史建筑。——译者注

第五章
组建期、激荡期、规范期和执行期

织地毯——这完全算不上什么高深莫测的科学，但点点滴滴累积之后，就会产生变革性的效果。但是，需要一种特定的心态才能正确地使用这种方法。你必须像公司所有人一样思考，而不是从代理人的角度出发。从高盛集团跳槽到野村证券后，我花了6个月的时间才完成这种心理上的转变。没过多久，我乘飞机就只选择可以累积大量飞行里程的航空公司，如果有性价比更高的酒店，我也不再住五星级了。

我们走遍了每一家凤凰酒吧后，就发现绝大多数都并不怎么赚钱。这可能会让野村证券感到担忧，然而对我来说，这反而意味着一个机会。以我们参观过的霍尔本[①]（Holborn）的一家颇具规模的酒吧为例。作为一家企业，它的估值为40,000英镑，是其收入的10倍，但它的房产价值为400,000英镑。本来，如果只靠提升业绩，那么想要覆盖我们支出的费用其实成本非常高，难度也非常大。但是，若将其出售用于其他用途，就可以获得可观的回报，这能让我们很快将现金返还给野村证券，并偿还我们借来的股本。结果表明，在我们考察的酒吧中，有60%属于这一类。与此同时，我还计划运用在高盛集团学到的证券化技巧，将长期租赁的收入捆绑起来，从而支持我们发债。这意味着我们所欠的利息款比标的资产的租赁利息更低，所以可以产生正现金流。

在这段漫长的探索过程中，有时我感觉自己好像一直在参加

---

① 霍尔本，伦敦市中心的一个地区。——译者注

婚前派对，永远盼不到婚礼当天。我们会成群结队地出现在一家又一家酒吧里，每个人都穿着西装，还有一半人说着日语。因为我们觉得直接拿着小黑板进进出出着实不妥，所以通常会在里面喝一杯。我永远都不会忘记我的同事松浦秀（Shu Matsuura）想在伦敦南部卡特福德（Catford）的一家机车主题酒吧里买一杯酸橙汤力水的样子，他是酒吧里唯一一个没有从头到脚穿皮革、铆钉和链条服装的人。

在我们临近最后签约的时候，高级管理团队终于从东京飞来伦敦，在英国的首都进行了为期三天的考察，品鉴美酒美食，并访问酒吧。我们把他们带去资产组合中最好的那几家，包括哈罗德百货公司附近那家只供应香槟的酒吧。他们还要求参观其中一家被标记了蓝色的酒吧。因此，在行程的最后一个晚上，我们决定带他们去肖尔迪奇①（Shoreditch），参观一家知名酒吧。

我为他们付钱。他们在舞娘上场时都紧紧攥着手中的大啤酒杯。这位舞娘一边跳着，一边不停地朝我们的方向微笑。结束时，她向我喊道："涵思，你怎么会来这里？"直到现在，我仍然不知道她是怎么认识我的。我以前从未去过布朗斯酒吧。但是没关系。东京的同事们都玩得无比尽兴，这个交易获得了批准。我们为凤凰酒吧公司支付了 2.25 亿英镑，成为酒吧行业中——不

---

① 肖尔迪奇是一个艺术区，充满了年轻的创意人和潮流人士，时髦精致的餐饮业态也各具特色。——译者注

论标的大小，第一个非战略买家。通过这个项目，我感觉自己的商业计划看来是有效的，非常开心。

现在，我们正式开始了全部酒吧的实际管理工作，过程着实艰辛。本金投资部有 4 名成员参与了前期的酒吧参观分析过程，所以也加入了管理团队。虽然周围的环境已经发生了翻天覆地的变化，但仍有一些酒吧居然四十年如一日，始终没有做出任何改变。例如，在一个广告代理人、艺术家和会计师出入频繁的商区，有很多酒吧仍然在供应码头工人或矿工等男性客户群体喜爱的啤酒和薯片，但实际上这里的顾客只想在下班之后约上三两好友来喝一杯葡萄酒或一杯咖啡。

根据我们的解决方案，酒吧经营者不需要按照传统的方式租用酒吧，而是可以采用更类似于特许经营的模式。我们鼓励他们研究自己的客户群，并选择供应相应的饮料和食物，创造合适的体验。我们不会将某种普适性的解决方案强加给所有场所。相反，我们要求每个酒吧制订自己的商业计划，充分发挥其所在市场的优越性和酒吧独一无二的特点。渐渐地，过去那些以男性顾客为中心、主要大量售卖啤酒的酒吧一去不返，取而代之的是更加多样化的面貌。

谈到这部分业务的管理，我意识到大多数酒吧公司的经营者都不想亲自上阵。他们也许曾经经营过酒吧，但现在，他们只想当管理者，而且他们还不一定能胜任这个角色。我需要的是态度端正的人，而不是只了解业务的人。毕竟，技能和知识可以教，但态度却要靠自己。因此，我决定委派自己手下的人担任大部分高级职位，其中贾尔斯·索利（Giles Thorley）负责为我们希望保留的酒吧注入全新活力。于是，他开始着手进行改革，实行了大量非常务实的、明智的新政策——最简单直白的就是不在上午9点到下午5点之间收租。因为酒吧老板不坐班，所以我们曾有大笔租金被拖欠也就不足为奇了。针对支付租金和提高绩效，我们还设立了员工奖金。

然而，对于一部分酒吧而言，这些都为时已晚。它们随后被改造成停车场、公寓、办公室、餐馆或超市。有些人可能会指责我们正在加速传统英式酒吧的衰落。我当然不同意。如果我们不进行干预，将会有更多的酒吧倒闭。我们不仅保证了最优秀的酒吧能存活下来，而且力求提高营业收入，确保它们未来的发展。毕竟，如果一个村庄里有一家生意兴隆的酒吧，那总好过有两家濒临倒闭的酒吧。竞争太少，会导致价格过高，并制造超额利润。竞争太多，则会导致质量较差，并破坏稳定性。

许多上市公司都在研究如何剥离不重要的业务，但它们花在这方面的时间往往太多了。我们只用了短短几个月的时间，就确定了想要摆脱的东西——目标是在短时间内达到90%的正确率，而不是永远达到99%的正确率。我真希望在随后的所有交易中都用这种方法。但是，有时我太痴迷于追求准确性，做分析做到接近瘫痪的地步。事实上，我们的酒吧实现了2亿英镑的销售额，这从地产资产价值最低的角度赚回了大部分的收购支出。

第五章
组建期、激荡期、规范期和执行期

在财经媒体报道了凤凰酒吧公司的案例之后，我们的电话就开始响个不停。这些电话有的是由衷的祝福，有的是虚情假意的恭喜，还有高盛集团发来的工作邀请和老同事的询问，他们发现自己不得不向老板解释为什么之前会错过这样一个"明显"的赚钱机会。他们完全忘了两年前我曾带着我的商业计划去找过他们。他们眼看着高盛集团错过了一个大机会，充满了焦虑。现在，他们想成为我最好的朋友。

两年后，我们又联系了大都会集团和福斯特，斥资 12 亿英镑从他们共同持有的 Inntrepreneur 和 Spring Inn 两家子公司那里收购了另外 4,300 家酒吧。我们不仅可以再次以未来收益为抵押进行借款，而且如今我们已形成了规模，可以与曾经主导行业的酿酒商谈判啤酒的进货折扣。

与酒吧相关的交易还有几笔，让我们忙得不可开交。曾经有一段时间，野村证券是英国最大的酒吧地产持有者。虽然我们最终没有实现 10,000 家酒吧的目标，但在高峰期达到过 8,500 家，也是不错的成绩。我想，这并不是东京的老板们起初决定签约的原因，但他们拿到了这么丰厚的回报，自然也没什么好抱怨的。2001 年，我们出售了凤凰酒吧公司，根据当时的资产组合，总收入达 4.06 亿英镑。我们已在 27 个月内全部偿还了初始股权投资，在这一项目中，共计实现了 1.76 亿英镑的总现金利润。

因此，如果根据塔克曼的团队发展阶段模型来看，团队已经磨合成功，我们就此进入了激荡期。我们速战速决，拒绝等待，而且行事利落，进取心十足。我们热爱成功，我们想得到更多。因此，在 1995 年年底，我开始关注一个与酒吧截然不同的行业——铁路。

当时，英国政府正在积极着手拆分英国铁路公司（British Rail）。一些较小的资产已经被处置，接下来需要出售的是三家轨道车辆运营公司。英国铁路网中全部正在运行的火车所使用的发动机和车厢均由这三家公司提供。

政府假设，在私有化之后，这些轨道车辆运营公司将会采购现代化列车，并将它们以租赁的方式提供给 Arriva 或 Govia 等列车运营商。采购多列全新的轨道车辆是一项支出巨大的投资，公共财政难以负担。让私营部门出资往往是更好的方式。由于全球的航空公司不论是法国航空公司（Air France）还是澳洲航空公司（Qantas），都不再实际购买飞机，而是开始进行融资租赁，因此似乎铁路公司也可以效仿这种模式。如果能成功出售这几家轨道车辆公司，那么就将为负责生产轨道和信号系统的 Railtrack 公司的出售或上市铺平道路。

决定是否进入这一行业的关键是计算出火车的平均预期寿命。行业内普遍认为是 30 年。但是，我们很快发现这个数字具有严重的误导性。在火车上，有一些部件的历史可以追溯到第一次世界大战之前，但也有一些是 5 年前刚换的。因此，我们经过分析得出，不应该把重点放在 30 年的生命周期上，而是应该着眼于维修方案，以使得列车的使用寿命可以被延长至 90 年或更

第五章
组建期、激荡期、规范期和执行期

久。无论如何，我们认为鉴于大多数轨道和信号已经颇为陈旧，完全没有必要考虑斥资数百万英镑采购新式列车。我们不想重蹈理查德·布兰森爵士[①]（Sir Richard Branson）的覆辙，最后拿在手里的是一批锃光发亮的崭新摆式列车[②]——充满高科技元素，并以轻质的铝制车体制造，但由于轨道尚未升级，使得它们无法全速运行。

如果我们能确定现有列车的使用寿命比市场预期要长得多，那么就是发现了另一个潜在的优势。政府也许把铁路私有化了，但并没有将风险私有化。如果一家火车公司——我们股票的客户破产，从法律上讲，政府有义务介入并提供替代公司。这意味着它的信用风险非常有限，而且轨道车辆公司的未来现金流比大多数潜在投标方想象的都更可靠。事实上，我们将由拥有 AAA 信用评级的政府作为承保方。因此，我们可以提高出价，确保中标。对于剩余部分——可靠度极高的租赁款，我们可以做证券化

[①] 理查德·布兰森爵士，生于1950年，是英国亿万富豪和企业家，于1984年成立维珍航空，后来建立庞大的商业帝国。他先后乘坐热气球穿越大西洋和太平洋，并于2021年7月11日搭乘维珍银河的太空船进入太空，成为全球首名太空乘客。他以特立独行著称，被誉为"集天才与疯狂于一身的超级富豪""商界老顽童"。——译者注

[②] 摆式列车，英文 Tilting Train，车体在转弯时可以自主调节侧向摆动角度，不受铁轨的设计摆动角度的约束。相较于普通列车，摆式列车在经过设计倾角较低的弯道时，能够以超出轨道设计的速度行驶，从而节省行驶时间，但缺点在于列车及轨道的维护成本较高。——译者注

处理来偿还投资资本，还能以零成本获得股权利润。

就出售事宜向政府提供咨询服务的汉布罗斯银行[1]（Hambros）认为这次投标将吸引很多竞标者。有传言称，全球将有多达100家竞标者参与，但我们不相信。我们认为，虽然竞拍将会异常激烈，但应该只有少数几家会参与投标。

果不其然，投标开始后，汉布罗斯银行面对的就只是三家公司的管理团队、自己公司的财务支持方和我们。我们判断这是一次非常好的机会，所以竞标了全部三个项目。由于任何投标方都不得购买超过一家公司，因此，相较于管理团队的出价，我们只需要在任何一个项目给出最高的溢价，就能被汉布罗斯银行选中。

最终，我们在 Angel Trains 项目上胜出。我们给到的7亿英镑远远高于其管理层5.5亿英镑的出价。由于我们出手太过阔绰，还被媒体公开嘲笑了一通。但是，我们已经事先做好了定量分析，并算出了风险概率。我们在三个月内发行了7.2亿英镑的债券，不但能归还野村证券所有的投资，还余下了2,500万英镑的利润，并且仍然拥有100%的股权。这是英国首次使用证券化融资的收购案，之前都是收购后进行再融资。在这一优异的业绩数

---

[1] 汉布罗斯银行，一家设在伦敦的英国银行，以贸易融资和投资银行业务著称。该银行于1998年被出售，如今成为法国兴业银行集团的私人银行部门。——译者注

据被公开后，财经媒体迅速改变论调，把我们的投标描述成"火车大劫案"[①]（The Great Train Robbery）。其他两个竞标者也迅速效仿了我们的模式。

对于私募股权行业而言，Angel Trains 是一个分水岭。它成了业界的知名案例，并给这一行业带来了前所未有的关注度。对我们来说，这既是祝福也是诅咒。我们这一单做得漂亮极了，但正因如此，我们也向竞争对手拱手让出了独家秘籍。从那之后，四处都充满了模仿者，包括高盛集团。

1997 年，我们以大约 6 亿英镑的价格将 Angel Trains 公司的股权出售给苏格兰皇家银行（Royal Bank of Scotland），获得了一笔巨额的现金利润。有些人可能会颇有微词，认为我们居然从公共交通服务中赚了那么多钱，但我要指出的是，我们额外投入了1.5 亿英镑来支付多项公共服务的费用，更何况我们还在运营期间极大地提升了业界服务质量。25 年后，Angel Trains 仍然作为一家租赁公司运营着。

我与野村证券的关系发生了变化。最终决定权仍然在他们手中（我认为出售 Angel Trains 公司的时机过早，价格也不够高，但他们否决了我的建议），但他们也越来越努力地包容我。在我

---

① 电影《火车大劫案》于 1978 年上映，讲述了著名的黄金大盗爱德华·皮尔斯的一次行动，一列火车载满了用作军费的黄金，虽然看管极其严密，但皮尔斯及其同伙还是设法盗走了车上的黄金。——译者注

的项目临近签约之前，我不必经历完整的根回流程，而是会有一位东京董事会的代表立刻飞来伦敦，听取我对项目的介绍。虽然野村证券仍然事无巨细都要问个明白，但他们会以非常有礼貌的方式提出尖锐的问题，而且关注点往往非常明确——对此，我非常欣赏。他们的这种方法能让我保持警觉。

令我惊讶的是，这些大多都已 60 岁高龄的日本老人会在我介绍的大部分时间里打瞌睡，然后突然坐起来，提出最具洞察力的问题。有一次，我的顶头上司在会议期间睡着了 3 次，以至于我们不得不反复蹑手蹑脚地溜出房间，直到他的秘书把我们叫回来。于是，演示介绍本来是从下午 2 点开始，预期两个小时结束，最终变成了一个 8 小时的长会。最后，在晚上 10 点，当我们都讲完之后，我的老板说他想去吃点寿司喝点清酒。我们就跟着他去了。我们边吃边聊，进行着法务审计般的交叉盘问，所以，虽然他白天可能很困，但现在他肯定特别精神。

第二天早上，我还挂着昨晚的疲惫，悄悄地探进他的办公室，问他的秘书我是否可以见他。他很开心，是完全清醒的状态，对我非常友好。我为演示介绍中的不足向他道歉，他同意给我们一个月的时间修改。我向他保证我们下次会准备得更好。我有时会想，他们之所以打盹，也许是为了考验粗心的西方人是否准备得够充分、心意够坚决。

Angel Trains 公司的出售宣告了我与野村证券之间蜜月期的结束。在那之前，银行、我那个刚成立不久的团队和我本人，都

第五章
组建期、激荡期、规范期和执行期

专注于同一个目标：把蛋糕尽可能做大，但 1997 年是一个分歧点。当年，我的老板问道，是否可以从我的奖金池中拿点儿钱出来，给野村证券伦敦办公室的其他人发奖金。原因很直白——他们没钱按照合同支付奖金，而且他们担心如果向东京要钱，可能会失去他们仅有的一点独立性。我虽然不情愿，但也同意拿出 2,600 万英镑的利润奖励其他部门的员工，再拿出 3,000 万英镑让他们退出几年前与总部位于旧金山的结构性金融公司 Babcock & Brown 达成的交易，给我自己的团队留下 4,000 万英镑。

但我很快发现，我为了公司团结所做的牺牲在本金投资部内部并不受待见。他们觉得自己赚到的钱被我捐出去了。虽然银行非常明确地表示，即使我没拿出那 2,600 万英镑，这部分钱也不能用来给我的员工发奖金。因为在公司看来，员工的收入如果太高，就会过早失去对业务的兴趣，然后离职，所以，他们宁愿让我的团队饿着，但是我不同意。我认为给员工增加工资奖金意味着我可以维系我的团队，并且还可以聘请更多优秀的人才，从长远来看，这都有助于业务的发展壮大。

可悲的是，事实证明我是对的。有一天，我的团队中最资深的 5 名成员和我们的首席助理在一大早同时宣布离职，加入了瑞士信贷集团（Credit Suisse）。他们都为本金投资部的业绩做出了卓越贡献，但觉得自己没有得到适当的奖励。当有更好的职位向他们招手时，他们立刻抓住了机会。对于野村证券，他们是忘恩负义的叛徒，因为如果没有我的项目理念和野村证券的财务支持，他们将一事无成——银行可能是对的。但是，事实已不可改变，我刚刚失去了5位我喜欢的技术人员，他们不但熟悉业务，还踏实肯干。他们和我一起学习，我依赖他们。之后，我们17年都再未见面，直到泰丰资本20周年的晚宴上才得以重逢。当我们再次见到时，我才意识到我是多么想念他们。自从他们离开后，本金投资部就再也没有回到过从前。

在经历了塔克曼团队发展模型的激荡期之后，现在到了我该开始与本金投资部一起进入规范期的时刻——最好是作为一个独立的企业。但愚蠢的是，我不再关注塔克曼的模型了。我也不再对我的团队给予足够的关注。当我先前的得力干将在1997年离开时，我本应该招聘同级别的专业人才替代他们，为我分担责任，并帮助我做出决策。可是，我却完全依靠自己。直到2006年，当我离开野村证券独立运作4年之后，我才终于开始聘用我可以信任和依赖的人，但那已经为时太晚。

到现在为止，如果说我做过的成功案例经常登上财经媒体的头条新闻，那么我的薪水则引发了全国媒体的关注。1998年1月，《卫报》（the Guardian）在头版刊登了一个让人震惊的标题：《这个人去年挣了4,000万英镑——1998年甚至会更多》。记者们纷纷拿出计算器，算出我每天靠工资奖金收入110,000英镑（或每分钟75英镑）——这是全国平均工资的2,500倍，相当于英国全部内阁成员未来17年的工资之和。据《卫报》报道，如此巨大

第五章
组建期、激荡期、规范期和执行期

的财富使我与平克·弗洛伊德乐队[①]（Pink Floyd）的尼克·梅森（Nick Mason）和皇后乐队（Queen）的布莱恩·梅（Brian May）一起跻身英国首富行列。在接下来的几天里，每家报纸都迅速跟进了这个报道。

在媒体的眼里，我是最精明的都市人。我是伦敦金融城里的黄金男孩，持有着一种新型的金融工程"专利"。因为我，"证券化"这个话题从金融期刊的最后几页跳到了小报[②]的头版。然而，几乎可以肯定，这个充满煽动性的精确数字是一个在野村证券内部与我关系颇为紧密的同事泄露给媒体的。直到现在，我仍然感到非常痛心。

在接下来的几年里，我职业生涯中所有的起起伏伏都会被英国的媒体评头论足，其实都是拜这篇文章所赐。正如《每日邮报》（*Daily Mail*）的一位高级编辑对一位公关人士所说："其实我们并没有什么反对葛先生的意思，他也许是一位完全正常又非常善良的人，但他的名字这么有喜感[③]，还留着那样的发型，再加

[①] 平克·弗洛伊德乐队，英国著名摇滚乐队，成立于1965年。皇后乐队，是英国地位极高的摇滚乐乐队，成立于1970年。——译者注

[②] 小报（tabloid），原指尺寸为23.5英寸×14.75英寸（597mm×375mm）的报纸，其版面为普通大报（broadsheet）的一半。由于以此规格发行的报纸大多报道的是八卦消息或平民事件（所谓的软性新闻），之后也引申成为此类报纸的统称。——译者注

[③] 在英语中，作者的姓氏 Hands 意为"双手"，名字 Guy 意为"小伙子"。——译者注

上挺着一个大肚子，还是一个金融家，这简直就是编辑们做梦都想遇到的报道对象。他太容易成为目标了，如果我们不去写他，那就等于我们没有认真工作。"

《卫报》的标题让我感到不安。那一年，也就是 1998 年，我第一次可以用冰冷无情的现金来衡量我所取得的成功，并且明白——至少从财务的角度来看，我加入野村证券是一个正确的决定。我当年在兰斯顿报刊铺打工时，每个周末都会统计自己一周内的工作时间，看着它们被换算成一张张英镑纸币和一枚枚先令硬币，我充满了自豪感，但是如今我一点都体会不到赚到钱的满足。相反，我感到一种巨大的、强烈的尴尬。媒体报道不仅改变了我未来的方向，也改变了我家人未来的方向。

第六章

用数学赚钱

你必须知道什么时候拿牌

知道什么时候弃牌

知道什么时候该走

知道什么时候该跑

坐在赌桌旁时

不要数钱

牌局结束后

会有足够多的时间去数

肯尼·罗杰斯[1]（Kenny Rogers）

《赌徒》（*The Gambler*）

早在 1982 年，埃里克·辛伯格——当时高盛集团交易部门的合伙人——就直截了当地问过我："你这辈子在自己财富上追

---

[1] 肯尼·罗杰斯，1938—2020 年，美国乡村歌手、摄影师、唱片制作人、演员、企业家、作家，在其超过 50 年的音乐生涯中，共发行 59 张专辑，全球总销售量过亿。——译者注

第六章
用数学赚钱

求的目标是什么？"我告诉他我希望自己能买得起田园大宅、两只拉布拉多犬、一辆路虎揽胜，能去国外度假。

他的第二个问题是："要挣多少就能实现这些梦想？"我回答道，我认为 1,000 万英镑就足够了。他又问我希望在多大时赚到这么多。"到我 40 岁的时候"，我告诉他。"这不可能够用的，"他沉思片刻后说道，"无论你挣了多少，都永远不够。驱使你前进的不是金钱，而是你需要成功的心态。如果我说的没错，那么你永远不会觉得自己是成功的。"

我同意他的观点。到 1998 年时，我赚的钱已经远远超过了曾经的想象，但我还是不确定自己是否已经"抵达终点"。我还发现，我所取得的成功也给我带来了远超预期的困难。如果你中了彩票，完全可以选择匿名。事实上大多数人都会选择匿名，但我的财富状况是公开的，这似乎可以改变一切。《卫报》那则文章一经发布，就有无数多年毫无音信的人纷纷与朱莉娅和我联系，要么是发来求助信，要么是希望我们给出投资建议。在晚宴上，大家与我们谈话的内容也不再围绕孩子、政治、美食或电视节目，而变成了财务方案，或者是某个朋友的朋友希望得到一份工作，或希望我们伸出援手。各种各样的邀请函如潮水般涌来，但我们几乎都不认识他们。朱莉娅和我成了一对"必须邀请"的夫妇。

曾经有一段时间，很难分辨谁是我们的"真正的朋友"——那些真正希望了解我们的人，而不是那些接近我们只为了可能求得的帮助。在现实中，慈善捐款占自己收入比例最高的，往往是社会上最贫穷的人。与此类似，随着时间的推移，我们发现，通常那些收入最低的人向我们提出的索求也最少。我们意识到，我们真正的朋友不是都市大亨或大富豪，而是来自教学或护理等行业的人。

虽然有巨大的财富突然降临，但这并没有给我们的生活方式带来太多改变。朱莉娅仍然在超市购买最便宜的商品，而我也还会在住酒店时把房间里的香皂、小袋番茄酱、茶包和洗发水都带回家。我们也没有给孩子们买昂贵的玩具或衣服。我继续穿着在高盛集团工作时买的西装，而且我们大部分的度假也仍然会选择分时度假① 村或平价酒店。肯定有精神分析学家会说，我们这么做的原因很复杂，但毫无疑问，其源头就是我们的童年经历。也有一个简单的解释：在 1997 年之前，朱莉娅和我都一直担心这一切可能会瞬间崩塌。

我能一直保持这种脚踏实地的心态，或许是因为在我看来，虽然从结果上来看，自己获得的财富似乎是个奇迹，但这个过程却并非如此。我并不是否认每一笔成功交易背后所需要的专业技

---

① 分时度假，是一种源于欧洲的度假模式，即度假胜地的开发者拥有土地和房产的所有权，按时间段（通常为每年 7 天或 30 天）出售地产的使用权，并一次性签订 10 年甚至更长的合同。在会员系统下，遍布全球的度假者可以互相交换异地的客房使用权，以此实现低成本度假。——译者注

第六章

用数学赚钱

能和大量努力，而是认为很多其他的工作也需要同样程度的付出。记得我在一次演讲中解释了私募股权背后的简单数学原理，听众包括数百名私募股权从业者、投资者和顾问。最后，一位资深私募股权合伙人把我拉到一边，让我再也不要在公开场合讲那些内容了。"如果人们真正了解我们所做的事情，"他说，"他们就不会付给我们那么多钱了。我们可能从事的是全世界收入最高的职业，千万不要把这个饭碗砸了。"

如果说私募股权并没有多么复杂，这也许听起来像是一种带着虚伪的谦虚，那么我或许可以多谈谈其背后简单直白的基本原则。从本质上讲，进行杠杆收购与购置房产非常类似，不同点在于：第一，贷款所使用的抵押品是公司，而不是房产；第二，必须确保从银行借款的成本低于期待达成的交易的回报率（因此，非常有必要与值得信赖的银行家建立良好的关系）。

假设这样一个情景：你斥资 1,000 万英镑，以 10 倍的市盈率买下一家公司，也就是说，如果成交时的股票价格为 10 英镑，那么投资者一年后的每股收益为 1 英镑——这将为你带来 10% 的年收益率。然后，这家公司每年所回报的全部资金又被你用于再投资，放进收益率类似的项目上，而且由于通货膨胀，每年的收益率还可以再增长 2%。5 年后，你以相同的市盈率出售该公司。在这个过程中，你赚到的钱是原始资本的 1.5 倍。

显然，选好投资标的是前提，但是，你也可以借助其他武器让投资增值。首先，你可以借钱，因为债务就是别人的钱，所以这将增加你的股本回报率。一次典型的杠杆收购通常会调用三分之一的股本和三分之二的债务。假设你借债的利率约为 5%，期限 5 年。由于这一债务成本远低于公司 10% 的收益率，因此你的股本回报率得到了大幅提升。这样一来，你的股本占买入价的三分之一，成本为 10%（即市盈率为 10），债务占三分之二（而且这还是别人的钱），成本为 5%，你的收益率就从 1.5 倍变成了 2.3 倍——这就是单纯的数学运算而已。

接下来，你可以在运营上做进一步的努力，增加销售额（影响营业收入），或者提高利润 / 削减成本（影响净利润）。在我做的交易项目上，持有一家公司后的前 5 年，我对运营利润的目标是每年提高 4%（我们的实际收益通常会更好，但从长期来看，能在 10 到 20 年的时间里都做到 4% 确实是一个宏伟的目标）。这样，你的回报（包括杠杆）已经增加了 3 倍以上。

此外，还有并购交易。假设你决定将你的公司与另一家回报倍数完全相同的公司合并，并且在合并的同时卖出并购后的公司。可以预期，较大的公司将以较高的回报倍数（即较低的收益率）进行交易。举例来说，你将回报倍数从 10 增加到 12，收益率则从 10% 降低到 8.33%。回报倍数较高的原因是你创建了一个更大的公司，大多数人认为更大意味着更安全。建立更安全的业务，并加之其他的改进手段，你这时的业务价值已经较原来提高了 4 倍。

最后，你可以对业务进行重新定位，这是我在高盛集团证券化部门期间学到的，也是后来在野村证券的本金投资部和泰丰资

第六章
用数学赚钱

本的业务重点。例如，你可以改变公司的业务，也许可以剥离其中风险较高的部分，确保被保留的部分更加安全，或者，你可能会以更透明地方式对现金流量做出解释，让潜在的买家对公司的财务数据更有信心。这里需要强调一下"透明"这个词：在一些臭名昭著的案例中，管理团队改变了公司财务数据的报告方式，从而达到了完全不透明的效果。根据我的经验来看，如果做对了，你就可以获得更高的回报倍数。假设你把回报倍数再增加2次，那么退出倍数将从12增加到14，那么，此时你获得的资金是初始投资的4.9倍。

回到我在野村证券的时代，我的魔盒里还有一个当时其他私募股权公司根本不了解的诀窍：科技。野村证券最大的资产之一就是他们更注重技术和分析技能，而不是销售和营销技能。这意味着，如果有一位来自剑桥的文科学生和一位拥有数据科学博士学位的人，他们很可能会认为后者更优秀。通过银行借贷，我建立起了后来被称为"网络室"（Cyber Room）的部门——一个充满了分析能力、极其聪明的定量数学家（或称为"宽客"）的房间，他们大多数人都拥有数学或粒子物理学的博士学位。其中一位患有"联觉"这一罕见神经系统疾病，就是会导致病人把本来不相关的感觉联结在一起。对他而言，数字会唤起色彩。他会说提高或降低出价是为了避免"肮脏的棕色牛粪堆"或是为了获得"翠鸟充满活力的海蓝宝石蓝"。他是我见过的最聪明的人之一，我非常依赖他。

借助定量数学家们提供的信息，我能够在最大程度上充分利用私募股权的五种方法来为资产增值，同时尽量与相关人员建立良好关系也是一个不可或缺的因素。因此，以凤凰酒吧公司为例，我们之所以能取得成功，一部分原因在于我努力与大都会集团的董事长兼首席执行官谢泼德勋爵建立了良好的关系。同时，量化分析计算也是一个至关重要的因素。大都会集团把旗下酒吧所销售的啤酒的价值乘以一定的回报倍数，计算得出公司的资产价值。由于啤酒的消费量已经下降了一段时间，所以这些酒吧的总价值也随之下降。然而，我们思考的是这些酒吧有哪些地方可以改善，哪些地方在过去的五年中可能状态不佳，但从长远来看却会有出色表现。

对于 Angel Trains 项目而言，我们发现竞争对手是以管理层收购的态度对待这笔交易的。这意味着他们关注的是，基于能筹措到的股本金额，银行可以提供多少贷款（通常约为股本的两倍）。但是，我们采取了截然不同的方法——计算如何以公司的现金流为抵押来降低借款的资金成本。大家可能认为我们的出价高得离谱，但它是基于实证的精确计算而得到的。

但这并不是说量化分析总是能给我们带来优势。例如，我们在 1997 年收购了威廉希尔有限公司 ①（William Hill）。这笔交

---

① 威廉希尔有限公司，英国顶级的博彩公司，也是全球影响力最大的博彩公司之一。它于 2002 年在伦敦证券交易所上市。——译者注

第六章
用数学赚钱

易能取得成功的关键在于我们清理掉了博彩投注站里的唾沫和木屑，并让它们变得更加对女性友好，同时融入了先进的科技。威廉希尔有限公司的首席执行官约翰·布朗（John Brown）认为，没有女人愿意去博彩投注站。而在我看来，既然如此，我们就应该改变博彩投注站。因此，我们拆除了暗色玻璃的窗户，彻底清理打扫了内部空间，摆好了饮用水和咖啡，禁止吸烟，并在赌马的基础上增设了投注项目。布朗也不赞成使用电脑和互联网博彩，他担心这些科技手段会降低他的利润率。因为这让顾客有机会货比三家，然后找到最好的赔率，而他的顾客大多数都住在投注站方圆两英里内，但我们最终还是设法说服他开展互联网博彩业务，这让威廉希尔成为业内率先进军这一领域的公司之一。

早在二十世纪六十年代，布朗就是一位走在竞争前沿的人。当时，博彩的法律限制非常严格，但他在这个行业中不断攀升，公司旗下的合法博彩投注站一度发展到 1,500 家之多。在收购的过程中，他曾非常明确地表示不希望把威廉希尔公司卖给像我这样来自伦敦金融城的人——他坚信，我是含着金汤匙出生的，并且接受过私立教育。因此，谣言四起也就不足为奇了。传言说如果我收购成功，第一件事就是解雇他。事实上，在交易签署后的第二天，我们见面时他的开场白就是，"我猜你会解雇我吧。"然而，我意识到正是他对业务的热情使他在谈判中非常坚定，他也意识到我和他一样都曾经在文法学校就读。一旦有了这样的了解，我们就相处得很好。他继续留任，甚至还给自己买了一台笔记本电脑，他会带着它去赛马比赛的现场。他是我见过的最好的首席执行官之一，但是我们完成交易之后就立刻卖掉了公司。时至今日，我仍感到颇为遗憾，但是，野村证券那一年需要把利润做起来。

我们经手的另外两笔交易很好地诠释了私募股权的另外两面。对于 Unique Pub Company，我们选择采用并购的方式进行扩张。当我们卖出这一资产时，共持有 3,200 家酒吧，巨大的市场份额成为这家公司获得溢价的关键因素。

对于 AT&T Capital 资本公司，我们则使用了重新定位的方法。我们在 1995 年收购时，AT&T Capital 的资产规模超过 95 亿美元，旗下有 20 家公司，业务遍布全球，涉及的领域非常广泛，从医疗设备到电信业务再到文档成像，不一而足。在我的印象中，这家公司从不拒绝任何商机，无论是香港的出租车牌照交易业务，还是威尔士的汽车租赁业务。我经过分析得出，所有这些经营活动的意义差不多就是在为公司管理层的航空旅客计划积累里程。因此，我们仅保留了两项业务——给 AT&T 带来高价值的租赁业务，以及堪称公司摇钱树的电话租赁业务。其他的业务统统被出售或关闭，这样得以使公司更精简、更专注，因此也更具吸引力。1998 年，我们将它卖给了加拿大的一家收购基金 Newcourt。

当然，还有另一个无处不在的要素也不得不提——融资。我

第六章
用数学赚钱

所做的每一笔交易都依赖于投资银行的专业素养和我们与它们之间牢固的关系。一直为我提供支持的投资银行是花旗集团。在共事的过程中，大卫·沃姆斯利（David Wormsley）和他的老板迈克尔·克莱恩（Michael Klein）是我尊重有加的合作伙伴，我个人对他们二位也是极度信任。沃姆斯利非常聪明。克莱恩智商高超，但由于他有犹太背景，所以在这家投资银行里显得有点像是个局外人——花旗银行非常看重企业家精神和"白鞋公司"①的传统，具有深刻的美国性，甚至其董事会成员中还有前中央情报局的官员。花旗银行参与了我们 70% 的交易，沃姆斯利为我提供了很多关键信息，克莱恩则在我需要的时候帮忙联络投资银行的最高管理层。至少，曾经有一段时间，我们联手打下了一片天地。

但是，随着我的事业越来越成功，野村证券却走上了下坡路。到 1997 年，它的信用评级已降至 B 级，市值缩水至其鼎盛时期的四分之一。相对而言，野村证券在日本的业务仍有底蕴，但在其他地区却举步维艰，而且即使是在日本，它的利润也已大幅下降。野村证券也试图在其他市场复制彭纳和我所构建的西式商业模式，但都以失败而告终。也许塔克曼会告诉他们，仅靠技

---

① 在美国，历史悠久（通常超过一个世纪）的精英专业服务机构，例如投资银行、会计师事务所、律师事务所等，通常被称为"白鞋公司"（white-shoe firms），多招收常春藤大学的毕业生。——译者注

术能力是不够的，你还需要正确的团队变革动力和领导力。

更糟糕的是，1997 年爆发了一场巨大的丑闻，野村证券被曝向总会屋（sokaiya）缴纳保护费。这一组织在收受贿赂或收取某公司的费用之后，会带领暴徒攻击委托方在日本的竞争对手公司，并扰乱其股东大会。由于大多数总会屋都疑与日本黑帮 Yakuza[①] 有联系，所以与其为敌是一件很危险的事。这一丑闻被揭露，源自一次艺术品交易。野村证券以极低的价格将其拥有的一幅法国印象派画作卖给一家艺术品经销商，然后又大幅加价回购，以此实现行贿。

风波过后，野村证券的董事长坂卷英夫（Hideo Sakamaki）引咎辞职——他一向对我友善有加。随后，他被逮捕、定罪并被判监禁，缓期执行。一大批董事也纷纷递交辞呈。

然后，在 1998 年，彭纳的业务陷入了困境。他借助美国房地产贷款，在野村证券的纽约办公室建立了一张 160 亿美元的资产负债表，并通过位于旧金山的全资子公司——美国资本公司（Capital Company of America，CCA）创造了巨额利润。他在那里举办奢华的投资者派对，还会邀请老鹰乐队[②]（Eagles）等明

---

① Yakuza 又称"极道"。——译者注
② 老鹰乐队，二十世纪七十年代最具代表性和最成功的摇滚乐队之一，被滚石杂志评为"最伟大的 100 组音乐人"之一，其名曲《加州旅馆》（Hotel California）也被滚石杂志列为"最伟大的 500 首歌曲"之一。——译者注

第六章
用数学赚钱

星助兴。但是，这个业务的问题在于其交易基本上是以野村证券的全部信用为担保进行日元借款，再以美元放出杠杆率很高的贷款（贷款价值比平均超过90%，只有很小的一部分来自借款方的股本）。在正常情况下，彭纳的团队会将这些贷款做证券化处理，并尽快出售，从而减轻风险，防止日元走强后导致他们的美元资产价值低于所借的日元，但是他们遇到了非常时期：1998年，对冲基金Long-Term Capital Management崩盘，并且俄罗斯也陷入了债务危机。野村证券认为彭纳的业务风险太大，需要削减支出。通过谈判，彭纳争取到了一个可获利数百万美元的退出协议，野村证券派出总部的同事和彭纳的团队来共同管理这家公司。不幸的是，新管理层内部发生了争执，公司开始走下坡路。

正是在这个时候，当野村证券不得不减记大约15亿美元时，他们问我是否愿意帮他们看看这家公司。关键就是，在（并且除非是在）美国资本公司的问题得以解决之前，银行很难再为后续的任何交易出资，包括我可能想做的项目。我觉得我别无选择，只能同意。我把我最优秀的20名员工叫到办公室，介绍了这个问题的概况，并告诉他们当晚飞往纽约的航班已经预定好了，大家要飞过去对彭纳的业务展开审计，要把这当作我们正在考虑的一项投资那样认真对待。事实上，我对他们说的是，我们将对美国资本公司进行尽职调查。我告诉他们，大概需要一个月的时间，但实际上，三年后，当世贸中心双子塔在"9·11"恐怖袭击中轰然倒下时，其中有些人还仍然在那里。

当然，我也亲自前往。我和这一小队非常信任的副手们一起出现在了野村证券的纽约办公室。我们有专用的办公室，这个安全的房间里的电脑都没有与主系统连接。我们拿到了成堆的文件，包括贷款详情、企业损益表、组织结构图和员工简历。同事甚至还给我们申请了特殊的电子通行证，让我们可以从侧门悄悄地溜进入写字楼。起初我还觉得这是小题大做，但没过两天，我就明白这一切的安排确实很有必要。这家公司共有400名员工和一个高层管理团队，他们都意识到我有可能关闭他们的奖金摇钱树。撞到他们并不好玩。纽约办公室的同事都认为彭纳是事业成功的典范。他的团队也本能地不喜欢我们。虽然最终我们赢得了一些人的信任，但总会有人将我们视为威胁。

坐在那个冰冷无窗的水泥盒子里，里面散落着喝光的饮料罐、披萨盒子、用过的餐巾纸和皱巴巴的打印纸，我们开玩笑说，一旦纽约办公室的家伙知道我们已经挖出了他们获得的超额报酬，可能我们都没法活着走出这间屋子。正如我的同事杰瑞·梅尔奇欧那（梅尔奇）[Jerry Melchionna（Melch）]——一位在布鲁克林区土生土长的纽约人——用意大利流氓口音说的那样，"他们可以用不到他们每天挣的奖金的6%来对我们每个人进行打击。"当我们发现一些贷款是用于明显有问题的业务时，这个笑话似乎就不那么好笑了。例如，在罗德岛的一个项目中，混凝土支出比最初预计的量高出1亿多美元。

六周后，我的团队、我在伦敦办公室的首席财务官迈克

第六章
用数学赚钱

尔·富尔德布林克（Michael Hurdelbrink）——一个外表快活，但血管里流淌着冰水的人和我，已经准备好向东京总部汇报我们的调查结果。我们的结论是，他们的融资主要是在资产负债表之外完成的。这在当时并不罕见，因为这种互换被视为一种外汇交易，法律并未规定要在公司的资产负债表上披露，而且这种操作在如今也仍然会有。然而，正如我们所指出的，问题在于会计师事务所和评级机构受到来自政府和监管机构的压力，需要停止接受表外交易。一方面，在日渐积累的过程中，彭纳的业务规模已经大到让野村证券无法接盘。即使根据最乐观的计算，将美国资本公司的交易重新计入野村证券的资产负债表之后，也会使该银行的评级低于投资级别。野村证券的债券将变成垃圾，银行也可能倒闭或被其他人接管。

另一方面，如果野村证券不承认这个问题，并继续保留这家公司，他们最终将在可见的未来每年损失数十亿美元，用以应对高风险贷款的组合、支付超常的员工成本，并对冲日元兑美元未来可能的走势。整体而言，美国房地产市场存在着巨大的压力，借款人是否有能力偿还贷款尚不明朗。鉴于贷款对房地产价值比率的平均值已经高达92%，而且在市场下跌的情况下，很明显许多借款人还清贷款后就会立刻退出。

我们围坐在野村证券东京董事会的一张大桌子旁，花了三个小时向全体董事会成员和其他值得信赖的公司官员做完了报告。最后，他们让我们到隔壁房间等待。半小时后，有人送来了一些寿司。我们开始变得焦躁不安：我们收到的就只是几句感谢和一顿午餐。究竟会发生什么？

梅尔奇决定去一趟洗手间——或者更确切地说，去打探打探。我们都紧张极了，盼着他带点儿消息回来。他回来时说："那群混蛋的寿司比咱们的好得多，还有刺身呢！他们把我们当作二等公民对待。他们不知道自己正面临破产吗？"又过了半小时，野村证券的一位最资深的副总裁来看望我们，身后跟着一名下属，手里拿着我们所有的演示文稿。他们把演示文稿扔在我们面前的桌子上，就好像它们是传染病一样危险。我们是要被解雇了吗？然后这两个男人——衣着几乎一模一样，都穿着颜色鲜明的深色西装和挺括的衬衫——骄傲地挺直了身子。

"葛先生，"资深副总裁说，"我们同意你去做你认为有必要的事情，并向评级机构提供你认为他们应该知道的任何信息。你对他们一五一十地讲明情况，这会让我们很欣慰，但请理解，这是一家历史悠久的公司，也是一家非常值得信赖的公司，很多人都依靠着你。"

这变成了一个奇怪的情感时刻。他们知道自己需要我，但他们不确定是否可以信任我。不管怎样，他们别无他法。我基本上是他们唯一的选择。我有信心我能够以他们可控的方式来清理这项业务——不是因为我比彭纳更优秀（对于这个投资组合、涉及的人员和公司，他比我的了解程度高太多了），而是因为我对这家公司完全没有情感依恋。这是我多年来在高盛集团学到的一个经验教训。如果你能在情感上完全摆脱先前所做的决定，那么跳出一个位置就会变得容易很多。

在一个月内，我们解雇了纽约业务部门90%的员工，并与多家银行展开谈判，以确保获得必要的流动性，让我们可以在逐渐抛售资产的同时用美元贷款替代日元贷款。最终，雷曼兄弟、高盛集团和摩根士丹利挺身而出，我们的风险也相应降低。然后，我们与各大评级机构进行了沟通，它们同意在我们清理公司的同时暂缓执行较低评级。富尔德布林克和我们的小团队对这160亿美元的投资组合（已减记至145亿美元）进行了清算。最终，这家公司的经营完全交给了由从伦敦空降的本金投资部的成员负责，同时保留了一些美国资本公司里值得信任的员工。

在接下来的几年里，所有的贷款都被还清、出售或做证券化处理。野村证券没有因此被下调投资评级，总的成本和损失也被控制在10亿美元之内。野村证券的东京总部终于可以喘口气了。这个小团队在非常困难的条件下完成了一项非凡的任务，并因此改变了野村证券的命运。如果没有他们，这家银行注定要倒闭。

这一切对我来说，是苦乐参半。一方面，我失去了几位最优秀的得力干将——本金投资部的核心成员。另一方面，我觉得自己已经报答了野村证券对我的信任——在最初没有人欣赏我的商业计划时，是野村证券给予了我支持，是他们让我能够开始我的事业。我认为这是我欠他们的，应该出手拯救。

我认为，这对野村证券的人们来说也是苦乐参半。我帮助他们渡过难关，但他们认为不得不求助于我让自己丢了面子。如此一来，接下来他们提出的要求就更显得尴尬，因为涉及其在日本的业务。但这次的不同之处在于，他们希望我介入的业务不仅有问题，而且很可能有危险。

野村证券发现银行有着一大批不得不处理的不良贷款，其中许多贷款人与黑社会有着密切的关系。显然，我的日本同事不想卷入其中——他们实际上是在与黑帮对抗。然而，我是一个局外人，在完成尽职调查之后，我发现其中存在着机会：我们将以相对于抵押物的巨大折扣购买贷款。我当然知道有谣言说参与这些交易的人已被杀害。但我也不禁想知道，人们是否有可能通过假装与黑帮有联系来逃避偿还贷款。也许这一切都没有大家担心的那么复杂。

但即使我能看到潜在的机会，我还是认为在签署任何虚线报告①之前，我仍然应该多做核查。因此，我托人联系到了刚刚完成美国驻日本大使任期的沃尔特·蒙代尔（Walter Mondale），向他请教收回这些不良贷款是否是个好主意，或者这一操作是否会像有些人警告的那样危险。

蒙代尔认识东京的警察局长，他以非正式的形式与局长聊了

---

① 虚线报告关系，相对于实线报告关系，即从直接经理或直线经理以外的上级那里接受工作任务，并将完成的工作提交给他。——译者注

第六章
用数学赚钱

聊，然后给我回了电话。"在任何情况下，"他说，"你都不应该参与这项业务。其中的风险就像大家告诉你的那么严重。"我的工作内容并不包括被日本黑帮杀害，所以我找到了野村证券的合规部门，告知了我的担忧。他们于是没有让我接管这个业务。我的团队也松了一口气。相比之下，我的上级非常不高兴。在我看来，他们本来希望我不仅能赚钱，还可以帮他们解决麻烦。

到 2000 年，本金投资部已拥有近 70 名员工，但只有很少几位最初的团队成员还仍然留任。最初，这里只聚集了一群热情饱满、只拿 35,000 英镑年薪的新人，而现在，人人都是顶梁柱、个个都赚得盆满钵满。每一个奖金日都是一场噩梦。把蛋糕做大变得越来越不重要，如何分蛋糕才是关键。我意识到我们需要专注做件大事儿，一件具有积极意义的事儿。

在伦敦，我想我们已经找到了答案：千禧巨蛋（Millennium Dome）。

这个建筑有点儿像是一头白象①。它花费了数年时间才启动，远远超出预算，最终造价近 8 亿英镑（其中大部分资金来自国家彩票基金），成为全球最昂贵的建筑。媒体对它一通冷嘲热讽，参观人数也令人大失所望，而且它的维护成本将持续增加——在

---

① 白象，比喻消耗庞大资源却无用或无价值的物体、计划、商业风险或公共设施等。——译者注

发现穹顶①展览（Dome of Discovery Exhibition）于 2000 年 12 月 31 日闭展之后很久，还能高达每月 100 万英镑。因此政府迫切希望可以卖掉它也就不足为奇了。

买下千禧年庆典的最大象征标志——它的定价过高且反响不佳。想到这一点，日本方面就非常激动。在英国政府看来，一旦我们公开这一购买意向，我们就会极尽所能地确保交易顺利进行。我的团队认为，我们将把千禧巨蛋改造成一个一流的旅游景点，吸引来自全球的游客，这看起来是一件很有趣的事情。至少从表面上看，这个交易的前景似乎无限光明，会让各方都满意。

我们设定的目标价位是 1.05 亿英镑。然后，我们计划投资近 10 亿英镑，建成"欧洲首个城市娱乐胜地"。同时，在东京和旧金山都持有游乐园的 Hyper Entertainment 公司（索尼旗下）也表示将提供支持。

这个项目可能看起来很有趣，但其中涉及的调研和规划却是一项严肃的工作，参与人数达到 100 多人。我们考察了美国加利福尼亚州和佛罗里达州、法国巴黎、西班牙、日本和其他地区的展览中心和主题公园，还权衡了缺点并考虑了各种可能性。风险

---

① 发现穹顶，位于伦敦南部泰晤士河边，是为 1951 年的"英国节"活动而设计的临时展览建筑。英国节（Festival of Britain）是一个全国性的展览，重点展示英国在设计、技术、工业、科学和艺术方面的成就，旨在解决战后英国的阴霾。——译者注

第六章
用数学赚钱

是显而易见的，但同时潜力也非常诱人。根据人口规模来看，英国的大型休闲空间相对较少，伦敦地区更是少之又少。是的，这里有不少博物馆，但很多都已陈旧不堪、落满灰尘。这是一个受众高达数以百万计的垄断市场：游客来到伦敦，希望有一个可以放松享受的地方，但这里却几乎没什么娱乐公园可以给他们带来乐趣和刺激。如果我们能在伦敦让千禧巨蛋的面貌焕然一新，那么就可以将这个概念扩展到全球其他地方。

起初，政府收到了 70 份初步意向。到 12 月，认真投标的就已经减少到了 10 个，我们是其中之一。2000 年 1 月 16 日——千禧巨蛋开放两周后，我们入围最后 6 个投标方，随后在 5 月，我们被选为最终的两个候选之一。Legacy 是另一个竞标方（他们提议建立一个硅谷式的高科技工业园区）。7 月 27 日，投标结果公布，我们胜出。

那天晚上，大多数新闻公告都是关于我们的消息。我们也去格林威治快捷假日酒店（Greenwich Holiday Inn Express）楼下的一家中餐馆庆祝。不过，我觉得这一切都为时过早。我们虽然赢得了竞标，但这仅仅是个开始：尽职调查还尚未完成，交易的最终条款也仍需继续谈判。

事实证明我的谨慎态度是对的，因为事情很快就变了味儿。我们遇到的第一个绊脚石来自伦敦市长肯·利文斯通（Ken Livingstone）。他非常赞同人人都应该乘坐公共交通工具去千禧巨蛋这个想法。然而，大伦敦①的政府当局却拒绝提供相应的规划许可，导致我们不能修建小型汽车和长途汽车的停车场，这一举措似乎是有些过分了。我从来没有机会与利文斯通面对面地讨论这个问题。在副首相约翰·普雷斯科特（John Prescott）看来，像我这样爱狗的保守党支持者可能无法与像利文斯通这样爱蝾螈的社会主义者相处甚欢（如果我指出我婚礼的伴郎黑格也对保护蝾螈②感兴趣，也许多少会有所帮助）。但是，无论能不能因为蝾螈拉近关系，如果没有停车设施和它们带来的收入，这笔交易的吸引力就必将大打折扣。

我也越来越担心预期的游客数量。千禧巨蛋的首席执行官皮埃尔–伊夫·盖博（Pierre-Yves Gerbeau，英文简称 P.Y.）非常乐观，他向我们保证这个景点有望接待 600 万游客，但我表示怀疑。我非常钦佩皮盖博，他总有着无限的精力，而且还事必躬亲。但是，他似乎没有什么战略思维，这一点让我很担心。我知道，虽然在他接手千禧巨蛋时，官方的新闻稿称赞他是"巴黎迪士尼乐园的救世主"，但《卫报》随后的报道称，他甚至没有进入当时巴黎迪士尼乐园的振兴计划小组。他所谓的 600 万，似乎

---

① 大伦敦，英国首都伦敦与其周围的卫星城镇所组成的都会区。——译者注

② 蝾螈，两栖动物，俗称"火蜥蜴"，是一种极具观赏性的动物，喜水喜湿，主要分布在北半球的广大温带区。蝾螈是世界上寿命最长的动物之一，在我国被列为国家二级濒危保护动物。——译者注

第六章
用数学赚钱

也是一个放错了地方的数字，而且显得过于乐观了。

下一个遇到的困难，是在我们试图分拆整理千禧巨蛋内的展品和景点时，感受到的巨大震惊。显然，巨蛋里少不了的圆顶，当然挤满了它们——空中花园、各种装置艺术作品、类似太阳马戏团这种演艺机构使用的杂技舞台设备和一个巨大的中空人体雕塑，从肘部到脚部的尺寸长达 64 米，高 27 米，游客可从中间穿过。当我们第一次进行法务谈判时，才得知千禧巨蛋与多个供应商共签署了 1,100 份与实物产权和知识产权相关的合同。而实际上，我们最终整理出 2,800 份，而且几乎每一个合同都各不相同。没有签署标准合同的做法，对于政府项目来说是极其不寻常的。更糟糕的是，我们很快发现，负责运营千禧巨蛋的公司 New Millennium Experience 并不知道这么多展品所涉及的资产或知识产权中，哪些的所有权归他们，哪些不归。我们希望可以有一个一直开放的景点，与此同时再进一步增设其他的娱乐活动——我们投标时并没有考虑使用焦土作战法[①]。这些合同的不确定性反而让我们能在年底之前要求几乎所有东西都被打包搬走，只剩下建筑本身。假设我们不能保留现有的内容物（以及千禧巨蛋附属土地的权利），这将变成一笔确确实实的糟糕交易。

---

① 焦土作战法，译自英语 scorched earth，是一种军事战略。字面意思是毁坏地面上所有的一切，破坏所有可能被敌方所用的东西，在现代意义上，还可以包括破坏交通运输、通信与工业资源。其重点在于毁坏的民间资源是否真的会为敌方利用。——译者注

然后是政府，它明显越来越希望达成协议，但却不知道应该达成什么样的协议。我们需要一个清晰的愿景。千禧巨蛋必须要有一个存在的理由，否则，随着交易的实用性和经济性变得越来越不稳定，项目的推进也似乎面临着风险。我们都在继续努力促成这笔交易，尤其是因为野村证券——在媒体正面的报道之后，使其成为众人瞩目的焦点，对此热情高涨。但是，尽管野村证券在这个项目上越来越多地关心其全球形象，而非经济利益，但我却发现自己无法认同这种方式。我明显有了害怕的念头。

我向政府表达了我的担忧。内阁办公厅的国务大臣法尔科纳勋爵（Lord Falconer）一直安慰我无须担心。普雷斯科特一直劝我在虚线上签名，并像个懂事的好孩子那样继续推进项目。但我的人生特质之一就是能够在接收到新信息之后改变先前的想法，并且能够承受他人对这一改变的批评。经历一些痛苦几乎总是值得的，而且痛苦的消失也比人们通常的预期要快得多。记忆总是短暂的。根据我的经验，宁可冒着受到人们谴责的风险不去做某事，或者对其置之不理，也不要做一些会让自己后悔的事。如果这次我退出交易，可能会让很多人不高兴，但实际上，如果真的退出，我唯一需要担心的就只是野村证券的人而已。

9月5日，星期二，我对千禧巨蛋的最大担忧得到了证实。我们团队的一位同事收到小道消息，听说 New Millennium Experience 公司已经在7月获得了政府4,300万英镑的大笔救助，

第六章
用数学赚钱

又正在请求政府再提供 4,000 万英镑，才不至于倒闭。如果这还不够糟糕的话，那么，作为提供救助款项的条件，政府要求千禧巨蛋出具一份关于其财务管理及资产状况的独立报告（由普华永道审计制作），而消息称这份报告政府也不打算提供给我们。

经过一周的折腾，我决定退出这笔交易，并与法尔科纳勋爵安排了会面，在他位于内阁办公厅的办公室里向他宣布了我的决定。9 月 11 日，星期一，我在午餐时间把我事先准备好的话告诉了我的伦敦团队。我在日本的同事告诉我他们会向东京总部解释——当时是日本时间晚上 9 点，他们需要为我的决定可能造成的任何"名誉损失"做好准备。

下午 6 点 30 分，我到达内阁办公厅。我被带到一间单调乏味的维多利亚式公务员会议室，办公桌呈松散的圆圈状排列。法尔科纳勋爵带着他的随从前来。会面的气氛亲切友好。我告诉他，不允许我们查阅普华永道的报告这件事让我心生担忧，而且游客人数的估计过于乐观，所以，如果我看不到资产的登记状况，就会对即将买入的东西失去信心。我指出，你在买房时，如果不知道房子里的配件是否一起出售，就不会轻易作出决定。言毕，我表示将在第二天早上宣布退出的决定。

法尔科纳勋爵显然很失望，并承认政府将因此而陷入极大的尴尬之中。我们都同意在第二天正式宣布之前不会对媒体透露任何消息。我走出那间阴暗的办公室，在安检处排队取回了手机。

交易撮合者
私募股权的经验与教训

当我在林荫大道（The Mall）^①打上一辆出租车时，我们的公关部同事安德鲁·道勒（Andrew Dowler）给我打来了电话。他说消息已经被泄露了。政府正在召开情况通报会，站在了我的对立面。我指示他尽快从我们的立场发布这一消息。我感觉我们是在与政府赛跑，以避免名誉受损——尽管最终对这个事件的报道并没有像法尔科纳勋爵和我所担心的那样戏剧化，也没有那么消极。

千禧巨蛋随后被关闭。数年之后，它成了O2体育馆^②。虽然商店和餐馆的数量少了一些，但最终的买家对千禧巨蛋所做的改造几乎完全与我们的规划如出一辙。而且，作为甜头，他们获得了修建巨大的停车场的资质，并拿到了格林威治半岛的大片土地，可以重新开发。我认为，重新开发半岛让他们赚到的钱远远超过他们在千禧巨蛋上花的钱。

撤出竞标也许是正确的决定，但对野村证券而言，这让他们丢尽了脸。他们把千禧巨蛋视为在英国发展壮大的契机，还制订了一个大型公关计划。野村证券的社长原本计划亲自飞来伦敦参加盛大的开幕式。看到他们的失望，我也非常痛苦。

东京总部有一些同事支持我的决定，他们试图帮助我重建与高层之间的关系，我还应邀去东京与高管们一起参加一个轻松的

---

① 林荫大道，英国伦敦的一条马路，西起白金汉宫，东至水师提督门和特拉法加广场，与内阁办公厅之间相隔圣詹姆斯公园。——译者注

② 该体育馆由O2赞助并冠名，O2是英国的一家电信公司，归属西班牙电信公司，是英国第二大移动电信运营商。——译者注

第六章
用数学赚钱

晚间男士聚会。对于一个外国人而言，这是巨大的荣誉，也是非常难得的经历。我们美餐了一顿。一切似乎都很顺利。但是，我们在晚上 11 点 30 分离开餐厅时，他们邀请我一起去新宿的几家俱乐部。我知道，虽然位于六本木（Roppongi）的俱乐部——大多数西方人会光顾的俱乐部，与世界各地的绅士俱乐部[①]相类似，但新宿的女招待俱乐部并不适合游客。我有自己的原则，据我对这些场所的听闻，我永远也不会涉足。我告诉我的同事，我必须返回酒店。一个非常信任我的同事把我拉到一边，警告说如果我这时离开，就显得不好看了，但我仍然坚持原则。这再一次让我在东京总部的老板们面前丢了面子。这一次，应该没有和解的空间了。

在 2000 年的最后几个月里，野村证券决定在美国上市。其理由非常充分：此举将增强野村证券的实力，从而与欧洲和美国的投行展开竞争。但本金投资部的存在给其上市过程带来了一定税务上的影响。根据日本的会计准则，我们实际上可以与总部保持一定距离，投资和债务不与野村的资产负债表并表。但在美国的会计准则之下，这种操作即为违规。一旦并表，从账目上来看，野村证券仿佛将从全球最大的投行之一变成一家超大型酒吧

---

① 绅士俱乐部（gentlemen's club），原为英格兰上流社会男会员而设，注重社交、美食和博弈。但如今大多已放宽了对会员性别和社会地位的限制。在日本和美国，它常用作脱衣舞夜总会的委婉代名词。——译者注

集团的实益拥有人，多出来大约 100,000 名从事各种业务的员工，而我才是他们的顶头上司。而且，由于野村证券还必须每季度按市值对每项资产和业务进行估值，并报告业务的收益，因此它们的收益将变得非常不稳定，几乎无法预测。最重要的是，大家很快就会发现，实际上野村证券所有的利润都是本金投资部赚到的。

野村证券原本曾表示要将我们保留到 2020 年 9 月，但瞬间改变态度，希望尽快将我们踢出局。

我也许将不得不离开，但我还不相信我会希望成立自己的私募股权基金。在随后的两年里，世界变了。市场下跌，互联网泡沫破灭。原本希望和我共同开创一番事业的里克·马格努森（Rick Magnuson）也已经离职并自立门户。于是，我寻求了专业的法律咨询，希望搞清楚野村证券如果与我解约，将支付多高的成本。我得到的数字是 4 亿英镑——甚至可能高达 10 亿英镑，但真实情况远非如此。我与野村证券的合同是一纸商业协议，而非一份雇佣合同，它只有四页纸，而且并没有规定我离职的后果。我可以选择。如果野村证券希望终止协议，那么我们双方可以尝试找到彼此都能接受的妥协点，或者我可以起诉野村证券，主张赔偿利润损失。

我们双方都不想诉诸法庭，但当总部不再让柴田拓美先生（1994 年招募我加入野村证券的人）参与这个谈判时，我清楚地意识到我的谈判对象将是一家公司，而不是一个朋友。这可能会

第六章
用数学赚钱

成为一场混乱的离婚，而不是一次友好的分居。野村证券的律师蒂姆·普赖斯（Tim Pryce）是一位水平高超并且头脑冷静的专业人士。我发现自己进入了一种无休止地权衡状态，试图想弄清楚一旦我们达成了协议，我是应该过上退隐生活，在夕阳中与家人共享天伦之乐呢，还是去创业？

最终，在杰出的大律师格拉比纳勋爵（Lord Grabiner）的建议下，我做出了最终决定。他警告我，如果我要对野村证券提起法律诉讼，诉讼将耗时数年，而且结果还充满不确定性。最终的判决将取决于法官对案件的感受以及证人当天的表现。这相当于我在掷骰子的同时还暂停了自己的生活，所以，我发现自己别无选择，只能同意野村证券之前的提议：为帮野村证券减少税务支出，我需以较低的估值将自己的业务分拆出去。我知道，对野村证券而言，这是一次绝佳的交易，但对我而言却并非如此。2004年，我在分拆后提交的第一份纳税申报表显示我的收入几乎为零，而且有可能要到几年之后才能恢复。当时，英国税务局的官员想当然地认为一定是野村证券在海外向我支付了一大笔钱来达成这笔交易，或者是我从这笔交易中的收益要远远多于我的纳税申报单上显示的数字。可悲的是，事实并非如此。我在谈判中真的只给自己争取到了一个很糟糕的结果。

在双方达成协议之前，我已经意识到自己所处的位置多么不利。由于我的财务顾问认为我有权获得这4亿多英镑中的一部分，因此我决定试试能否重启一轮谈判，为自己尽量争取利益。

交易撮合者
私募股权的经验与教训

我订了 2001 年 9 月 11 日的机票。

那天上午，我与一家我们持有股份的对公业务酒店公司开会。会议快结束时，一位秘书冲进来说，接待区的一个电视上刚刚显示了一条突发新闻，有一架小型飞机撞上了纽约的一座摩天大楼。在我坐上专车去机场时，所有飞往纽约的航班均已暂停。我的车子在 M4 高速公路^①上行驶的途中，我听闻纽约世贸中心双子塔中的一座倒塌了。没过几分钟，野村证券的东京总部通知我不要飞过去了。

我回到了位于七橡树小镇的丘吉尔庭院（Churchill Court），那里是朱莉娅和我在 1999 年买下的家，过去两年一直在装修。丘吉尔庭院是在第二次世界大战后政府送给温斯顿·丘吉尔的礼物，后来被丘吉尔赠予英国退伍军人协会（British Legion），随后又被协会卖给了一家保险培训机构，然后被朱莉娅买下。我们就在前一个周五刚刚乔迁新居，行李都还没来得及拆开。朱莉娅正在工作，首次参加采撷典藏酒店的董事会会议，孩子们还在学校，所以，我独自坐在一堆箱子周围，在电视里看着这一事件的进展。形势变得越来越可怕，大家都开始谈论恐怖分子对其他城市发动协同袭击的可能性。他们如果可以摧毁双子塔，就有能力袭击任何地方，甚至为所欲为。显然，到处都充满了不确定性和

---

① M4 高速公路，英国的一条高速公路，联结伦敦与威尔斯南部，途径伦敦希斯洛机场。——译者注

172

第六章
用数学赚钱

恐慌。

我再也没有飞到东京去开那最后一次会议。世界上有更重要的事情发生了。虽然我们没有正式签署那份协议，但它仍然是双方协商一致的结果。在我的职业生涯中，这是我第二次来到这个机场的贵宾休息室。

从积极的方面来看，这是一次很好的机会，让我能打造一个完全独立于野村证券的公司。而消极的一面是，这会给我带来更多的压力和困难。我每周的工作时间即将从 90 小时变成 120 小时，而且在我的孩子们长大之前，我几乎没时间再见到他们。

第七章

制胜团队

自己谨慎一点，要爱你的朋友

地铁小孩，对你的"真实"感到高兴

在没有安全感的世界中

我必须做自己，尊重我年少的心

Lady Gaga[①]

《生来如此》(*Born This Way*)

我于2002年4月1日结束了与野村证券的交易。自"9·11"事件以来，也许世界一直处于动荡之中，但我终于完全掌控了自己的命运，至少在业务上如此，再也不依赖于任何人。从现在开始，业务上的所有成本和责任都将由我自己来负担。

在野村证券，一直有一个我信任的团队和一个我了解的投资方并肩作战，需要的股本也能得到支持。而如今，离开了野村证券，如果出了任何问题，就要完全自己负责。

---

① Lady Gaga，美国歌手、词曲作家及演员，生于1986年，以多样的视觉形象和音乐作品而闻名。——译者注

第七章
制胜团队

我原以为我的团队在拿到野村证券的离职奖金后会留在我身边，但是我错了。许多人担心，如果他们继续跟着我，在基金完全投资之前，或者在投资已经变现并且投资人获得至少8%的年回报率之前，他们将无法拿到更多的奖金。如果要为新基金集资，他们把自己的真金白银投进去的时候，暂时也看不到有什么前景。他们认为自己在过去八年里踏实肯干，当然希望能赚到钱。在随后的两年里，有三分之二的员工陆续离开。在那段日子里，由于我大部分时间都在外游说投资人，所以想阻止他们辞职也几乎是心有余而力不足。

我已经决定将新公司命名为泰丰资本（Terra Firma）。它原义是指"坚实的大地"，应该是在十七世纪首先被威尼斯人使用，代指威尼斯共和国统治下的意大利大陆地区。成立之初，公司充满了压力和不确定性。我们仍管理着野村证券本金投资部的资产，同时也为我们自己的交易寻找资金——事实证明这绝非易事。

如果说，有些员工对我们设定的目标持怀疑态度，那么投资人就更是如此了。我曾一度天真地认为，我在过去八年中通过投资酒吧、火车和其他资产已经收获了足够的声誉，能帮助我渡过难关，但现在情况完全不同了，投资人需要重新了解大量的信息，才能放心出资。泰丰资本的公司结构是怎样的？是谁在管理？它雇用的员工是谁？它的薪酬结构是怎样的？我们要投资的是什么？其他的投资者都是谁？还有很多很多问题。其实这是我预料到的，毕竟他们不是在投资葛涵思这个人，他们将投资泰丰资本。

大多数私募股权公司都是由几个合伙人共同出资成立的，他们可以分担成本、分担风险，共同应对筹集资金阶段的挑战，但是，泰丰资本只有我一个人。我感到现在的自己比童年时更孤独。我没有雄厚的财力，所以除非我们能很快筹集到资金，否则我就不得不背上沉重的债务，因为我需要为留下来的员工、律师和会计师支付薪水，然后结束这一切。在未来的路上，我需要有人陪我共同前进。他们要既懂业务，又懂如何与投资人打交道，还性格爽朗、充满活力——这意味着他们愿意在连续三天都飞晚班机的情况下，还要和我在晚上 11 点 30 分一起喝清酒、吃中国菜，还要在用餐的同时跟我商量如何安排时间和后勤，确保我们能够在第二天最多前往三个不同的城市参加至少六场会议。

我很幸运，因为迈克·津斯基（Mike Kinski）和比尔·迈尔斯（Bill Miles）都具备这些品质。津斯基在 2000 年加入了我在野村证券的团队。作为公共汽车和火车公司 Stagecoach 以及 Scottish Power 的前首席执行官，他深知如何拯救陷入困境的公司。他被任命为泰丰资本的运营董事总经理之一。我还发现他是一位理想的销售人员。津斯基的魅力出众，可以把复杂的问题解释得清清楚楚，并且知道如何用他爱运动的风格和一系列尴尬的笑话来缓解气氛。常年以来，他都是我旅途中可靠的伙伴。

我邀请迈尔斯入伙，希望提升我们的募资效果。二十年前，

第七章
制胜团队

我在高盛集团的培训项目中与他结识。迈尔斯对私募股权一无所知，但他确实有着推销梦想的天赋。迈尔斯认为，我们需要专注于最大的市场——北美，他还就如何与那里的潜在投资者打交道给我提供了宝贵的建议。他表示，在美国的公司各种各样的都有，所以在晚宴上讲英国小学生开的玩笑根本不合适。还需要注意英语和美语的差异。例如，scheme 这个词，对英国人来说指"计划"，但在美国人看来，它意味着一个狡诈的交易。

他还提到了一些基本心理学，也是那边的人情世故。不要把重点放在数字上，他说："如果我把我的社保号码告诉你，你到第二天早上就不记得了。"一定要讲故事："如果我跟你讲我在大学里最疯狂的一晚都发生了什么，你会永远都能记得住，"他解释道，"人们想了解的是这个人，而不是这笔交易。""在与客户首次开会的时候，"他继续说，"别想着销售。如果你想在十年之后才偿付一笔钱，而且出资方在这期间还不知道资金的使用状况，那么花上六个月的时间来募资也是理所应当的。要让公共汽车慢慢开。你不会在第一次约会时就娶到妻子。你要让他们产生与你一起喝啤酒的意愿，让他们信任你，然后我们就会有大把的时间给他们演示项目收益。"

此外，他还给出了另一个重要的观点。他表示，英国的商业信函风格往往是用四页纸来阐述一笔交易，但美国人认为这太啰唆了。尽量用最精简的语言向对方解释你想做的事情，同时尽量少加入夸张的信息。对于我这个不喜欢英国教育系统的阅读障碍者而言，这简直就是天籁之音。

我们的宣传材料从信息量巨大的演示文稿，变成了几条重点提要，印在橡胶鼠标垫的正反两面，可以到处分发。这个做法可能看起来没什么技术含量，显得很业余，但的确能让这些鼠标垫在我们离开很久之后依然留在人们的办公桌上。在演讲展示的过程中，我们会试图收集三个信息：他们喜欢我们吗？他们信任我们吗？他们相信我们会为他们赚钱吗？津斯基负责宣传，我负责落实交易，迈尔斯负责组织大批分析师来回答投资者在后续尽职调查时提出的任何问题。

截至第一年年底，我们筹集了 1.4 亿英镑——这在私募股权行业只是个微不足道的量级。我们的生活就像上了发条一样，永远不能停下来。我们会连着好几天都飞来飞去，在飞机上睡觉，在机场洗澡，然后去开会，然后再搭另一班飞机顺便吃顿飞机餐，到一个地方熨一次衣服。我的体重增加了，健康状况也越来越堪忧，还经常睡眠不足。我的衬衫增加了两个尺码，腰围增加了六英寸①。还不到一年，我就被诊断出患有二型糖尿病，所以不得不改变生活方式，并开始服药，但这一切只能治疗症状，无法治愈这一疾病。那是一段可怕的日子。我渴望回家，想见朱莉娅和孩子们。可是但凡我回到家中，就只顾着睡觉了。

---

① 六英寸约为 15 厘米。1 英寸 =2.54 厘米，1 厘米 =0.3937 英寸。——译者注

第七章
制胜团队

最终，是一次在多伦多的会议成了至关重要的转折点。那时，我差不多已经花光了手头的钱，时间所剩无几，精力也几乎耗尽，但还是设法与加拿大养老金基金（Canada Pension Plan，CPP）安排了一次会面。这家大型公共投资机构可在全球范围内投资私募股权。基金的私募股权负责人马克·韦斯多夫（Mark Weisdorf）把我们的会面安排在周五下午 4 点到 4:30 之间，他打算结束之后就去和妻子早点吃晚餐。我们被暴风雨天气延误了，心里的压力很大——津斯基是因为暴风雨，我是因为担心迟到。

我们从多伦多机场飞奔到加拿大养老金基金的办公室时，已将近下午 6 点。这时，韦斯多夫刚穿上外套正要离开。他同意给我们十分钟的时间。我们立刻开始介绍。起初，他听得很专心，但是很快就打断我们，开始提问。他很想知道我创业的动机是什么，并希望了解我将如何应对从只有一个老板到同时有很多老板又根本没有老板的转变。

他说，"我不怀疑你是一位优秀的投资者，也不怀疑泰丰资本的投资战略和执行的团队，但是，你确定自己是经营私募股权机构基金的合适人选吗？你虽然曾经在业内的一家大型机构做出了傲人的业绩，但你真的是一位企业家吗？"

这正是我一遍又一遍问自己的那个问题。我认为我已经有了"正确"的答案，但今天，我甚至都不确定正确的答案是什么。当时，我表示我喜欢投资，希望建立一家私募股权公司，再成立一家另类资产管理公司。但这是否足以让我具备适合管理机构资金的性格，或者，事实上，我是否是一名企业家？今天，我明白了自己在本质上就是一个企业家，但我仍然不确定还缺少什么素质才能成为一名机构投资者，但我确定自己不是一名机构投资者。

最后，韦斯多夫提出了他的撒手锏问题，一个我在野村证券任职期间从未担心过的问题："你愿意承担和我一样大的风险吗？"他问，"我愿意和你赌一把。你愿意赌上你的一切吗？"

我们的会面进行了两个小时，最终达成了协议。如果泰丰资本承诺跟投一半的金额，加拿大养老金基金将投入 1.5 亿欧元。为了把这个新的基石投资者拉入伙，我个人同意投入 6,500 万欧元，这是我在野村证券期间挣得的大部分自由现金，远远超过我最初打算投资的数额。我们团队的其他成员将跟投 1,000 万欧元。我们还不得不将服务费率削减至 1.5%，而当时大多数私募股权公司的费率为每年 2%。不管怎样，会议结束时，津斯基和我都是心花怒放的。

加拿大养老金基金为我们打开了一扇大门。很快，我们又从北卡罗来纳州募集了 1 亿欧元。接下来，我们飞到了阿拉伯联合酋长国的首都阿布扎比，向主权财富基金阿布扎比投资局（Abu Dhabi Investment Authority，ADIA）做了多次演讲介绍。我们的会议在阿拉伯区的一栋旧楼里进行。对方表示，我们正在与两家蓝筹私募股权公司竞争，都希望能获得投资。会议结束时，天气依然酷热难耐。离开后，津斯基和我在回忆我们先前的表现。我

第七章
制胜团队

们觉得可能会以失败告终。回到酒店半小时后，我接到了阿布扎比投资局的电话。他们同意注资 1 亿欧元。

在向一位潜在的日本投资人募资时，我们则需要应对食物带来的挑战。他坚持邀请我们一起去一家供应河豚（剧毒，可致命）的餐厅共进晚餐。

我们还在大阪附近拜访了一座佛教寺院，那次的经历却截然不同。在日本，虽然独立的寺院所收到的捐赠远比不上英国教会、梵蒂冈或美国的福音派大型教会，但有些寺院还是拥有数量可观的储备金，可以用来为其所在区域内的贫困信众提供支持。鉴于大阪的城市规模之大，必须要有精明的投资策略，寺院才能确保持续提供支持。

我们到达之后，被带到了一个布置精美的现代风格房间里，映入眼帘的是浅色木制镶板和对面墙上的一个巨大的电子风琴。工作人员告诉我们需要做片刻的安静沉思，但有点不协调的是，扬声器里正在播放巴赫的乐曲。我认识的日本人都是非常有才华的古典音乐家，直到我经常来出差，才意识到西方古典音乐已经在他们的文化中根深蒂固。

为了表示尊重，在进入寺院之前，我们必须脱掉鞋子，放在一个专用的小房间里。我低头发现袜子破了一个大洞的时候，惊恐极了。为了避免向主人展示我的脚指头，我拼命地把右脚垫在后面，笨拙地拖着步子向前走。我们向寺院住持做了演讲介绍，似乎给他留下了深刻的印象。事实上，他随后向泰丰资本二期基金（Terra Firma Fund II）出资 2,500 万欧元（从野村证券承接的管理资金被我们命名为泰丰资本一期基金 Terra Firma Fund I）。后来，在我的一位日本同事回访时，他对我们赞不绝口："我们很高兴能投资你们，尤其是被葛先生身残志坚的精神打动。"我觉得我别无选择，只能在随后的会议上一直跛着脚走路。

我们除了亲自参加会议之外，还使用配售代理服务，它的作用有点像是媒人，在筹集资金的私募股权公司与潜在投资者之间架起桥梁，由后者为私募股权收购基金提供资金。我们合作的配售代理是美林证券和花旗集团。事实证明，这两家公司为我们提供的联络信息都可谓是无价之宝。它们还帮助我们调整了对机构投资者和高净值人士的宣传。对于我们募集到的每一分资金，他们都会收取 1.5% 的服务费用。

最终，我意识到，正是我们简洁的宣传方式赢得了潜在投资人的青睐。人们是否喜欢我们、信任我们并相信我们可以实现利润是关键因素，是否能在宣传中看到我们的热情是决定性因素。如果看不到热情，就没人愿意把钱投给我们。

截止到 2004 年 2 月泰丰资本二期基金封闭时，我们已经走访了 70 个国家，拜访了 400 位潜在的投资人，其中对大多数人都是多次拜访。大约 87 位愿意支持我们，总计向泰丰资本二期基金注资 19 亿欧元，创下了独立基金首发的募资新纪录。现在，到了我们向外投资的时候。

第七章
制胜团队

首当其冲，就是继续招兵买马，我们开展了大规模的招聘行动。离开野村证券时，大约有 20 人跟随我创业，但我的目标是建立一个 100 人左右的团队。具有讽刺意味的是，一位成功招募来的新同事是蒂姆·普赖斯，他曾在分拆业务时代表野村证券跟我们进行谈判。我在前往盖特威克机场（Gatwick Airport）的途中对他进行面试时告诉他，他当时给我们的谈判带来了很多障碍，但我喜欢他的谈判风格。他成了泰丰资本的总法律顾问。

我招募的其他团队成员具有不同的国籍、背景和职业经历。我曾留意到，在我在高盛集团时期，手下工作最卖力的人既不是英国人，也不是受过私立教育的人。我希望能有一只真正多元化的团队，从而确保我们能得到真正多元化的看法和意见。我不希望我们成为另一个具有伦敦金融城典型风格的机构。

多样性必然是我们要做到的。没错，我们也会招募个别几位曾就读于贵族公学的男生，但这在团队里只是例外，而非规则。例如，我们团队里有一位老伊顿公学校友，为了取悦我们，他常常会讲自己在学生时代的故事——特别是在他十七岁生日那天，他和朋友们如何喝得酩酊大醉，爬上伊顿公学宿舍的屋顶，并向下面的院子里扔酒瓶子。当他们下来后，就被带到了校长办公室，在那里接受了他所谓的"应得的鞭笞"，最后，校长还祝他生日快乐。

然而，在泰丰资本，这位伊顿公学校友发现自己周围充满了各种各样的人,从第一语言通常是孟加拉语的综合中学①学生,到我们的一位董事总经理玛雅米可·卡钦韦(Mayamiko Kachingwe)——他的童年正逢津巴布韦刚刚独立,小时候上学时必须往返骑行共十千米,而且他是曾经只接纳白人的公立学校里招收的第一批黑人学生之一。这位伊顿公学校友和卡钦韦可有两个共同点:他们都因违反校规而受到鞭笞,以及他们随后接受的教育。卡钦韦在牛津大学获得了本科学位,并随后成为罗德奖学金(Rhodes Scholarship)②得主,并凭借刻苦努力拿到了经济学博士学位。

如此多样化的人才库造就了一个极具创造力和活力的环境,同时,这也是一个充满竞争的环境。每个人都觉得自己是泰丰资本的一部分,每个人也都希望出类拔萃。一位资深团队成员朱莉·威廉姆森(Julie Williamson)告诉我,她的丈夫告诉她,她已经连续六十三天(包括周六和周日)没有在家里吃过一顿饭,一日三餐都是在办公室里吃的。我们将长时间的工作拉到了全新的水平。

资金募集到位后,我们开始收购公司,并对其进行改造——

---

① 综合中学(comprehensive school),英国公立中学的一种,接收不同资质的适龄学生,一般在入学时不对成绩和能力进行考核。——译者注
② 罗德奖学金,设立于 1902 年,全球最负盛名的研究生奖学金项目,每年从世界各国选拔已完成本科教育的青年精英前往牛津大学进修。——译者注

第七章
制胜团队

采用简单的经营策略，就是我们对所有持怀疑态度的投资人当时描述的那些方式。我们的付出初现成果。在最初的几年里，我们对公司所做的改进工作与其最终的估值之间存在着很强的相关性，而我们辛勤工作的程度与我们和投资人获得的利润之间也存在着类似的强相关性。

我们的第一个成功案例来自对德国高速公路服务集团 Tank & Rast（意为"加满油，休息一下"）的收购。该公司几乎垄断了德国高速公路系统，每年为大约 5 亿人次提供服务。它的运作方式与房地产企业类似，德国政府提供 30 年或 40 年的特许权，租金来自 276 名租户，并通过销售燃料从石油公司收取佣金。有时，某段高速公路两侧的加油站、餐厅和商店很可能由完全不同的人经营。

这一切在财务上都看似非常健康，直到你将这家公司与国际同行进行比较，才发现事实并非如此。Tank & Rast 的潜在客户中只有 6% 实际光顾了高速公路上的门店，而在英国、法国或意大利，这一比例高达两倍之多。只有 50% 的人选择在中途停车是为了花钱，而在英国，这一比例为 75%。这家公司之所以能赢利，是因为他们加油的定价很高，但他们的加油站并不是一个高人气品牌。我们发现，司机们宁愿驶离高速公路，前往所谓的 autohof（靠近高速公路交叉口的服务站），也不愿去 Tank & Rast 加油站。这虽然麻烦了一点，但能省不少钱，也是值得的。

收购该公司后，我们将 400 个商户的运营整合到 Tank &

Rast 公司 150 个业绩最好的租户之下，重新与他们谈定协议，并采取了有助于提高绩效的新举措，但是，我们所做的最重要的改变，是在厕所。泰丰资本的威廉姆森指出，我们一直试图希望从加油和餐饮入手，寻找吸引更多客户的方法，但却忽略了人们在高速公路服务站停车的主要原因。她还指出 Tank & Rast 的厕所糟糕透了。它们通常由预制混凝土单元建造而成，立在停车场中间，既难看又难闻。在思考厕所问题的解决方案时，我们看到了压在公司档案中的一项提案：以 1 亿欧元的预算升级厕所设施。之前，公司的租户对此反应冷淡，他们质疑这一经济模式，这一提案也遭到前股东的拒绝。但对我们而言，从这个起点出发非常具有启发意义。首先，我们将计划搭建的厕所全部按标准化操作：自动冲洗、自动清洁，连马桶的尺寸和颜色都完全一样。这将项目成本削减至 6,000 万欧元。然后，我们与德国各州协商，设立了一个代金券系统，如果你在行驶途中花了半欧元上厕所，你就可以在沿途的餐厅里消费时抵扣半欧元。以这种方式产生的收入可以抵消升级厕所设施的成本；同时，只要顾客也在餐厅消费，就相当于他们是在免费使用厕所。

在我们收购这家公司之初，旅客对厕所的满意度只有 35% 左右。到我们完成这个升级项目时，旅客满意度已达到 97%。Tank & Rast 的厕所升级项目大获成功之后，我们一鼓作气成立了 Sanifair 公司，隶属于 Tank & Rast 公司旗下，负责对干净整洁的厕所、火车站和购物中心的代金券系统进行授权。

第七章
制胜团队

解决了厕所的问题之后，我们又将采购流程改为集中化采购，并统一了标牌。我们还引进了汉堡王（Burger King）等品牌连锁餐厅。这个举动颇受争议。一些租户认为我们应该继续推广已经在高速公路休息站中售卖的传统德国食物：香肠、猪肘和啤酒。但是，在我们思考究竟是要适应文化还是打破文化时，突然意识到，德国的司机在高速公路上行驶了400英里之后，也许并不想吃或需要吃猪肘和啤酒，所以，我们决定冒险一试，引入快餐店。事实证明，我们是正确的。

然而，我们也有错的时候。Tank & Rast 公司旗下有一家连锁酒店，设施老旧，价格低廉。不过，值得注意的是，酒店的入住率非常高，"翻床率"常常在一天内就不止一次。我们调研了酒店所在的位置，并进行了各种测算，最终决定应该把它们升级成为会议酒店，还力邀一位曾经在法国做过类似项目并大获成功的专业人士加入，在完成了多家酒店的翻新装修之后，就期待着酒店预订量的攀升。

结果等来的却是预订量大幅下降。我们很困惑。最后为我们揭开谜底的是一位当地人。他解释说，这个连锁酒店的最大客户群是私会的男女或为卡车司机提供服务的妓女。他们既不想要也不需要华丽光鲜的酒店中庭。事实上，他们的需求恰恰相反。在酒店装修一新之后，顾客担心他们可能会遇到正在开会的老板或同事。我们应该也能理解，房价涨了，而且不再按一次四个小时的方式接受预订，导致卡车司机觉得他们的驾驶室也还算宽敞，足够一次"速战速决"。这是一个未能理解顾客需求的典型案例。

经过好几年不断调整，这些连锁酒店最终还是经营得不错。而那时，我们这些英国人和法国人已经退出，重新把酒店交还给德国当地人经营。这次冒险总体上还是成功的。2007 年，酒店的收入增长至 1.8 亿欧元；2014 年增长至 2.36 亿欧元。在大约 3 年的时间里，我们就赚到了高出 5 倍于原始投资的利润，分配给了泰丰资本二期基金和其他投资人。最后，我们在 2015 年将这一资产出售给由安联资本（Allianz Capital Partners）和其他几家基础设施基金组成的财团时，总回报是原始投资的 7.5 倍。

我们在泰丰资本成立之初所做的另一笔交易在某种程度上带我重回了 Angel Trains 时代——但这次的对象是飞机。2006 年 3 月，我们以 25 亿美元的价格从摩根士丹利手中收购了飞机租赁公司 Ansett Worldwide Aviation Services（AWAS）。卡钦韦和他的同事里亚·庞查（Riaz Punja）曾指出，到 2030 年，现役商用飞机的数量预计将翻一番，达到 30,000 架，因此，向航空公司租赁飞机的公司将迎来绝佳的发展机会。他们解释说，2006 年，有大约三分之一的飞机将被租给商业航空公司，而且这一比例还在上升。

AWAS 由鲁珀特·默多克（Rupert Murdoch）的新闻集团（News Corporation）和一家比利时的租赁公司于 1985 年共同成立，第一笔业务是与波音公司（Boeing）的 12 架 737–300 飞机订单。它逐渐发展为行业的头部公司之一，最终引起了摩根士丹

第七章
制胜团队

利的注意，并于 2000 年完成了收购。随后，发生了"9·11"事件。航空市场暴跌，虽然 AWAS 的估值最终有所回升，但摩根士丹利已没有多少兴趣了。

到我们收购这家公司时，它拥有的飞机平均机龄为 12 年。这些飞机对主流航空公司没有吸引力，因此只能出租给信用评级较低的航空公司，并承担这些评级带来的所有风险。我们的目标是让老旧飞机尽可能多地产生现金，同时购买新飞机，以降低机队的平均年限。但由于购买新飞机需要等待 3 ~ 6 年的时间，我们采用了第二方案，即买下另一家机队更年轻的租赁公司——飞马航空金融公司（Pegasus Aviation Finance Company），从而将两支机队进行整合。这样，全部飞机的平均机龄立刻降至 7.5 年，让我们得以重新跟大型航空公司洽谈业务。与此同时，我们从一个小玩家变成了行业第三，与波音公司签订了 35 架新飞机的远期订单。此时，我们机队的独立评估资产价值已经超过 80 亿美元。为了实现长期增长，我们以大幅折扣价订购了价值 45 亿美元的 75 架空客 320 和 38 架波音 737 飞机。

大多数飞机的使用寿命都是 25 年，这意味着可以按照每架飞机三次租赁变更来制定预算。我们的收入来自向航空公司收取的租金与为购买飞机支付的融资成本之间的差价。如果将一架全新的飞机租给新加坡航空公司（Singapore Airlines）等主流航空公司，按飞机的价值来算，总回报率可高达 9%。如果这架飞机在使用了八九年之后被租给风险较高的中端市场航空公司（这是通常的模式），那么租金则相应上涨，回报率可能高达 13%。在飞机使用到第 17 年时，回报率可能高达 20%。

当然，即使在经济向好的时期，也有航空公司可能会破产。这些航空公司往往是初创企业。因此，我们的原则是将机龄最老的飞机租给它们，同时在我们的财务计算中也把这些风险考虑在内。即便如此，风险依然存在，因为当一家航空公司开始遇到麻烦时，它通常会为了拿到零部件而拆解飞机。AWAS 向印度企业家维贾伊·马尔雅（Vijay Mallya）的低成本航空公司翠鸟航空公司（Kingfisher Airlines）租赁了 5 架空客 A320-200 飞机。由于这家航空公司一直处于亏损状态，因此我们派人去其位于班加罗尔的主要枢纽站场进行监视，确保飞机没有被拆解。翠鸟航空最终于 2013 年停牌，印度的航空主管机构随即取消了其国内航班的分配时刻和国际飞行权。我们共花费了 3,500 万美元收回这些飞机并将其重新租赁，但翠鸟航空公司继续向我们支付了全部的市场租金和维护费用。我们从这笔交易中赚取了足够的利润来支付收回成本。

翠鸟航空公司并不是我们唯一的挑战。我们买的一些飞机还卷入了斐济的政变。还有一些飞机在伊朗被扣押，甚至在开斋节期间被拆掉座位，用来运送羊羔。长久以来，我都敏锐地意识到，如果我们希望手上的公司日后被别人看中，那就必须做到多样化的投资组合。否则，我们所做的只是投资于一个逐渐枯萎的摇钱树，因为它的租赁模式总存在着风险。其缺点在于现有飞机

第七章
制胜团队

在报废前会消耗不少现金。但是，如果我们能将公司发展壮大，丰富其信贷组合，延长飞机的预期剩余寿命，并以更低的价格进行再融资，那么好处也将是显而易见的。

因此，我们决定接下夏威夷航空公司（Hawaiian Airlines）并承担相应的风险。当时，夏威夷群岛有两家航空公司，阿罗哈航空公司（Aloha Airlines）是其中一家。很明显，考虑到多家国际航空公司都在开设夏威夷航线，从长期来看，只为一家独立的本地航空公司留下了生存空间。在多元化的道路上，我总是力求将单个公司的投资额控制在投资组合总额的5%以下，事实上，理想的情况应是2%，而夏威夷航空公司超过了10%，并面临可能破产。如果只用冰冷的逻辑来看，我们应该放弃才对，但是，在几次会议和几次晚餐之后，我发现公司的管理团队相当优秀，决定让他们继续留任。事实证明这是正确的决定。最终，阿罗哈航空公司倒闭了，而夏威夷航空公司实际上成为夏威夷唯一一家大型岛际航空公司，开始赚到合理的利润。

巴西的高尔航空公司（GOL Aerolineas）则是一个更大的挑战。我们向这家航空公司提供了15～20架飞机，但随着这家航空公司账面上已经分文不剩，这些飞机都开始被拆解，零件被抢。我决定派出我的三剑客：卡钦韦（负责AWAS的两名高管人员之一）；我们的德国裔运营总经理格奥尔格·库伦坎普夫（Georg Kulenkampff）和洛伦佐·利瓦伊（Lorenzo Levi），一位非常聪明的意大利分析师，在任何事情上，如果别人有不同意见，他基本都会直接展开辩论，直到对方干脆放弃自己的观点为止（我经常发现自己一摔门，把他挡在屋外，而他在被摔门的时候还会继续在门外争论）。这个小团队的任务非常简单。去巴西，找到飞机，找回被盗的部件并全部更换，说服法官把飞机交还给我们，然后找几个飞行员把它们飞出去，并且，要在保证自己生命安全的情况下完成这个任务。

专业的法律知识、几位飞行员，再加上三剑客的决心和勇气，最终所有我们的飞机都在可飞行状态下成功返航，当然，也丢失了一些东西（我们一直都没想明白，有人偷走了其中一架飞机的行李箱，这究竟是想用来做什么）。我们亏了钱，但至少我们还有飞机（并不是所有的租赁公司都这么幸运）。

虽然这个事件已经足够棘手了，但依然还没有让我意识到飞机租赁业务有多么可怕，直到我接到了一个航空业内朋友的电话。他告诉我，听小道消息说 AWAS 把某个俄罗斯人惹怒了，他威胁要杀死我、我的家人或某个泰丰资本里跟我很亲近的人。我立即求助于一家全球领先的私人情报和安全服务机构——德安华公司（Kroll），它过去曾帮助过我们几次。他们的建议令人不寒而栗：这个俄罗斯人的问题必须要解决。德安华公司的人告诉我，这位俄罗斯人倾向于把他的威胁变成现实，并且没有万无一失的方法来保护我们的安全。我们不得不展开谈判，寻找解决方法。

问题出在他希望能有一架波音 787 梦想客机供自己个人使

第七章

制胜团队

用，而我们南美的一位销售人员在我们不知情的情况下，当然也是在没有我们授权的情况下，已经接受了 2,000 万美元的预付款，并承诺给他提供一架梦想客机，其实我们手上一架都没有。这位俄罗斯富豪既不准备接受 2,000 万美元的退款，也不准备接受再加 2,000 万美元的赔偿。如果说我们的提议有什么效果的话，那就是似乎让他更加生气了。

最后，我请从库伦坎普夫手中接手负责 AWAS 的运营总经理斯蒂芬·亚历山大（Stephen Alexander）做了我们唯一能做的事——联系波音公司，并向他们解释这个棘手的情况。我确信波音公司以前一定遇到过类似的事情。确实如此。最终，一架租给东南亚一家第三方航空公司的飞机来到了这位俄罗斯人的面前。他把飞机内部大拆特拆，然后按照他的个人喜好进行了改装。他显然对这次购物非常满意，派人通知我他想邀请我去参观参观，还可以一起乘坐飞机，但我一点儿兴趣都没有。

不管怎样，AWAS 是一个挑战，但我们亲力亲为、脚踏实地的方法为基金带来了回报。我们对公司的运营做了巨大的改革，大幅削减了费用，并提升了公司的治理状况，改善了公司的最佳实践。在完成收购的最初几个月里，有大量的管理人员和员工离职，而在我们持有期间，也更换了更多的人员。到我们卖出这家公司时，它已经从一个风险重重、凭直觉经营的创业公司变成了一家专业的企业金融服务公司，运营稳定，可开展风险评估业务，还有一些飞机可以作为抵押品。2015 年，我们以 40 亿美元的价格向麦格理银行①（Macquarie Group）出售了这家公司，机队共包含84架飞机。2017年4月，我们以超过75亿美元的价格将剩余资产和业务出售给迪拜航空航天公司（Dubai Aerospace Enterprise），为投资者带来了1.6倍的现金回报。虽然这一结果与我们的期待相差甚远，但考虑到2008年严重的信贷危机所造成的困难，与其他飞机租赁公司的经营状况相比，这已经是一个非凡的成就。我们多元化的客户群共包括87家航空公司，遍及超过45个国家和地区。在收购之初，这家租赁公司机队中15%的飞机都只能租赁给夏威夷航空公司等小型航空公司，而如今已经发展成为一家最大客户是俄罗斯的载旗航空公司——俄罗斯航空（Aeroflot）的行业头部公司。AWAS的税前营业利润起初仅3,500万美元，在高峰期曾增至2.73亿美元。

我们的成功案例远不止AWAS和Tank & Rast这两笔交易。在12年的辉煌岁月里，泰丰资本——及其前身本金投资部——先后收购和出售了14家公司，为我们的投资人带来了高达41%的复合年化回报率，在全球业界创造了惊人的奇迹。对于泰丰资本二期基金的投资人，我们已经赚取了4亿欧元的净利润，并在2年内归还了他们所有的本金（业内通常需要5~7年才能偿付所有投资者的本金）。我们还让很多泰丰资本的员工也赚得盆

---

① 麦格理银行，澳大利亚最大的银行集团之一，总部位于悉尼。——译者注

第七章
制胜团队

满钵满。我的一位高级副总裁曾在 2006 年的圣诞晚会上对我说："老葛，咱们 20 个人在 30 个月内赚了将近 10 亿欧元。我不知道那些之前离咱们远去的人们现在都作何感想。"

然而，泰丰资本也遇到了严峻的挑战。虽然我们在财务上取得了远远超出任何人预期的巨大成功，但投资人仍有顾虑。除了葛涵思，泰丰资本还有什么？他的继任人选是谁？真的有继任计划吗？他们的制衡关系体现在哪里？为什么葛涵思从来没有时间跟我们会面？为什么他的员工这么累？为什么具体交易项目的团队不断在变？

我意识到，虽然泰丰资本可以在短短四年内从无到有，已经成为欧洲最热门的私募股权公司，但公司更完善的制度化建设已势在必行。如果我们要发展壮大，如果我们按照投资银行建议的那样做上市准备（首次公开募股，IPO），我需要雇用一批拥有真正职业技能和职场经验的员工来补充组织结构上的缺失——这些人也许本来是我永远不会认识的，也是可能永远无法完全欣赏我们原始文化的一群人。

与此同时，各个投行——尤其是花旗集团，和我最亲密的业务伙伴克莱恩（他当时正在为成为花旗集团的首席执行官而奋斗）都纷纷指出，如果我再成立一只新基金并让泰丰资本上市，那么泰丰资本的价值不知道会有多少。这个想法在我脑海中回荡许久，于是，我开始了另一场募资之旅。比起之前那次异常艰难、令人筋疲力尽的募资，这次似乎很容易。我把初始募资的上限设为 50 亿欧元，但我们在 6 个月内就募集到 54 亿欧元，比预期高出了 4 亿欧元；而且还有很多认可我们之前业绩和战略的投资人，计划出资的总额高达 30 亿欧元，但都被我婉拒了。如果我们把所有这些资金全都吸纳进来，这只新基金就将成为有史以来第二大的私募股权基金。事实上，它已经是最大的二次基金了。泰丰资本三期基金由全球 160 位蓝筹投资人共同出资，共 220 位投资者。

如此成功的募资让人得意异常，甚至有点令人生畏，但也存在着反对的声音。当时，虽然大多数投资者都希望我继续募集更多资金，但对泰丰资本二期基金起到决定性作用的加拿大养老金基金却希望我没有募集这么多的钱。曾在 5 年前问过我最适合的工作是否是管理一家大型组织的韦斯多夫已经离职，他的继任者担心我们公司没有恰当的领导结构。通常都能做出正确决定的高盛集团也同样拒绝投资。一位前同事对我说："老葛，我拿你当朋友才告诉你，万事皆悲剧，你要适可而止。"

我以为公司已经尽在掌控之中了，但员工队伍不断膨胀，而且他们追随我的时间也不长，这些本应该向我敲响了警钟——如果我只是潜在的买家而不是实际的公司所有者，那么肯定能听到敲响的警钟。2006 年，在公司的 128 名员工中，有 100 多人是在前两年才被聘用的。此外，虽然我当时没有意识到，但我们已经失去了最初的魔力。我们不再是一群看事物色彩斑斓的流浪者。我们已经成为一家颇具规模的公司，存在的唯一理由就是让

第七章
制胜团队

越来越多的人挣大钱。

由于我迫切希望找到一位合伙人，结果一共录用了23名董事总经理。他们都直接向我汇报，都想成为那个"唯一"重要的人，都对任何好像站在他们和我之间的人看不顺眼。公司的规模已经从我刚刚好能够自己管理的状态发展到需要传统意义上的组织结构和有效企业管理才能运转的地步了。与许多企业家一样，组织和管理并不是我所擅长的。我懂得它们的概念，也有能力制定规则，只是不太擅长遵守这类规则。虽然我已经47岁了，但我仍然以18岁时打理艺术品生意的方式经营着目前的公司。实际上，就是一切都围绕着我——唯一的"葛涵思"在转。

在我努力应对泰丰资本当下面临的制度化趋势和复杂架构的同时，我也对更加宏观的经济前景日益感到不安。当时，我在多次演讲中都提到，我担心私募股权的价格过高、市场可能崩盘、银行业正潜藏着危机等问题。在我看来，这种情况下，最好的策略很可能是静观其变，什么都不做。我甚至拜托公司的一位政治和经济事务顾问伯特勋爵（Lord Birt），他曾经担任英国广播公司（BBC）的负责人和托尼·布莱尔的战略顾问，安排我与内阁秘书格斯·奥唐奈（Gus O'Donnell）会见。我邀请他在Savoy Grill① 共进午餐，其间我谈到比较担心银行的实力，还感觉它们

---

① Savoy Grill，英国乃至全球顶级厨师戈登·拉姆齐（Gordon Ramsay）经营的高级餐厅，位于伦敦，主要提供英式和法式的餐食。——译者注

的资产负债表过于捉襟见肘。奥唐奈认为我多虑了，我也决定相信他的判断。

时间进入 2007 年，我们让泰丰资本的全体员工共同投票，决定应该如何处理我们最新筹集的巨额资金。共有三条路可选：立刻大展拳脚开始投资；以谨慎的态度，不慌不忙地开始投资；或者，先静静地观察几个月，等到秋天再做商议。迈尔斯和我投票支持选项三，但是绝大部分同事都投给了选项一。

市场高度看好我们的前景，以至于投资银行家都把泰丰资本列为 IPO 的主要候选对象。毕竟，黑石集团[1]（The Blackstone Group）即将以超过 300 亿美元的估值在华尔街上市（这次发行募股将使黑石集团董事长兼首席执行官苏世民[2]的个人财富估值超过 100 亿美元）。一个又一个的投行专家，包括我在花旗集团的朋友克莱恩都告诉我，对于我们所管理的业务，如果按20% ~ 30% 的私募股权公司管理资产的方式来估算，隐含价值大约为 25 亿美元。他们希望能说服我以最低 5 亿美元的价格出售公司 20% 的股份，并在日后出售更多股份。他们建议我在美国上市，因为这将有助于泰丰基金在未来吸引美国的投资者。

但是，各大投行始终没有说服我选择 IPO。出于我对市场被

---

[1] 黑石集团，美国规模最大的上市投资管理公司，也是世界知名的顶级投资公司，总部位于美国纽约。——译者注

[2] 苏世民，生于 1947 年，美国金融家、亿万富翁，全球著名私募股权与管理咨询公司黑石集团的联合创始人之一。——译者注

第七章
制胜团队

高估的警惕，我担心虽然我可以在 IPO 中出售 20% 的股份并获得 5 亿美元，但我仍然还会继续持有 80% 的股份。因此，当股价下跌时，我认为这是不可避免的，还是会有公众投资者因为我们而感到难过。我要么 100% 出售公司股权，要么 100% 保持控制。一方面，我不想要很多钱；另一方面，我也不想在事实上退出我们的投资组合业务。一想到要向由公众组成的董事会汇报工作、忍受每个季度的财务汇报电话会议，还要与分析师谈论业务的进展情况，所有这些都让我感到恐惧。

如果我们公司当时已经建立起了井然有序的管理架构，我可能会选择 IPO。鉴于当时那些上市的公司所获得的收益，我可能应该选择 IPO。但我没有那么做。

2007 年 4 月，我签下了我在独自运营泰丰资本期间的最后一笔交易。斯特凡诺·佩斯纳（Stefano Pessina）是联合博姿集团①（Alliance Boots）的执行副主席，已与美国私人股本投资巨头 Kohlberg Kravis Roberts（KKR）合作，计划将公司退市，收归私有。佩斯纳家族曾在意大利那不勒斯经营药品批发生意，在业务每况愈下之时，是佩斯纳通过一系列交易将其打造成为 Alliance UniChem 公司，然后在 2006 年领导了其与博姿公司（Boots）合并，涉及金额高达 80 亿英镑。如果他能成功完成此次收购，将

---

① 联合博姿集团是英国连锁药妆店 Boots 的母公司，在各大商业街、商场、机场等地段均设有店铺。——译者注

在他个人的成就簿上再添一笔，同时他个人也将持有公司 15%股份。合并后的公司在英国共有约 3,000 家零售门店，包括 2,500多家美妆店、药店和眼镜配镜店，并在欧洲大陆经营 380 家药品零售门店。

佩斯纳财团首先提出了每股 10 英镑的收购要约，但被联合博姿集团的董事会拒绝。随后，他们将出价提高到 10.40 英镑（即对公司估值 102 亿英镑），最终说服了董事们，同意提供财务数据。为了参加此次竞标，我们与英国最大的医疗健康慈善机构，也是一家大型机构投资者，惠康基金会（Wellcome Trust）联手。我打算效仿之前收购酒吧集团的方式来做前期分析，基本要对每一家门店的业务都进行调查研判。我们派人到访了百家博姿门店，一边数一数有多少顾客到店，一边观察他们在店里的行为。我在其中一家博姿门店里待了一个下午，手里拿着计数器，留意顾客都消费了哪些产品，还观察他们在门店里的动向。

很快，我们就发现门店的大部分空间都没有充分利用。我给几位零售行业的老板打电话，希望能从他们的智慧经验中得到启发，也许还能说服他们联合参与此次交易。经过一番沟通，我得出的结论是，从逻辑上看，所有不赚钱的和任何没有被用于摆放健康或美妆产品的空间都可以出售或出租。单就这一举措，我便可以收回 50% 的收购成本。这笔交易变得便宜极了。

我们也发现了其他的机会。联合博姿集团所供应的食物和饮料简直可怕。没有人能做出比这儿更差的三明治、寿司、咖啡和软饮料了；只有已经在那里买处方药的顾客才有可能考虑顺手买些午餐。在一番电话沟通后，我发现这些空间必须通过竞标之后才能获得特许经营权。

另外，健康和美妆部分也大有可为。我之所以对联合博姿集团产生兴趣，最初是缘于与一家小型独立连锁药妆店老板的聊天。他确信自家门店在药品销售方面的利润率比联合博姿集团财报中的营业额百分比更高。作为市场领导者的联合博姿集团，在销售药品方面的利润率却可能低于规模小得多的连锁店，这在我看来并非正常现象。于是，我们做了尽职调查。然后清楚地看到联合博姿集团的零售业务出现了大规模的资金亏损，这同时拖累了门店的药品销售业务。如果能放弃或缩减零售业务，就有机会赚很多钱。药房是一个非常稳定而且利润丰厚的业务。大约有85% 的顾客是长期服药的患者，反复开出的处方让它成为一个疯狂的摇钱树。这些处方中有 85% 的费用由政府支付，所以，药房的垄断程度和利润率简直令人难以置信，而且这一点将永远不会改变。

不管怎样，我得出的结论是，这家公司的价值远远超过其市场估值——至少会两倍于已经被捧上天的 100 亿英镑出价。然而，成功竞标的关键就是让我的合作伙伴保持积极的态度。泰丰资本肯定无法只依靠自己的力量去竞购整个联合博姿集团。我们依赖惠康信托和苏格兰银行的持续支持，才得以在竞标中与 KKR 一决高下。其他承诺和分心意味着我可能没有给予我们的合作伙伴需要的关注。

2007 年 4 月 17 日，我们提出了每股 10.85 英镑的指示性现金出价，并要求进行更多的尽职调查。3 天后，KKR 把出价上调至 10.90 英镑；我们又以 11.15 英镑的指示性报价作为回应，这时对联合博姿集团的估值已高达 108 亿英镑。我们的报价高于 KKR。联合博姿集团的董事长奈吉尔·路德（Nigel Rudd）同意我们财团接触其集团的高级管理人员并查看财务数据，以便给出更具吸引力的报价。然而，在联合博姿集团与 KKR 和佩斯纳进行了通宵的会谈之后，董事会建议 KKR 将出价提高到 11.39 英镑，总计 111 亿英镑——这也是他们最终支付的数额。KKR 开始在市场上买入股票，我们知道一切都结束了。我们让联合博姿集团的股东从佩斯纳和 KKR 那里多赚了 20 亿英镑，但做成这笔交易的并不是我们。

这些年来，我偶尔会在夏威夷的科纳小镇（Kona）钓一钓马林鱼和金枪鱼。我的小儿子曾经在海上钓到一条蓝鳍金枪鱼，在码头被估价 1,000 多美元。但根据那里的规则，捕到的鱼都归船长。我们的船长会把金枪鱼急速冷冻，连夜空运到东京的筑地市场[①]。2013 年，那里出现过一条创下全球最贵纪录的蓝鳍

---

① 筑地市场（日语：築地市場），位于日本东京都中央区，曾是全世界营运规模最大的鱼市场，1935 年开设，2018 年关闭。——译者注

金枪鱼，售价高达176万美元（它重489磅[1]，而我儿子钓到的只有240磅）。

在钓马林鱼和金枪鱼时，要尽量避开梭鱼，因为它们会扯烂你的渔具。如果碰巧有一条咬钩，我总是会把它们放生。如果你钓到了，就必须要非常小心地处理，尤其是在没有戴金属手套的情况下。它可能会咬伤你的腿部或手臂。

佩斯纳得到了我的金枪鱼。接下来咬上泰丰资本鱼钩的，是一条梭鱼——百代唱片公司。

---

[1] 英制单位1磅等于453.59237克，约0.453千克；此处创纪录的蓝鳍金枪鱼重量约为222千克，作者儿子钓到的约重109千克。——译者注

第八章

买狗

嗯，这只狗吃狗

也吃猫

法国人吃青蛙

我吃你

商人啊，当你做交易时

你知道可以信任谁吗

你签字放弃了自己的生命吗

你把名字写在尘埃里吗

AC/DC 乐队 [1]

《狗吃狗》

---

[1] AC/DC 乐队，澳大利亚摇滚乐团，成立于 1973 年，音乐风格以硬式摇滚和蓝调摇滚为主，被视为将硬式摇滚和重金属音乐结合起来的宗师，但乐团成员从来不认为自己是重金属乐团，始终只以简单的"摇滚"自居。——译者注

第八章
买狗

我一直很钦佩大卫·鲍伊（David Bowie）[1]的古怪离奇、高超智慧和敢为不同的态度。在我年轻的时候，当知道他的家乡——临近肯特郡的布罗姆利（Bromley），距离我家不远时，我感到分外高兴。鲍伊、莎黛（Sade）[2]和风格会议乐队（Style Council）[3]共同为1986年的电影《初生之犊》（*Absolute Beginners*）创作主题曲。在这之后，我就更喜欢他了。这部电影还让我能把自己和他联系起来，虽然有点牵强，影片主角在皮姆利科住的房子正是我和朱莉娅最近买的那栋。

鲍伊和我还有一个共同点：我们都支持金融证券化。1997年，他与百代唱片公司达成协议，以音乐目录（包括录音室录制的和演唱会现场录制的）作为基础资产，将自己的收入权利证券化，发行总规模为5,500万美元的鲍伊债券，年息7.9%。穆迪公司（Moody）对这项交易给出了投资级别的信用评级。次年，他创立了科技公司Ultrastar，并建立了个人网站Bowienet，在提供互联网服务的同时，还兼为自己的粉丝俱乐部。他在网站上出售

---

[1] 大卫·罗伯特·琼斯（David Robert Jones），1947—2016年，艺名大卫·鲍伊，英国摇滚音乐家、词曲创作人、唱片制作人和演员。他是流行音乐界四十多年来的重要人物之一，其作品对整个乐坛有着开创性作用。——译者注

[2] 莎黛，生于1959年，被誉为英国史上最成功的女性艺术家之一，对当代音乐产生了重要影响。——译者注

[3] 风格会议乐队（台湾译法），英国流行乐队，成立于1982年。——译者注

年轻有为的艺术学生的作品，却并不像实体画廊那样加收高额佣金。他为什么这样做？因为他能看到音乐产业的发展方向。

2002 年，他在接受《纽约时报》（*New York Times*）采访时做出了大胆断言，"10 年之内，我们对音乐的所有想象都会发生彻底的转变。音乐本身将变得像自来水或电一样。你最好做好大量巡演的准备，因为那将真的是唯一保留下来的独特情景。"

鲍伊并不是唯一拥有水晶球[①]的人。他这笔具有原创意义的交易由曼哈顿的投资银行 Fahnestock & Co 承销，将债券出售给保诚保险公司（Prudential Insurance）。随后，野村证券的彭纳成立了一个 10 亿美元的基金，主要投资彼时初现市场的娱乐债券。彭纳离职后，他的部门被交到我手里，但是我的职责并不包括把他的事业继续发扬光大。不过，其他人觉得自己从这种尝试中看到了希望。1997—2007 年，有数家投行都试图开展版权费证券化的业务。

从理智上讲，这有着重大的意义。然而，在操作上看，事实证明这不太可能大规模实现。把一大群艺术家聚在一起并让他们同意以证券化的方式处理自己的资产，这其实是相当微妙的一件事情。当然，如果这些资产的所有权属于你，则另当别论。你需要一定的技巧和足够的信誉来构建证券化产品并付诸实施，要说服评级机构进行评级，要为资产提供服务，要发行债券，最后还

---

① 水晶球在西方文化中代表预言的能力。——译者注

第八章
买狗

要在支付利息之后使用剩余的现金来继续扩充音乐目录资产库。

但是，即便如此，我还是坚信音乐产业的潜力巨大，而且随着不断进步的技术，之前那些投行在证券化时面临的诸多挑战已经可以被妥善解决了。2004 年，百代唱片进入了我的视野。我有一个屡试不爽的模型：某公司所在的行业正在为变革而苦苦挣扎，并且在我看来，这个行业存在着许多被误解的地方。百代唱片正是这种典型。如果我们发挥创造性，就能从多个角度来改造这家公司，并使其增值。

二十世纪八十年代和九十年代，由于录制介质逐渐从唱片转向 CD，因此创造了唱片业的繁荣时期，它的利润率高到让业界都难以置信。但是，经过分析，我得出的结论却恰恰相反。CD 的销售虽然成功，但却是不可复制的。我们无法保证未来的技术革命也能为该行业带来类似的高回报率。事实上，还可能会颠覆这一销售神话，就像 DVD 终结了 VHS[①] 行业，以及后来数字格式文件几乎彻底终结了 DVD 一样。与此同时，CD 的成功还掩盖了大公司面临的真正挑战。发掘新人和培养新人的成本已经高到令人望而却步的程度了，而且有越来越多的艺术家根本就没有赢利。此外，这个行业还正在萎缩。假设把新专辑塞进消费者的耳朵里可以解决所有问题（许多唱片公司的高管确实是这么认为

---

① 家用录像系统（video home system），简写为 VHS，是由日本 JVC 公司在 1976 年开发的一种家用录像机录制和播放标准。——译者注

的），这也是极其危险的一种方法。

而这还并未考虑即将到来的巨大技术变革。唱片公司以为所有的权力都在他们手上。他们没有完全意识到，由于文件共享等创新技术，权力正在往消费者身上转移；或者，类似圣诞专辑合辑（我们最喜欢的是鼠来宝[①]过圣诞节）和最热门的金曲集锦这种用老歌赚新钱的绝妙方式，也将被数字形式的播放列表所替代——任何一个聪明的 4 岁孩子都有能力创建自己的播放列表。

由此引发的，可以说是最糟糕的一个变化，也并未引起音乐行业高管们的注意：他们现在的业务主要是 B2B，而非 B2C。音乐产业早已失去了对最终消费者的控制。如今，其面向的销售对象是零售商店、电视公司、电影制作人、餐馆、广告公司主管等任何使用音乐的商业机构。愿意为音乐付费的是机构，而非消费者。说到底，正是机构在为唱片公司分销产品，并且吸引歌迷继续听音乐、爱上音乐。

到 2000 年代初期，市场上主要的音乐公司有四家。

华纳唱片公司（Warner）和百代唱片公司，均为独立机构。环球唱片公司（Universal）和索尼唱片公司（Sony）则隶属于更大的企业集团。

[①] 《鼠来宝》（*Alvin and the Chipmunks*），有真人出演的系列动画影片，其中三只花栗鼠艾文 Alvin（花仔）、赛门 Simon（阿檬）、喜多 Theodore（阿肥）在片中尽情地搞笑、耍宝。——译者注

第八章

买狗

毫无疑问，被独立持有的百代唱片公司是更合适的收购对象。从我们的角度来看，百代唱片公司与其他三家公司有一个很重要的不同点，即总部设在英国，这对我们颇为有利。我们的大部分交易都是在英国做成的，而且我们也非常了解这里的监管机构和潜在投资者。

百代唱片公司孕育了一大批的家喻户晓的名字。披头士乐队、滚石乐队（Rolling Stones）、平克·弗洛伊德乐队、铁娘子乐队（Iron Maiden）[1] 和电台司令乐队（Radiohead）[2]。在英国音乐走向全球的成功历史中，它犹如一根中坚脊梁，但它也经历过一段痛苦的时期。这个行业的变化日新月异，在这种冲击下，其销售额不断下降。正因为百代唱片公司不隶属于某大型传媒集团，所以无法依靠有线电视或好莱坞电影的收入来抵消销售的损失。

在其他唱片公司仍然还能勉强度日的时候，百代唱片公司已经开始丢失市场份额了。它曾多次试图与它实力最为接近的竞争对手华纳唱片公司合并，但都以失败告终。先不论欧盟的监管机构是不是很可能认为此举有违反竞争的原则，仅在合并的价格上，两者就存在分歧，这也导致了两家公司矛盾不断。显然，这是我们大显身手的好机会。

---

① 铁娘子乐队，英国重金属乐团，组建于 1975 年。——译者注
② 电台司令乐队，英国另类摇滚乐团，组建于 1985 年。——译者注

但问题是，我们没有足够的资金。泰丰资本二期基金的规模太小。泰丰资本三期基金的规模也不够大。我们在花旗集团和美林证券（均曾经助力泰丰资本二期基金的筹资）的协助下，于2006年底完成了泰丰资本三期基金的募集。不过，若将泰丰资本的两只基金合二为一，可能就够了。

正是花旗集团的大卫·沃姆斯利（David Wormsley）发现现在是收购百代唱片公司的好机会，提醒我多留意。他在施罗德投资集团（Schroders）①工作时，我们两人就开始商讨泰丰资本的潜在投资标的。我们有时是在电话里简单聊几句，有时是一起喝咖啡时聊聊，偶尔还会携妻子出席社交活动，顺便讨论业务。我们一起做成了共17笔交易，总价值270亿英镑，约占所有我交给投资银行的业务的70%，我把他当作我的投资银行家。他的老板也做事有方。在沃姆斯利的努力下，截至2007年4月，花旗集团从泰丰资本获得的收入已超过1.36亿英镑。他的老板克莱恩在当月给我的一封电子邮件中写道："诚如您知，花旗集团、沃姆斯利和我本人都诚挚希望与您合作，共同完成每一个重大项目，为您实现增值。"

关于百代唱片公司项目，要从2006年说起。当时百代唱片公司与总部位于英国的大型私募股权公司璞米基金（Permira）

---

① 施罗德投资集团，英国一家资产管理公司，于1818年成立于伦敦。——译者注

第八章

买狗

之间的谈判以失败告终。市场误认为百代唱片公司是因为璞米基金的出价过低才拒绝收购。但事实上，璞米基金是由于担心未来的收益可能低于其预期，才决定退出收购的。到 12 月中旬，百代唱片公司再次宣布出售的意向。公司高管都深知他们需要找到一个新老板，否则就有被拆分出售的风险，或者更糟的是被竞争对手接管，而这无疑意味着大量的高管职位将被裁掉。为了尽量提高收购价格，他们需要制造一种形象：公司很健康，而且有不止一个买家感兴趣。

但是，所有迹象都表明，事实正好相反。刚刚进入 2007 年 1 月没几天，百代唱片公司就不得不向证券交易所发布盈利预警，披露其录制音乐部门在本财政年度的收入将下降6% ~ 10%。在同一份声明中，公司宣布艾瑞克·尼科利（Eric Nicoli）将担任更传统的首席执行官一职，而坚韧不拔的乐购超市（Tesco）① 老将约翰·吉尔德斯利夫（John Gildersleeve）将升任董事长。2 月，在英国唱片业的行业盛会——全英音乐奖② 颁奖典礼隆重举行的当天上午，百代唱片公司的第二份盈利报告发布，预测销

---

① 乐购超市，Tesco，是英国的大型连锁超级市场，是仅次于沃尔玛（美国）、家乐福（法国）的全球第三大超市集团。——译者注

② 全英音乐奖（BRIT Awards）由英国唱片业协会于 1977 年创办，一年一度的流行音乐奖。名称 BRIT 原是指英国（British）或大不列颠（Britannia）的缩写，但随后转变为 British Record Industry Trust 的首字母缩写。——译者注

售额将下降 15% 左右。

2007 年 4 月下旬，沃姆斯利通知我百代唱片公司的竞价流程已经开始。他还透露，目前最高的指示性出价为每股 2.62 英镑，并表示花旗集团可以为本次竞标提供咨询与融资服务，也可以安排我们与百代唱片公司的首席执行官尼克利会面，以了解更多信息。由于花旗集团是百代唱片公司的主要顾问，所以沃姆斯利能获得关于此次竞价的内部消息。这种事情并不罕见。从我曾在高盛工作的那个时期至今，投资银行已从机构和证券交易员的顾问转变为机构本身，参与交易的各个方面。事实上，对花旗集团而言，它为交易提供融资、买方建议和卖方建议，被称为"三重杀"，这是利润非常丰厚的。

我已经认定了自己的思考结果——虽然从外部看来，百代唱片公司是一个糟糕行业中的最糟糕公司，但它确实有一定的潜力。现在，我确信它所需要的变革是可以实现的。让一个组织改变自身的运作方式必将困难重重。然而，如果人们能认识到一个组织拒绝发展进步的后果是更可怕的，那么他们就更有可能接受变革，尤其是当变革还可能为那些迎接它到来的人带来奖励的时候。到 2007 年年中，百代唱片公司的每个人都心知肚明，如果不改变，就只能等着破产，当前的既得利益者根本无力维持现状。同时，他们应该能够看到，愿意接受私募股权的人，可以从中获得巨大的好处。

第八章
买狗

谣言四起。传说从菲利普·格林爵士（Sir Philip Green）[1] 到西蒙·高维尔（Simon Cowell）[2] 和鲁珀特·默多克[3]，每个人都在考虑参加竞标。在百代唱片公司发出第二次盈利预警之后，华纳唱片公司在不到一周内就提出了收购要约，但是在3月初就被迅速否决。百代唱片公司披露了价格——每股2.6英镑，这看起来像是在准备为新一轮的公司出售设定一个最低出价。然后，于3月8日发布了一份股票市场声明，宣布暂停派息，但至少证实了公司股票的交易量自2月以来并没有进一步下降。与此同时，泰丰资本的团队一直努力希望做成一笔交易，他们根据滚石乐队的歌曲选取了 Tumbling Dice [4] 作为代号。

2007年春天的伦敦异常繁忙。市场上的钱很多，但机会很少，许多行业的公司价格都在呈螺旋式上升。我们计划于5月结束第三只基金的募资。一年内，我们从26个国家和地区的160

---

[1] 菲利普·格林爵士，1952年生，英国商人，曾是零售公司阿卡迪亚集团（Arcadia Group）的主席。2022年5月，《星期日泰晤士报》富豪榜估计他的净资产为9.1亿英镑。——译者注

[2] 西蒙·高维尔，1959年生，英国唱片制作人、电视制作人，担任多个电视选秀节目的评审，包括：《流行偶像》《美国偶像》《X音素》《英国达人秀》和《美国达人秀》等。——译者注

[3] 鲁珀特·默多克，1931年生于澳大利亚墨尔本，现居美国，全球首屈一指的新闻媒体大亨。——译者注

[4] Tumbling Dice，《翻滚的骰子》，滚石乐队的这首歌讲述了一个男人在爱情中的旅程和经历，以及它是如何不可预测的，就像骰子的滚动，总体含义是在爱情中冒险，拥抱生活的不可预测性。——译者注

名投资者那里筹集了 54 亿欧元。无论以何种标准衡量，这都是一项非凡的成就。在短短 5 年内，泰丰资本从无到有，现已发展成为世界十大另类投资基金之一。毫无疑问，大家对我们的战略信任有加，我们本来能够在 2010 年之前筹集到 100 亿欧元的资金，这将使公司的价值至少达到 50 亿欧元，每年产生超过 2.5 亿欧元的现金。作为这家公司的唯一所有者，我获得的财富当然多极了，这不仅超出了我在高盛集团时代最异想天开的梦想，而且超出了我甚至在一年前预期可能实现的任何目标。

这段时间，我们正在调研各种新交易。之前提到的联合博姿集团收购计划最后以失败告终，令人颇为沮丧。早些时候，我们给泰晤士水务公司（Thames Water）①的报价也比较低。百代唱片公司的规模很大，风险也显而易见。第三只基金的成功募集让我们有足够的资金来进行更大规模的交易。但从表面上看，这家音乐巨头对我们来说仍然体量过大，除非我们能够大规模举债，并调用不止一个基金的资金。我们能否大规模举债将取决于跟我们打交道的银行。我们是否可以同时使用这两个基金将取决于我们能否让顾问委员会——基金投资者的代表，投票赞成这笔交易。

不过，如果不出意外，正如沃姆斯利所说的那样，我值得花

---

① 泰晤士水务公司（Thames Water），一家负责大伦敦、萨里、肯特等英国大部分地区公共供水和废水处理的私营公用事业公司，是英国最大的水和污水处理服务公司。——译者注

第八章
买狗

点时间去见见尼克利。有趣的是，在我看来，百代唱片公司已经通过媒体宣布了他们正在希望通过证券化的方式处理音乐目录。如果他们能成功，这将成为证券化的一个新巅峰，并为音乐行业提供一种成本更低的全新融资模式。有不喜欢这个项目的地方吗？也许输掉联合博姿集团和在泰晤士水务公司的项目上出价最低都并没有那么糟糕。这两笔交易虽然都相对安全，从表面上看起来光鲜，但是我们内心却激动不起来。

尼克利和我需要找一个隐蔽的地方会面，这样才能避免引起媒体关注，所以，我选择了我们的酒店之一，位于萨里科巴姆的伍德兰公园酒店（Woodlands Park）。我们于5月6日星期日见面，尼克利穿着紧身蓝色牛仔裤出现，看起来就像是人们对音乐界人物的典型认知。他对自己是一家陷入危机的公司的首席执行官这件事只字未提。

如今，我才明白，只要好处足够多，任何一位聪明且经验丰富的首席执行官都可以成为奥斯卡影帝和影后。因此，在很大程度来看，试图从他们那里抓到真正有用的信息简直就是浪费时间。但在2007年时，我还比较天真。我们从他的家人聊到了他在业余时间玩过的乐队，又聊到了他希望保护百代唱片公司团队的态度。其间，他设法从各个角度塑造一个让我心生好感的形象。

他为公司未来制订的计划也颇有见地。但是，他表示，如果百代唱片公司仍然是一家公开上市的公司，这些想法就都无法实施，因为它们的成本不低，所以在短期内会造成收益的大幅波动。他还帮我一起总结了影响公司业务的行业趋势，每一条都分析得头头是道，并解释了在时间的推移下，这些趋势会对百代唱片公司的业绩产生何种影响。会面结束后，我认为尼克利是一个可以共事的人。同一天晚上，我重启了去年11月我们在百代唱片公司项目上展开的所有工作。

5月8日（星期二）晚上，我们向百代唱片公司的首席顾问——精品独立投资银行格林希尔事务所（Greenhill）提交了每股2.65英镑的指示性出价。我们需要在5月10日签署必要的保密协议，因此只有不到两周的时间来完成所有尽职调查、与百代唱片公司的高级管理团队面谈、与养老金信托机构商定条款，并确保融资到位。这是因为百代唱片公司董事会将投标截止日期定为5月23日（星期三），后来提前到5月21日（星期一）。卖方经常会设置较短的投标截止日期，这样可以增加竞争的压力，还能在最大限度上降低投标方退出的风险和其他投标方发现竞争对手减少的风险。尽管我经常给我的团队很大压力，但这次的压力可能太大了。

沃姆斯利对我们需要给出的报价有自己的看法。从这个数字来看，假设我们能中标，本次的交易规模明显将是我们过去12年中平均交易规模的3倍以上。作为该基金的最大投资者，我个人的资本投入将高达2亿欧元。如果回到我在投行的那段时期，看到这么高的对价，我的第一反应肯定是要深入研究潜在的不利

第八章
买狗

因素。在像高盛集团这样的机构里，你很快就会明白，人们对你的判断只依赖于你在上一次交易中的表现。我见过有些成功的交易员，虽然已是多年老将，但只因犯了一个错误就被降职或解雇。事实上，我之所以最终被派去负责欧洲债券部门，也是因为我的老板在学习伦敦业务时犯了一个错误。尽管他在之前的 13 年间都是高盛的明星交易员，也没有人会原谅他。然而身在其中所经历的那种激动和兴奋，也让我忽略了这些重要的教训。

如果你是私募股权公司，正在计划收购一家私营公司时，坚持设置一段时间的排他性时期就能让你在收购之前了解该公司，从而尽量减少依赖可能不准确的信息来做出判断。这为你争取了时间，是个获取全部有用信息的好机会，能让你做出明智的决定，但是，如果你是参与一家上市公司的竞拍，那么这个杠杆的优势就不存在了。卖方会尽可能地减少信息披露，只给很短的时间，它们希望依靠激烈竞争来得到一个好结果。英国的公开上市公司收购的主要监管机构——收购及合并委员会（The Panel on Takeovers and Mergers）的存在，显然是为了保护被收购公司的股东，而不是买方公司的股东，它所制定的时间表也倾向于限制买方尽可能多地获得信息。

过去，在收购私营公司时，我们以严格挑剔、善于压价的谈判高手而闻名。但是，现在我们试图收购的是一家上市公司，所以这些策略就行不通了，而且根据收购制度的规定，我们的时间真的不够用。尽职调查只能帮我们到这里了。我们不得不依赖于已经熟知百代唱片公司的第三方公司。我们认为，只要那些第三方相信百代唱片公司，并且也参与到这次交易中，我们的问题就应该不大。

尽管我们是从花旗集团方面得知此次交易信息的，他们也一直在积极地争取成为我们的贷款方，但我们为了搞清楚花旗集团的服务费用是否合理，在最初阶段也接触了其他几家投行。花旗集团明确表示能够以更快的速度完成竞标，因为他们对这家公司了解颇深，并且对其信用很有信心。但其他几家投行也很感兴趣。为如此复杂证券化项目安排过桥贷款，所收取的服务费用将远高于传统公司贷款的费用。当然，拥有例如弗洛伊德和凯莉·米洛（Kylie Minogue）[1] 等众多非凡音乐天才的百代唱片公司，不仅想做一笔可以让他们风光几年的证券化交易，而且希望能以此获得一张终极名片，在日后吸引其他投资公司的关注。

但那里也有隐藏的困难。任何希望参与这笔交易的银行都必须向泰丰资本和我本人提供一笔巨额贷款，金额可能超出了其传统的贷款上限。此外，在我看来，这也并不是一笔通常意义上证券化项目的短期过桥贷款，而是如果有任何原因导致证券化无法进行，这笔贷款就是我们不得不依赖的生存之本。为了给我们充

---

[1] 凯莉·米洛，澳洲歌手、作曲家、演员，1987 年凭借出演电视剧成名，并在二十世纪八十年代后期涉足乐坛，现已成为成名时间最长、最成功的歌手之一，由于她对音乐事业的贡献，被授予大英帝国官佐级徽章。——译者注

第八章
买狗

分的时间帮助百代唱片公司扭亏为盈，这笔贷款将在 7 年后才能偿还，这远远超出过桥贷款通常的最长期限——两年。正是为了应对这种情况，所以大多数银行都要严格区分信贷贷款和结构性融资（贷款团队和证券化团队），以确保贷款部门的工作人员不会因为投行部门的同事希望赚取可观的奖金而承担不属于他们的压力。

我们发现自己陷入了双重困境：要进行证券化，我们首先需要这家公司；但要收购这家公司，我们需要一笔优质的企业贷款，其中的契约、期限和定价都将被拉到极限。最终，事实证明，起到决定性作用的是时间。我们希望能尽快获得贷款，这种紧迫感让我们接触过的其他银行感到不安。只有花旗集团表示他们能够按时提供所需的资金。

即使与花旗集团合作，设置也远非理想。他们也像我们一样，需要冒相当大的风险。虽然他们放贷是因为对我们有信心，但我们明白，他们并不愿意长期持有一家英国音乐公司 50 亿美元的风险敞口，他们希望能将这一头寸能尽快出手。我们需要一种双方都能赚钱的合作关系，同时给予泰丰资本足够的时间；如果无法完成证券化，我们能有 7 年的时间来执行我们的商业计划。我们需要面对的是与一家银行的关系，而如果情况不妙，银行将会不顾一切地退出。

5 月 15 日，星期二，泰丰资本的投资咨询委员会（IAC）开会讨论是否继续竞购百代唱片公司，会议结论建议我们继续。随

223

后，泰丰资本的总法律顾问普莱斯问道是否有可能及时完成投标。他还担心我们会面临与竞标联合博姿集团时相同的挑战——那次我们在竞标时没有花旗集团的支持。我向他保证，这个项目值得优先考虑，因为据我所知沃姆斯利把其他竞标对手的情况都告诉了我们，还会帮助安排必要的融资。

第二天，当我在根西岛的圣彼得港旧政府大楼酒店（Old Government House Hotel in St Peter Port）参加泰丰资本年度员工大会时，其间收到了令人担忧的消息。有一笔25亿英镑的贷款对交易融资至关重要，但花旗集团的信贷委员会尚未批准。我向沃姆斯利致电，询问这是否是因为花旗集团担心百代唱片公司的信用问题。他向我保证这是一个他可以解决的技术问题。第二天，距离投标截止日期只有几天的时间了，沃姆斯利把电话打到了我的手机上。我又把手机交给了忧心忡忡的普赖斯。沃姆斯利告诉他，虽然最终条款仍有待商定，但花旗集团的信贷委员会已经批准了这个融资项目。

根据我们规划中的一种情景来看，要成功中标，我们需要做的就是梳理一下录制音乐部门的签约新人、管理乐队和发行新专辑的部门。我们在调查之后发现，百代唱片公司发行的音乐大约有85%都从未赢利，因此，这家公司以后必须要更加谨慎地选择歌手和歌曲。同时，我们需要把音乐目录和出版物的价值发挥到最大限度。我们的目标是：以百代唱片公司的音乐目录为抵押物进行借款，在18个月内偿清所有债务，并将大部分股本

第八章

买狗

返还给投资者，同时仍然保有对该公司的所有权和经营权。我们相信，以长远的眼光来看，出售百代唱片公司几十年来积累的音乐版权可以让我们发大财。在我看来，在所有我们见过的资产里，这是最被低估的之一。除了持有众多大牌艺人的专辑，该公司还持有 *Somewhere Over the Rainbow*、*Santa Claus Is Coming to Town*、*Smells Like Teen Spirit* 等 130 万首歌曲的版权。其中任意一首歌曲只要在电视、广播、视频游戏、广告或手机铃声中被播放一次，百代唱片公司就能收到一笔小额费用。如果我们达成了这笔交易，那么不仅可以收购规模较小的音乐目录，还可以将这些目录的收益与百代唱片公司现有目录一起做证券化处理。我们需要的两个条件是：一家可以确保证券化顺利进行的银行，以及一个稳定的市场。

如果我们团队的任何一个人能意识到大西洋对岸发生的事而提高警惕的话，风险就会降到最低。4 月，专门从事证券化业务的美国房地产投资信托基金新世纪公司（New Century）向美国法院申请了破产保护。但是，这只是个开头。之后，出现了越来越多类似的案例，然后逐渐发展为次贷危机，并最终导致 2008 年的信用大崩盘。

随着投标截止日期的临近，我决定向克莱恩寻求建议。百代唱片公司在 2007 年年初发布了赢利预警，这让我产生了些许担忧，所以想知道花旗集团是否仍然认为百代唱片公司是一个不错的投资标的。他的回答毫不含糊：花旗集团非常支持我们的出价，并认为这是一个令人兴奋的投资机会。此外，他还补充说，如果花旗集团不是百代唱片公司的顾问的话，他甚至都想以个人名义投资百代唱片公司的股权。

5月18日，星期五，晚上，格林希尔向我们施压，表示需要在星期一早上完成投标——比我们预期的早了两天。那时，我们相信（我仍然相信沃姆斯利在那时也相信）还有另一个投标方：博龙资产管理有限公司（Cerberus Capital Management）[1]。那时，这个美国的收购基金在欧洲的规模并不算大，但在美国却与花旗集团旗鼓相当。我当时认为沃姆斯利了解博龙出价的所有相关信息，并会指导我们如何去做。

同一天晚上，朱莉娅和我去好友家共进晚餐。我不得不频繁离开餐桌，没完没了地接电话。而且，在同一时期，让事情变得更加复杂的是，泰丰资本还在权衡另外两个竞标项目：其一是洲际酒店集团（InterContinental Hotels Group），由于它旗下的假日酒店（Holiday Inn）增长较好，并且旗舰酒店的销售价值不低，所以激起了我们的兴趣。其二是对冲基金管理公司英仕曼集团（Man Group）[2]，如果收购成功，英仕曼集团将成为泰丰资本在全球进行另类投资的平台（他们的首席执行官那晚也恰好正在跟我

---

[1] 博龙资产管理有限公司，又译赛伯乐斯，是美国最大的私人股权投资公司之一。——译者注

[2] 英仕曼集团，全球最大的上市对冲基金，具有世界领导地位的另类投资管理公司。——译者注

第八章
买狗

们一起共进晚餐）。这三笔交易都可以做，但我们只能选择其中之一。

接下来是一个疯狂的周末。具有讽刺意味的是，花旗集团通过沃姆斯利催促我们在周一之前出价，而与此同时，他们的贷款团队却没跟上。我们已获得花旗集团信贷委员会的贷款批准，但投资条款说明书还仍在谈判中，所以，我们除了相信花旗集团不会在这项交易签署后试图再次交易，别无他法。

星期六，我和小儿子一起去看了现场足球杯决赛，我们希望曼联队能击败切尔西队〔但在加时赛阶段，当迪迪埃·德罗巴（Didier Drogba）踢进一球时，我们的希望就基本落空了〕。我的小儿子买了一张足球彩票，押注切尔西队1-0胜曼联队，但他极不情愿地接受了奖金，认为这是血汗钱。而我在现场却是心猿意马，脑子里更多想的还是如何为收购百代唱片公司筹集资金。我知道，除非花旗集团或另外某一家银行能在周一早上之前落实贷款，否则我就没有足够的资金来完成这笔交易。

与我们一起竞标的是一些来自苏格兰银行的金融家，他们的老板是彼得·卡明斯（Peter Cummings）——他曾在三年前为格林爵士收购玛莎百货（Marks & Spencer）提供贷款，但该交易最终以失败告终。他的团队在博姿的项目上曾帮助过我们，我也一直在与他们讨论为百代唱片公司项目融资的可能性，当然还接触了其他一些银行。但是，就投标而言，很遗憾我们未能达成一致。他们表示也许能够提供相应的款项，但需要更多的时间。这笔交易现在要依靠这三家银行中的某一家提供的借债和我们两个基金的股本。根据我们与有限合伙人（LP）的协议条款，我们已经做到了极限。虽然我们已经就继续开展这一收购征得了顾问委员会的同意，但我知道，如果出现了任何问题，他们将会无情地叫停项目。

周日，我飞往根西岛参加董事会会议，与泰丰资本二期基金和三期基金的董事们一起探讨业务。我们的董事会地点选在了一座位于机场的机库，里面还停了一组私人飞机。几个小时里，在这种奇怪的氛围里，大家都是在即兴发言。我之前连着好几顿饭都没时间吃，所以在开董事会期间在不停地吃一盘巧克力饼干，然而这并不是能平复紧张情绪的最佳方式。最终，董事会同意收购百代唱片公司，前提是可以获得贷款、妥善解决了养老金问题，并且不涉及任何重大变化。

我飞回伦敦，在比金山机场（Biggin Hill Airport）[①]落地，然后回到家里，一头扎进阁楼的办公室——通常是我晚上和周末工作的地方。我很生气。每次我们以为即将敲定融资方案时，花旗集团都试图再次修改条款，给自己争取更大的利益。最后，在午夜到来的前几分钟，我们收到了花旗集团的确认消息，同意了我

---

① 伦敦比金山机场，位于伦敦布罗姆利区比金山的一个机场（距离作者家较近）。该机场的前身是英国皇家空军比金山站，是第二次世界大战期间英国主要的战斗机基地之一。它目前没有定期航班服务，多用于私人飞机等非售票航班。——译者注

第八章
买狗

们的最新提案。

沃姆斯利在午夜时分打电话告诉我，博龙将在第二天早上投标，我们需要在上午 9 点之前完成投标。然后他给我发了一封电子邮件，通知我"不要在价格上耍花招"。一直以来，他都表示博龙的出价是 2.62 英镑，并明确告诉我们，至少要报 2.65 英镑才能赢得竞标。

5 月 21 日，星期一，早上 7 点 30 分，泰丰资本两个董事会的委员会同意提交投标。律师们通宵达旦地工作，准备好了终版文件，很不容易地完成了所有文件的扫描。我完全失去了理智。我们所做的全部工作，付出的所有时间，所有压力，经历的所有痛苦，都被毁于一旦。我们马上就要在这次竞标中输了，就是因为有人不会用传真机。而我还算得上是房间里比较冷静的那个人。事实上，我们的一些顾问看到我的行为举止，其实感到非常震惊。上午 9 点 01 分，我的业务助理确认她已经通过电子邮件发送了标书。上午 9 点 03 分，我认为我们正处在一场非常激烈的竞标之中。

随之而来的，是震耳欲聋的沉默。我一直在给沃姆斯利打电话，想知道发生了什么事，但他不接电话。没有消息的状态比之前疯狂地加班更让人紧张。我开始确信我们败给了博龙。

后来，我才知道那天早上发生的一系列事情。百代唱片公司召开了一系列会议，沃姆斯利全部出席。最后，又召开了一次董事会会议，计划正式提交这两份标书。然而，最终只提交了一个报价——我们的报价。当董事会意识到这一点时，他们希望可以通过我们的报价，并尽快公布结果。因为一旦公布，泰丰资本实际上就不可能再退出了。

突然间，一切都变了。无线电静寂状态立刻转变为战时"各就各位"的紧张。拼速度的时候到了。当我们终于在下午 3 点左右联系上沃姆斯利时，他告诉我"我们希望你们发布一份新闻稿。"

到下午 4 点 30 分，随着股市收盘，我们提议的 32 亿英镑现金报价的具体条款已经公布。

那天晚些时候，我参加了一年一度的切尔西花展（Chelsea Flower Show）^①的开幕式。在习俗上，首先是女王检阅展品，随后展会就主要交给伦敦的各个公司，他们会在慈善晚会上招待客户和顾客。这一花展已成为英国公共有限公司^②必须参加的活动。在一间接待用的小木屋里喝完酒后，银行家们和首席执行官们在各自合伙人的陪同下，来到主干道上。他们四处闲逛，表面上是为了观赏花园，实际上却是在八卦。

---

① 切尔西花展，是英国的传统花卉园艺展会，也是全世界最著名、最盛大的园艺博览会之一。由英国皇家园艺协会主办，于 1862 年首展。——译者注

② 公众有限公司（public limited company），缩写为 PLC 或 plc，英国的一个公司类型，是一种有限责任公司，可以自由上市，但并不强求。——译者注

第八章
买狗

那天晚上，泰丰资本是他们的主要话题之一。大家都认为我们的收购十分大胆，并想听听我对公司的规划。我们在骑士桥街（Knightsbridge）的肯特大厦（Kent House）为客户举办了招待晚宴。在此期间，一些人表示，他们认为百代唱片公司是一项非常适合我们转型的业务，因此他们希望与我们共同投资。在几周内，我们获得的非正式投资意向总额共计 49 亿英镑。我们听从了花旗集团的建议，给出了每股 2.65 英镑的报价。消息一经公开，由于估计华纳唱片公司也来竞买，百代唱片公司的股价立刻上涨到 2.71 英镑。在媒体上，一些投资者抱怨说我们虚报低价，想捡便宜。

如果你收购的是一家私营公司，与卖方达成协议之后，其他的细节留给律师和会计师就可以了。但是，如果你收购的是一家上市公司，就还需要在提交要约后的六十天内获得 90% 的股东的支持。百代唱片公司有成千上万的股东，我们需要一一联系，并说服他们接受我们的出价。传统上，股东总倾向于拖延接受要约的时间：他们都希望再等等，期待会有更好的出价，而且他们知道，从法律上来看，投标方退出的可能性非常小。

后来我发现，他们是对的：即使一切都变了，我们也不太可能退出这笔交易。

2007 年 5 月 21 日，天气潮湿，风大。虽然奥唐奈在英国财政部的同事们并未察觉到任何不妥，但在美国，金融风暴的乌云已开始形成。随着 6 月过完，美国信贷市场枯竭的迹象开始变得明显，银行发放贷款的意愿也直线下降。贝尔斯登公司（Bear Stearns）①出资32亿美元救助它创建的两个投资次级抵押贷款的对冲基金。然后，在2007年7月，他们不得不告知客户，这两只对冲基金当时的价值已经跌入深渊，对投资者而言，实际上已经不剩什么价值了。8月，两个基金都申请了破产。在鼎盛时期，这两个基金共控制200余亿美元的资产，拥有极大规模的投资客户。

我看到这个正在酝酿之中的灾难，非常担心，所以，我在6月27日给团队发了电子邮件，要求他们核实花旗集团是否仍然有能力向我们的百代唱片公司项目提供贷款。显然，这笔25亿英镑的贷款将为花旗集团带来超过1亿英镑的服务费用。但我们也知道，他们只是打算将这笔贷款作为一个临时措施，并且计划将其拆分成多笔小数额，对其部分或全部进行证券化处理，然后将把除4,000万英镑以外的所有贷款在两年之内完成风险转移。当然，在这个过程中，他们也将赚取更多的费用。当然，这一切顺利进行的前提是有一个平稳的金融环境。

然而，天空不断阴霾，我的心情也随之变暗。我开始感觉到，像英仕曼集团和洲际酒店这样以前打算为我的每笔交易提供资金的银行家们正在打退堂鼓。虽然我们已经尽力挽留，但一直

---

① 贝尔斯登公司，成立于1923年，曾是美国第五大投行，在2008年的美国次贷危机中严重亏损，被摩根大通收购。——译者注

第八章
买狗

与花旗集团竞争贷款资格的德意志银行和巴克莱银行决定不再参与我们的融资。我也担心花旗集团。虽然我们是以深度绑定的形式参与了这笔交易——不管我们喜不喜欢这种方式，但在这种大环境下，他们或许也会对这笔交易冷淡下来，并且可能希望不提供贷款。不过，我希望并相信，鉴于我们与花旗集团的密切关系，他们会支持我的。

泰丰资本的计划与花旗集团的计划并无不同。我们也期望把自己的头寸卖给其他机构。把二期基金和三期基金的 30% 都分配给一次收购是一个极大的风险，我希望能尽快将这一比例调整为 20% 以下。但是，如果想要减持，就需要迅速行动，因为人们在那段时间里还依然沉浸在初次收购的兴奋中。夏天来了，但冬天也很快就会到。如果我们希望吸引其他投资者，就需要长期借款迅速到位。

7 月 12 日，我与家人去加拉帕戈斯群岛度假，途经休斯敦过境。这时，我从公关顾问那里听到一个谣言，说花旗集团打算退出百代唱片公司的融资。当我最终联系上克莱恩时，他还坚持表示花旗集团将全力支持这笔交易，任何不继续执行条款的行为都是由于金融市场的变动或由于花旗集团需要引入其他银行。

随着 7 月过完，有两件事变得越来越明显，使得这笔交易的吸引力大打折扣。首先，百代唱片公司的股票交易日渐走低。其次，花旗集团在确定融资协议方面拖拖拉拉——主要是我们在 5 月份竞购百代唱片公司时才在承诺函中列出的债务方案的具体细节。因为没有其他银行愿意参与，为保护自己的权益，花旗集团调整了利率和债务合同，我们的预期回报也因此下降。

我们的提案依然是把公司一分为二——录制音乐业务和音乐出版业务。这些举措将把债务拆分成多个部分，可以让股权和债权更容易出售给多个投资者。许多投资者都对出版业务表现出浓厚的兴趣。一旦把出版与录制两块业务分离，录制音乐业务被华纳唱片公司收购的可行性就非常高了，尤其是因为这种交易方式不太可能引发过多的竞争问题。

在我看来，这一战略是将花旗集团和泰丰资本带出现有困境的绝妙解决方案。在这一机制下，花旗集团借给泰丰资本用于收购百代唱片公司的部分资金能够确保得到偿还。此外，泰丰资本还可以继续持有百代唱片公司的出版业务。不幸的是，随着美国最大的次级抵押贷款机构之一——花旗集团，开始不断陷入日益严重的信贷紧缩深渊，我们两家公司之间的关系也面临着巨大的压力。来自金融市场的消息令人沮丧。抵押贷款相关的问题正在威胁着贝尔斯登、德国银行 WestLB、法国巴黎银行，甚至还有高盛全球股票机会基金（Global Equity Opportunities Fund）的资金。因此，我们将出版业务在未来创造的可靠收益进行证券化的可能性也日渐渺茫。总而言之，这不是我们对这笔交易最初设想的样子。

我从来没有弄清楚花旗集团到底是对这笔交易感到紧张，还是对整个市场感到紧张。无论是哪种，市场的紧张情绪都体现在

第八章
买狗

花旗集团的整体业绩中。股价在那年夏天大幅下跌，后来还在2008年进一步下行。然而，直到2007年7月，花旗集团的董事长兼首席执行官查克·普林斯（Chuck Prince）似乎还认为金融市场的流动性很强："只要音乐还在播放，你就得起身跳舞。"他在接受一家报纸的采访时表示，"我们还在跳舞。"他的这番言论在后来对他造成了不小的困扰。

根据法律顾问建议，我们不得不按照最长为六十天的报价时间表逐步行事。股东同意书不断涌入，我们尽可能地延长了截止日期。曾经热情高涨的我，现在深感忧虑。我们多么希望能向股市发表下面这种声明："我们已经撤回了报价，因为融资合作伙伴没有足够的实力提供贷款。"或者："我们已经撤回了投标，因为我们的融资合作伙伴不愿意继续支持这笔交易。"这样的声明本来可以达到我们的目的。但与此同时，很明显，我们和花旗集团一样，无法在不损害自己声誉的情况下退出。事实上，花旗集团曾被格林希尔的西蒙·鲍瑞斯（Simon Borrows）警告，如果他们同时辜负了泰丰资本和百代唱片公司，那么就可能"毁掉花旗集团在英国的声誉，并为其他大型综合投资银行敲响了丧钟。"

百代唱片公司的做法是迫使华纳唱片公司进行二选一，宣布自己加入或退出竞购的行列。7月17日，华纳唱片公司宣布无意与我们竞争。百代唱片公司的股东们开始支持我们的提案。我们的选择越来越少了。距离报价期结束还有一周的时间，股东的接受率为76%。花旗集团的热情似乎并不比我们高多少。行业的惯例是，一旦接受率超过 75% 的门槛，融资银行就会放弃必须达到 90% 的条件，但花旗集团对这种操作方式并没有太大意愿，显然是希望这笔交易会自行陷入困境。

在六十天到期的前两天，接受率仅为 84%，似乎这一提案会以失败而告终。花旗集团和泰丰资本可以在声誉完好无损的情况下放弃这笔交易。然而，百代唱片公司随后向收购委员会提出请求，以近期的邮政系统罢工可能会阻碍同意书的邮寄为由，要求延长六十天的期限。收购委员会批准了。这让我们陷入了一个两难的境地：我们要么同意裁决，要么挑战公司和监管机构。

我刚刚落地东京，计划于 7 月 28 日星期六清晨抵达悉尼，因此泰丰资本在英国时间 7 月 27 日的晚些时候召开了电话会议，在我们的报价失效前两天，讨论我们可选的应对方法。我在悉尼降落后，从机场直奔酒店。躺在柏悦酒店的床上，看着窗外的悉尼歌剧院，我感到一阵头晕目眩——既因为时差反应，也是被最近发生的事情所困扰。

就在我离开东京之前，我告诉我最亲近的交易员同事昆汀·斯图尔特（Quentin Stewart），我在退出方面做了错误的决定。普赖斯在与我们的收购律师交谈过之后，表示退出交易太难做到了。不但法律处理上非常复杂，我们也将面临难以承受的声誉损失，此外，还有强烈的道德理由支持我们继续进行交易。我参加了泰丰资本的普通合伙人线上会议，听大家讨论了很久。参与交易的人在谈话中明确陈述了我们为什么别无选择，只能让它通过。最

第八章
买狗

后，我同意了，然后就迷迷糊糊地睡着了。几个小时后，我惊醒过来，确信自己做错了事。我打电话给普莱斯，告诉他我改变主意了，但已经太迟了。我们已经延期了。

8月1日，在我们提交了32亿英镑的百代唱片公司竞标的10周后，我终于被告知此项提案已经进入无条件执行阶段了——终于有足够多的股东表示接受，公司将是我们的了。从那个时间点开始，尽管花旗集团向我们提供融资的具体细节仍然悬而未决，但我们实际上已经获得了百代唱片公司的所有权。到现在为止，我对音乐产业的热情以及我们将变革这一产业的期望已经全部烟消云散。相反，我有一种难以置信的低落感。

在悉尼结束会议后，我乘飞机去夏威夷与朱莉娅和孩子们会合。在登机前，我编写了一条相当笨拙的短信："我们得到了百代唱片公司。"但是，手机的预测文本功能将我的消息更正为"我们得到了狗。"

第九章

音乐当前

在我年轻的时候

比现在年轻好多的时候

我从来不需要任何人以任何方式帮助我

但那些日子已经远去

我不再过分自傲

现在我改变了想法

打开了心门

披头士乐队

《*救命!*》(*Help*)

我们买下了这只狗，银行家们正在为今年最大胆的一笔交易鼓掌，而我的团队也正在庆祝一个极其艰难的过程的结束。不过，我知道这样的庆祝还为时过早。经验告诉我，真正艰苦的工作实际上是在签在合同上的墨迹干了之后才开始的。毕竟，现在它是在用你自己的钱。此外，我也敏锐地意识到，我们的两期旗舰基金共有 30% 被投资到了百代唱片公司中，这一下子打破了私募股权的两个基本规则：对任何一家公司的投资要保持在 10%

第九章
音乐当前

以下的占比，并且避免跨基金投资，因为这样，如果有项目失败，也不会影响其他基金的表现。我希望，也认为，我们能够出售足够多的公司股份，使我们的持股比例低于10%。

当我们开始关注百代唱片公司时，市场和2000年互联网泡沫破灭之前一样火爆。当我们完成交易时，市场已经大幅降温了。廉价资金一直在掩盖所有的错误，它的流动性已经基本消失。正如沃伦·巴菲特（Warren Buffett）在2004年的一封致股东信中所说："只有当潮水退去，你才会发现是谁在裸泳。"我很快就会感觉到自己要被退去的潮水晾在沙滩上了。

这笔交易于2007年8月完成，正值金融危机期间，这意味着再将其出售的可能性日益降低。我完全不知道，早在2006年6月，花旗集团旗下的消费者贷款集团的首席承销商理查德·M.鲍恩（Richard M. Bowen）就开始警告董事会，指出他们遇到了问题。与大多数其他金融集团一样，花旗集团持有大量债务抵押债券（CDO）和抵押贷款支持证券（MBS）的投资组合——其中大部分是次级贷款。虽然他们使用了复杂的数学风险模型去研究各个地区的抵押贷款，但并没有考虑到全国房地产市场有可能陷入低迷，也没有想到数百万抵押贷款的持有人有可能会债务违约。对于一个每年住房抵押贷款的买卖总价值高达900亿美元的集团来说，风险评估如此不到位似乎确实令人惊讶。

当时，鲍恩警告董事会，花旗集团至少有60%的抵押贷款在某种程度上存在缺陷。一年之内，最初的估计被上调为80%，但是，没有人听他的意见。即使在 2007 年夏季，出现了贝尔斯登公司险些倒闭的悲剧之后，花旗集团仍认为其债务抵押债券出现问题的可能性非常小，因此将其排除在风险分析之外。

泰丰资本的团队整体上仍然非常有信心，认为我们能够卖出至少三分之二的对百代唱片公司投资。但是，我一天比一天不确定。与私募股权的大多数从业人士不同，我曾经的工作就是坐在交易台前，所以对 1989 年的市场崩盘记忆犹新。在完成与花旗集团的融资之前，我们无论如何都不能开始抛售股票。

然而，在我于 2007 年 8 月走进百代唱片公司董事长办公室的那一刻，我并没有立即开始考虑未来可能会因此变成什么样子，而是对百代唱片公司深陷于生活在旧时代的需求感到担心。办公室的墙上挂着从玛丽亚·卡拉斯（Maria Callas）到披头士乐队（the Beatles）再到罗比·威廉姆斯（Robbie Williams）等所有人的照片。在我看来，这无疑表明百代唱片公司是一家沉迷于自己昔日辉煌的公司，而这些辉煌是来自黑胶唱片和 CD 创造的利润。甚至就连办公室的气氛都似乎更适合娱乐圈的艺人，而非严肃的公司业务——黑色的皮沙发、昏暗的灯光，以及屋外露台上的花园家具。

非常传统的公司大楼的建筑本身。我记得唯一引人注目的就是听音室，里面放着一张长款的扶手沙发，并配备了高品质的高保真音响。从表面上看，这似乎并非不合理——毕竟听音乐在这家公司里显然是人们的一项工作。然而，在这张长沙发上究竟发生了什么事情，已是谣言满天飞，所以这种设置立刻看起来就没那么合理了。

我与环球音乐集团（Universal Music Group）董事长兼首席执行官道格·莫里斯（Doug Morris）曾有过一次谈话，对我很有启发性。他是这个行业的资深人士，了解各种内幕和丑闻。"美国的音乐产业非常肮脏，但我们在二十世纪九十年代清理干净了，"他说，"这件事必须要做。我们赚的钱太多了，这个行业也飞得太高了。我们做的一些事情既在政治上不正确，也无法被社会接纳。我一直不明白的是为什么百代唱片公司没有跟着我们一起清理。我以为你们英国人都很正直。"他希望百代唱片公司的新东家能证明他是对的。

据说百代唱片公司每年花在"水果和鲜花"（音乐行业对可卡因和性服务人员的代称）的费用高达 2,000 万英镑。不管真相如何，我们在公司账簿上发现了一幢位于梅费尔（Mayfair）①的公寓，它显然是用来奖励员工和招待记者，而并不是所谓的满足优秀人才的住宿需求。后来，我们以 560 万英镑将其售出。当我坚持所有支出必须提供明细收据时，我就开始受到伦敦贩毒团伙不友好的关注。"小心点儿，我听说你把有些人激怒了。"一天下午，一位与伦敦警察厅有联系的熟人约我在远离办公室的地方会

---

① 梅费尔，伦敦市中心地区名，聚集了大量高档商场和写字楼，以及豪华餐厅和酒店，是全球商业租金最高的地段之一。——译者注

面，其间他如是说。我开始觉得自己生活在 B 级片 ① 里。

没过多久，我就不得不采取一些我从未想过有朝一日会有必要采取的措施。我聘请了私人保安。我还派我的司机去学习防御性驾驶课程。然后，他就向我展示了他的新技能：高速穿过达特福德隧道（Dartford Tunnel）②，摆脱了一名尾随我们许久的摩托车手。我蹲在座椅旁边躲着，尽量不吐出来。还有一次，有一个小毒贩试图进入百代唱片公司大楼，想跟我讨论一下"葛先生对我的生意造成了什么伤害"。我们不得不报警。

如果说毒贩子们对泰丰资本的出现感到不满，那么音乐行业也是如此。许多人在背后向我们投来敌视的目光。比如威廉姆斯的经纪人——当然还有其他人，对我大肆侮辱，然后又有礼貌地当面批评我们（也有礼貌地道歉）。百代唱片公司的员工也存在意见分歧。但毫无疑问，那些总是希望维持现状的高层人士对我们是最反感的。他们效仿现实生活中塞尔维亚的恐怖组织，专门成立了黑手帮（Black Hands Gang），目的就是要给我找麻烦，因为他们不能直接除掉我。

我已经习惯了批评，也可以接受批评。毕竟，我做过的一些

---

① B 级片，拍摄预算较低的电影。由于成本有限，通常制作欠佳，没有明星出演，为吸引观众，经常选择恐怖、黑帮等题材。——译者注

② 达特福德跨河道路（Dartford Crossing），在 1991 年之前称为"达特福德隧道"，由两条隧道和一座桥梁组成，横跨泰晤士河，被称为"英国最重要的公路交通节点之一"，交通拥挤。——译者注

第九章
音乐当前

交易在某种程度上是有争议的。作为一家日本公司（野村证券）的员工，我从防卫省[①]购置了房产。我从英国铁路公司（British Rail）购买了机车，而这个行业直到最近才被国有化。这样的交易难免不能获得普世的好感，但是，无论我之前经历过哪些负面反应，都无法与我现在可能遭受的相提并论。

起初，我试图将被百代唱片公司太太团称作 Terraists[②] 的一群人的泰丰资本的员工和黑手帮团结在一起，但事实证明这几乎是不可能的。两派人都坚信自己是对的。他们同样坚信对方是不道德的。泰丰人担心百代唱片公司陈旧糟糕的昔日作风。黑手帮认为，由于我们不喜欢有创造力的人，所以我们也不喜欢他们。这简直荒谬。如果我们能发现一家富有创意、蓬勃发展的公司，我们会很高兴。可是，问题在于，我们接手之后，迫切地希望能为公司扭转局面，但这家公司却在吃老本儿，几乎没有找到什么新的成功业务。它的主要收入来源之一，披头士乐队的音乐目录，此目录在大多数高级管理人员出生时就已经开始出现了。

此外，公司也挥霍成性，尤其是艺人与制作部（A&R）[③]。我

---

① 防卫省，日本负责国防事务的行政机构。——译者注
② Terraists，在英语词意上，在 Terra Firma 的基础上，以构词法创造了"泰丰资本的人"一词；在英语语音上，取"恐怖分子"terrorists 谐音。——译者注
③ 艺人与制作部（A&R，英语"artist and repertoire"的缩写），是指唱片公司下设负责发掘、训练歌手或艺人的部门，多见于流行音乐业界。——译者注

早先听到艺人们抱怨，其中一件事就是他们每年都发现自己的版税账户上被扣掉了一些派对费用，但是他们从未参加过这些活动，所以他们的收入也相应地减少了。其中一部分消失的钱甚至没有花在娱乐上。百代唱片公司的一名高管人员使用公司的预算为其妻子的个人健身美容套餐、私人晚宴、食品、杂货和很多乱七八糟的东西买单。对于某些人来说，只要不招致惩罚，肯定是能有多少好处就捞多少。

还有另一个根本问题。百代唱片公司倾向于在财报上给出专辑的发货量，而不是专辑的销量，所以唱片销量看起来比实际更高。例如，从账面记录上来看，罗比·威廉姆斯的专辑 *Rudebox* 应该是一部热门之作，因为公司制作了大量的录制产品。但是，在了解到实际有多少人购买收藏这张专辑之前，制作量的数字没有任何意义。在某些情况下，只有约5%的库存最终被售出。余下的将继续在仓库中等待被粉碎的命运，然后出口到中国用于道路建设。为了达到季度目标，经理们先按照自己的需要分销，把利润入账，担心库存水平是之后的事情。这是零售行业的一个经典技巧。

残酷的事实是，百代唱片公司已经有十年没有从录制音乐业务中赚到钱了。为了能发现明日之星，他们花了大笔的钱。但实际上，这只是相当于往墙上扔果冻，还希望有一些能黏住。最终，公司的大部分收入依然是来自大西洋两岸的少数艺人。最重要的是，百代唱片公司未能及时抓住数字音乐这一不断增长的市

第九章
音乐当前

场机会。在 CD 销量下降的情况下，公司为了继续实现销售，随后与数百个数字业务合作伙伴签订了协议，但结果导致其 90% 的数字收入来自苹果公司（Apple）（如果算的是公司最倚重的前十名数字合作伙伴，这一比例将上升到 99%）。总而言之，这距离美好的未来还很遥远。

最初，我认为可以保留公司的首席执行官尼克利和他的团队。也许在远离公开市场的关注之后，他们可以根据公司的需要做出重大改变，但是，事实并非如此。首先，财务总监马丁·斯图尔德（Martin Steward）宣布了他即将离职的消息。我经过一番思考后，决定也必须让尼克利跟他一起走人。他于 2007 年 8 月离职。

我曾经是一个直言不讳的人，并不总是会在说话前考虑可能的后果。2007 年 9 月 13 日，我在剑桥参加皇家电视协会（Royal Television Society）的会议时，在小组讨论会上忍不住分享我的发现。该活动由 BSkyB[1] 集团首席执行官詹姆斯·默多克（James Murdoch）策划，他很喜欢扩展媒体辩论的话题，不局限于只讨论电视。我和谷歌的尼科什·阿罗拉（Nikesh Arora）[2] 共同出席

---

[1] British Sky Broadcasting（BSkyB）是天空集团（Sky Group Limited）的前身，是一家泛欧卫星广播公司，总部设于伦敦，旗下包括天空新闻台和英国天空公司，也是英国最大收费电视台。——译者注

[2] 尼科什·阿罗拉，时任谷歌公司高管，现任派拓网络（Palo Alto Networks）首席执行官。——译者注

了一组讨论，谈了谈我对音乐行业的早期印象。"我们在最具挑战性的行业中寻找最糟糕的企业，"我对一屋子的电视制作人说道。"当情况真的非常糟糕时，我们会非常开心。我们最近投资百代唱片就是一个典型案例。我把这一挑战与我们在 2004 年收购 Odeon ① 连锁电影院的案例做了对比。Odeon 有相当一部分经理会无缘无故地飞去好莱坞参加电影的首映式。我的态度是："他们以为自己是在电影行业，但实际上他们只是在爆米花行业。"就这一句话，再加上其他断章取义的报道，就足以说服以前中立的员工、艺人和经理加入黑手帮。

在尼克利的告别晚宴上，我第一次有机会见到百代唱片公司的整个管理团队。我大为震惊。晚宴完全被中年白人占据，他们都打扮得像身材微胖的室内设计师，穿着黑色牛仔裤和黑色衬衫。没有女人，没有一个有色人种，而且很可能没有一个五十岁以下的人。缺乏多样性在任何行业都不是一件好事。在一个客户大多都不是中年白人的行业中，缺乏多样性简直太可怕了。我记得，那天晚上的谈话话题，无非就是创纪录的交易、预付款和尝试做更多类似的收购。但是，当我环顾四周时，我意识到这些艺人与制作部的高管们没有一个人有可能找到下一个摇钱树。毕竟，他们拒绝过贾斯汀·比伯（Justin Bieber），因为他们认

---

① Odeon，英国主要的电影院品牌，截至 2016 年，其市场占有率为全英第一，但在新冠疫情的影响下于 2020 年关闭。——译者注

为"不需要另一个男性青少年偶像"。他们认为，与艺人一起出去玩会让他们变得富有创造力。有些人甚至还总想假装成摇滚明星，经常参加演唱会的余兴派对，在生活中只看重性、毒品和摇滚乐。但他们与百代唱片公司的艺人或客户完全不同。后来，我发现公司向一位新来的音乐主管开出了高达2,000万美元的年薪，希望他能寻找到下一位超级巨星，但事实上他压根没有去找过。而对此，我一点儿也不觉得奇怪。他对音乐的品位还停留在他自己那一代人的风格。虽然他的播放列表里的歌曲我也会听，但我不是我们公司需要的客户。

发现问题的部分就先写到这里。现在，我们必须想出解决方案，而且速度一定要快。在尼克利离开后，我们的首要任务就是选出一位临时的领导者。泰丰资本的多位董事总经理都被提名，但在斯图尔特——在公司的资历仅次于我的高管看来，没有一个人是合适的。他担心我们整个团队都太爱百代唱片了，所以可能无法做出一些艰难的但又必要的决定。他建议由我来做。

但我对这种未来的图景其实没有什么热情。事实上，这是我最不想做的事情。我是投资者，不是经营者。对我来说，直接控制一家拥有6,000名员工的公司的日常工作是一件陌生的事。此外，我还记得野村证券的人力资源主管戴维·法兰特（David Farrant）曾经解释说，日本人不认为领导者应该是举着大旗跑到战场中央的人。他说，大家应该始终要保护幕府将军。这样一来，他们就不会冲锋陷阵，而是不断保持领先。

我本应该学到这一点，但是相反，我最终得出的结论是，如果必须有人要来解决问题，那这个人可能就是我。我们需要迅速果断地采取行动，所以我在公司里安插了33名泰丰资本自己的人，而在以往的项目上我只需要派几个人过去就够了。我知道，如果希望公司按照我们的设想做出改变，那么将有一半的员工需要离职。还有80%的艺人也不得不跟着他们一起离开。我们开始得越早，效果就会越好。也许这次到了我在一线领导工作的机会。

斯图尔特认为我只需要负责几个月的时间就足够了。然后，我们就能找到其他替代人选，让我回到自己的办公室里俯瞰伦敦塔和伦敦塔桥。然而，与此同时，我不得不蹚过各种各样极具挑战的泥潭。有时，这些本就复杂的情况还被我自己的错误估计和失误搞得更麻烦。例如，我明确表示百代唱片需要消费者营销和数字化等领域的专家。虽然我是对的，但也许在有些人听来，这句话的意思是昔日的辉煌是他们创造的，但如今想要赢得市场，就需要靠一群码农。而我时常意识不到这种说者无意听者有心的情况。在与百代唱片管理层的一次会议上，我说，我们大家都在努力工作，但泰丰资本和百代唱片的员工之间的区别在于，泰丰资本的员工通常一早起床，在午夜前睡觉，而音乐行业通常是开工得晚，结束得更晚。但他们以为我在暗示他们懒惰。在确定了我们一家人都爱唱卡拉OK之后，一位电视节目主持人在采访时就连哄带劝地想让我表演一曲。"能给我们唱一首你最喜欢的

第九章
音乐当前

卡拉 OK 歌曲吗？"他天真地问道，"我听说你唱 *My Way*[1] 非常拿手。给我们唱几句就行，老葛。"我完全无法想象在电视里展示我的破锣嗓子，所以就在那档直播节目中愣住了。在那之后，我有很长一段时间都不再接受采访，并尽量保持低调，不过也无济于事。

在我解雇了百代唱片的英国音乐总监托尼·沃兹沃斯（Tony Wadsworth）之后，我在公司大楼里的不受待见的程度进一步增加。他曾经在培养艺人方面如同具有点石成金的超能力，但据我计算，近年来，他的部门由于押注了错误的艺人而使百代唱片损失了 10 亿英镑。当然，公平地说，CD 的销量如今不比从前，而他也正在拼尽全力发掘新人。我们最初打算为他安排一个新的职位，让他可以维持与所有重要艺人之间的关系，但不再控制预算。不幸的是，他没有接受这个安排。"托尼，你是个可爱的人，"我对他说，"你可能是我见过的心肠最好的人，而且你也是我见过的最了解音乐的人，但是，你的部门已经让百代唱片公司损失了十个亿。""老葛，我的业绩很糟糕。"他回答道。

事实证明，招贤纳士并不是一个好方法。公司里有希望能胜任的年轻人却缺乏经验。而当我从外部招来一批新人时，其中有

---

[1] *My Way* 改编自一首在 1969 年流行的法语歌曲，英文歌词由保罗·安卡创作，并非按照原意翻译，曾被多位知名艺人演唱，由弗兰克·辛纳特拉（Frank Sinatra）翻唱的版本在英国音乐排行榜 UK Top40 中霸榜长达 75 周。——译者注

一些人竟然以我从未见过的速度融入公司的氛围之中。在他们到来的几周——甚至几天之后，他们就在中庭举行的周四才艺比赛中表演无伴奏清唱，而那时我却在办公室里工作，本来还指望着他们也在仔细研究数据。

不真实的气氛继续笼罩着这个地方——空气中还飘着对实际业绩完全错位的信心。例如，当看到第二年的预测时，我立刻就意识到这是过于乐观了。事实上，如果你把每一张专辑的预测销量相加，得出的数字将超过前一年其他三大唱片公司的销量总和。而且请注意，当时整个行业都在萎缩，并没有增长，这让我感到看涨情绪有些疯狂。但是，这种预测并没有以现实为基础。

然而，百代唱片公司并没有集中精力来解决这个非常基本的问题，也没有想办法提高命中率，却只是真心投入到了一个特定的运营领域——向分享数字格式的音乐文件宣战。他们深信自己的销量下滑是非法音乐下载所导致的，并联合其他几家大型唱片公司，花费了大量的金钱、时间和精力在全世界采取法律行动。然而，即使是在公司真正表现出团结和热情的一个领域里，我也认为他们采取了错误的策略。他们没有把功夫用在了解数字化转型上。他们没有意识到这既是机会也是威胁。我们的分析表明，共享音乐文件的人不仅代表了最庞大的音乐消费人群，也是在音乐上花费最多的一群人。有一位使用文件共享的年轻音乐迷曾向我解释说："我每周会下载数百张唱片，听完之后再去店里买上两三张我最喜欢的。我是唱片公司最好的客户之一，但他们却想毁了我。你们为什么不联合起来，为我们推出订阅模式服务呢？这样我们就可以试听音乐了。我很乐意为了试听支付订阅费，但我不会把钱花在上百张糟糕的专辑上，我先听一听最开始的几个小节，就能知道我不喜欢继续听下去了。

有一段时间，我们试图以每家唱片公司为单位，整合出一个数字化的订阅服务，但是没有唱片公司支持我们，而且我们也不认为百代唱片只靠自己的力量就能成功。不过，至少百代唱片最终获得了 Spotify[1] 的少量股份。

在商业中，你需要的是部落。如果你是麦当劳，你就是麦当劳，而不是汉堡王，你必须要打败汉堡王。这是你每天的动力。这就是让团队凝聚起来的原因。这就是祖鲁建立自己帝国的方式。最终，泰丰资本和百代唱片在尝试合作的过程中发现，我们是两个不同的部落，目标也截然不同。矛盾的是，我试图把存在分歧的各方团结起来，希望共同寻找前进的道路，但这却削弱了我的领导效力。我发现自己一直在倾听别人的声音，努力顾全争论的双方意见，还尽量不要生气或对人感到失望。但在这样做事的过程中，我相当于抛弃了曾经对我非常有效的部落思想——让祖鲁获得成功的部落思想。一些历史学家认为，当祖鲁开始考虑他人的观点时，他就走上了衰败之路。最终，他被人下毒。在管

---

[1] Spotify，瑞典线上音乐流媒体平台，成立于 2006 年 4 月，以数字版权管理保护的音乐为主要业务。——译者注

理大师眼中，一些差异性的公司文化是具有创造力的，他们有时会赞同这些文化的存在，但是，我怀疑他们从来没有经营过一家公司。归根结底，你无法让一个伟大的部落既充满了不怕牺牲不辞辛苦坚持工作到凌晨 4 点的人，同时还兼容那些占据着百代唱片高层位置的养尊处优之人。与此同时，如果领导者所做的工作还在他们的舒适区之外，又希望让音乐产业实现全面转型，那前景显然不可能美好起来。

在刚刚接手百代唱片时，我打算实施一系列根本性的变革措施，希望可以借此宣告公司将由一个全新的部落负责，并能确保员工的服从。例如：承诺在 2012 年年底前停止制作 CD，在年底前展开毒品检测，并向每位艺人提供完全透明的个人账户扣费明细。这些策略共同谱写了我们这个部落所信仰的宣言。然而，一旦有人说服我，或者我说服自己试着安排几个百代唱片部落的人加入我们，我们就会丢失自己的重点、工作速度和动力。充满雄心壮志的变革项目就会被放缓。如果我们能有七年的时间，那效果就会很好，但在私募股权的世界里，你很少能有七年的时间。如果不能在三年内实现目标，那么你可能就永远失去了实现的机会，尤其是在金融市场风暴肆虐的时候。

在随后发生的一系列人员损失中，有几个关键的关系需要妥善处理。百代唱片热度最高的艺人团体之一电台司令乐队离开了，他们把公司的新管理层描述为"瓷器店里的一头迷茫的公牛"。乐队的主唱兼创作人汤姆·约克（Thom Yorke）解释

第九章
音乐当前

说，他们想要的是"对自己作品及其未来的使用方式的一些控制权——对我们而言，这应该是合理的诉求，因为我们非常关心这些作品。但葛先生并不感兴趣，所以我们也就不感兴趣了。"如同许多在争吵中分手的情侣一样，双方都可以认为自己是对的，而且鉴于各自的立场，他们确实可以是对的。对我而言，与电台司令乐队争论的真正焦点在于我们愿意支付给他们多少预付款。我的团队经过一番精打细算，决定给出 100 万英镑，并指出鉴于音乐专辑行业岌岌可危的现状，我们可能很难赚回这么多钱，但是，电台司令乐队期待的是这个数字的许多倍。最终，他们决定在自己的网站上发布精心制作的专辑《彩虹里》(*In Rainbows*)，允许乐迷按照自己的意愿付费。在下载该专辑的人中，超过 60% 的人没有向电台司令乐队支付一分钱。这对电台司令乐队、对唱片业究竟是一个好决定还是一个坏决定，从那以后就一直被争论不休。

在最初几个月的艰难时光里，艺人的每一句批评言论都会被详细报道。歌手莉莉·艾伦（Lily Allen）[1]的为人和音乐作品我都非常欣赏。她曾对媒体表示："我讨厌泰丰资本。"多年后，当回想起来这些往事，我承认虽然我确实钦佩艾伦的直言不讳和她坚持自己信仰的决心，但她确实很难相处。不过，当她在媒体或社

---

[1] 莉莉·艾伦，1985 年生，英国歌手、词曲作家、演员、作家及主持人。第一首单曲 *Smile* 即攀升至英国单曲排行榜首位。——译者注

交媒体上被攻击时，我依然很同情她。做她音乐的粉丝比做她的商业伙伴要容易得多。

并非所有与艺人及其经纪人的谈话都充满敌意。事实上，大多数人——包括我与艾伦团队的初次会面都是礼貌而亲切的。例如，我与米克·贾格尔爵士（Sir Mick Jagger）①共进午餐，讨论滚石乐队的新合同。我们有大量的员工在为滚石乐队工作，但却并没有赚到多少钱——他们拥有大量的音乐目录。新专辑不好卖，之前的 CD 专辑也只能带来很少的收入。滚石乐队真正赚钱的是巡回演出。为了跟他们签订新合同，我们准备了一个报价——一个我们认为在经济上可行的报价，但却不太可能是他们希望拿到手的数字。我们提高报价并付给他们更多费用的唯一方法，就是他们同意参加一些电视节目、给一些电脑游戏冠名，并让我们分享他们的音乐会收入，但这些都不会发生。

我们的午餐非常愉快。每人喝了一杯勃艮第白葡萄酒，贾格尔爵士谈到了他的古董收藏以及当上祖父的感觉。我们都在肯特郡长大，都上过当地的文法学校，所以有不少共同点。但是，在闲聊结束之后，我们开始讨论合同时，很明显双方无法达成协议。我们对彼此都非常坦白："你看，这个报价对我们来说在经

---

① 米克·贾格尔，迈克尔·菲利普·贾格尔爵士（Sir Michael Phillip Jagger）的艺名，生于 1943 年，英国摇滚乐手，滚石乐团创始成员之一，1962 年开始担任乐团主唱。——译者注

济上是不划算的，但我们希望你们能留下来，因为你们是一只具有标志性意义的乐队，"我表示，"但是，如果我们按照你们预期的费用签合同，那么你们将不得不做很多其他的工作，但我不确定那些真的是你们想做的事情。"贾格尔回应的同样直截了当。他的大概意思是"相对于我从音乐会中赚到的钱——我不确定我还会开多少次巡演——你的报价在经济上对我并没有吸引力。"我能理解他的意思。我们建议的那些活动很适合在职业生涯之初寻求建立名声的人，但并不适合已是全世界热度最高的乐队。

彼此解释清楚了之后，我们聊了聊百代唱片。在贾格尔看来，这家公司的效率低得令人难以置信，尤其是在人员配置方面。他说得很直接："每次我们开音乐会时，百代唱片公司都会安排至少八位年轻貌美的女子为我们四个人拿着喝水瓶。在我年轻的时候，有几个魅力四射的女性给我拿水喝那感觉真是好极了。但是，坦白说，我现在已经当爷爷了，我可以给自己拿喝水瓶了。他们把钱花在了很多与我们的音乐不相关的人身上。"午餐结束后，我认为贾格尔会比我更适合做首席执行官，但那时他有他的工作，我有我的工作。

几周后，我们正式给出了新合同的报价，希望能留住滚石乐队，但当然我们没能成功。滚石乐队的离开被媒体大肆报道。那个星期我在中国出差。正在酒店健身房的跑步机上锻炼时，我看到电视屏幕上满是我的照片，新闻主播宣布了滚石乐队将在签约十六年后离开百代唱片。我敢肯定，当时健身房里的其他人其实并没有在看我，但我感觉好像自己被所有人盯着。回到房间后，我接到了母亲打来的电话，她想确认我是否安好。她在英国广播公司的新闻上看到了这个报道，真的很担心我。我跟她解释这只是一个商业决定，滚石乐队实际上并不讨厌我。

珍妮特·杰克逊（Janet Jackson）[1]是另一位在经济上对我们失去意义的艺人。她的合同很适合二十世纪九十年代的巨星，但在 2007 年就没有意义了。我们不仅要付给她很多钱，还需要按照合同为宣传她的作品支付一大笔费用。2004 年，在第三十八届超级碗决赛的中场秀表演期间，珍妮特经历了"衣橱故障"[2]，但这并未对销售产生太大影响。这一事件的大部分压力都落在了珍妮特身上，对她的职业生涯和个人声誉都造成了不小的影响。如今，她对未来的规划似乎是想制作一些具有强烈性暗示的音乐，并包含一些受到虐恋启发的歌词。可以预期，她未来的专辑将给我们带来巨大的亏损，所以我们付了一大笔钱，与她解约。后来她与环球唱片公司旗下的 Island Records 签约后，于 2008 年发行了录音室专辑 Discipline，这成为她职业生涯中最失败的一

---

[1] 珍妮特·杰克逊，1966 年生，美国歌手、演员，迈克尔·杰克逊的妹妹。她是流行音乐史上销量最高的艺人之一，也是演艺圈中最富有的女性之一。——译者注

[2] 衣橱故障（Wardrope Malfunction），美国女星珍妮特·杰克逊在 2004 年美国超级碗决赛的中场秀表演中不幸走光，露出胸部。此次事件后来被称为衣橱故障，又继而代指泛指女性不幸穿帮走光。——译者注

张专辑。

还有乔斯·斯通（Joss Stone）①。在我接手之前，百代唱片花大价钱跟她签了合同。但考虑到音乐行业的现状，我认为这在经济上绝对是不现实的。她来到我的办公室讨论未来的合同。那次谈话让人有些情绪激动。斯通带着她的贵宾犬，连这只名叫达斯蒂·斯普林菲尔德（Dusty Springfield）的小狗都猜到我会拒绝她主人的开价。得知结果后，它在我的地毯上便便了一通表明了态度。

甲壳虫乐队是我希望拼尽全力挽留的一支乐队。首先，他们的音乐目录为公司创造了巨大的利润（几乎是全部利润），而且从声誉的角度来看，他们也是音乐行业的皇冠明珠。然而，与真正的皇冠明珠有所不同的是，他们并不是放在玻璃罩后面的陈列品，而是活生生的人，并且还会不断以各种形式重生。

当时，披头士乐队的所有曲目都正在由乔治·马丁爵士（Sir George Martin）②重新灌录。他曾在阿比路录音室（Abbey Road Studios）③为披头士乐队录制了众多原始唱片，我们也将这一具

---

① 乔斯·斯通，约瑟琳·伊芙·斯托克（Joscelyn Eve Stoker）的艺名，生于1987年，英国歌手、词曲作者和演员。她是英国专辑排行榜上最年轻的英国女歌手，其专辑曾登上英国专辑排行榜榜首。——译者注
② 乔治·马丁爵士，1926—2016年，被认为是史上最伟大的唱片制作人之一。他因广泛参与披头士乐队每张原版专辑的制作，常被称为"披头士第五人"。——译者注
③ 阿比路录音室，位于伦敦阿比路3号的一座录音室，其最著名的客户是披头士乐队。——译者注

有历史意义的录音室作为百代唱片的一部分收购下来。甲壳虫乐队担心重新发行曲目的频率过高，而且艺术水准不够，无法达到他们维持长期影响力的要求。甲壳虫乐队和太阳马戏团（Cirque du Soleil）^①在艺术上也存在重大分歧。太阳马戏团在 2006 年的演出《爱》（Love）正是基于甲壳虫乐队的音乐改编的。

我与乐队成员以及他们的核心人员开了各种各样的会议，有时一起开，有时分开聊。小野洋子（Yoko Ono）^②给我留下了深刻的印象：她风度翩翩，一心一意只为保护约翰·列侬的传承。钱对她来说似乎不那么重要了。同样，帕蒂·哈里森（Pattie Harrison）^③也热衷于丈夫的音乐，并全力保护着他。保罗·麦卡特尼（Paul McCartney）是乐队成员中单飞后事业最成功的，也是在披头士乐队与百代唱片公司的关系上最不感情用事的一位。对他来说，这是一个非常简单的经济账——通过计算，他已经意识到，如果没有披头士乐队，百代唱片就无法维系生存。他几乎从不参加会议，而是选择派代理人参加。这也是他的效率极高的原因之一。他从不会亲自在会议上做出决定。

---

① 太阳马戏团，加拿大娱乐演出公司，全球最大的戏剧制作公司，是世界上发展最快、收益最高的文艺团体。文中所提及的演出 "The Beatles Love" 是其常驻演出之一。——译者注

② 小野洋子，日裔美籍艺术家，约翰·列侬的第二任妻子和遗孀。——译者注

③ 帕蒂·哈里森，英国模特兼摄影师，与乔治·哈里森于 1966 年结婚，并在 1977 年离婚。——译者注

第九章
音乐当前

林戈·斯塔尔（Ringo Starr）的态度非常友好，也非常积极。有一次，在我们的协商陷入僵局时，他突然去到首席执行官的办公室，但发现我不在，于是抓起一张纸给我写了留言，大意是"不要因为那帮混蛋而沮丧失望。爱你的，林戈。"人们可能对小野洋子和麦卡特尼心存些许警惕，但我在公司里见过的所有人都对斯塔尔无不赞美。

麦卡特尼想重新谈判甲壳虫乐队的合同，给了一些我们想要的东西，但也拿走了其他东西。我在从纽约回来的飞机上跟他偶遇，完全没想到他的状态俨然已是一位积极努力的商人。他丝毫没有温和柔软的创意人气质，而是完全处于谈判模式。当然，他坐在1A的座位上，随身带着几把吉他。我的座位是2A，就在他后面。到现在为止，百代唱片看起来开始变得不再稳固，所以谣言四起，说我们将被收购。我认为，在他看来，甲壳虫乐队有能力让我们饿死，也有能力养活我们，支持我们继续前进。

他所使用的语言，即使换成一位高盛的银行家来说，也显得十分强硬。"你看，"他坚定地说道，"这是我们的音乐。你们拥有它们的版权是因为历史上的偶然事件。我们应该拿回来。"一旦我意识到这种态度是来自一位随身携带吉他的音乐家，我就不得不接受一个事实——他所做的，其实就是在以非常坚定的态度阐述了他的商业观点。

我们最终达成了妥协。但是，就像许多妥协一样，没有任何一方会特别高兴。如果这家公司具有更健康的财务状况，我们的谈判可能会有更好的结果。如果没有其他三位披头士乐队成员代理人的压力，而是由麦卡特尼跟我们单独谈判，那么我猜他会以更加激进的方式让我们同意对乐队更有利的结果。鉴于我们在谈判中几乎没有什么话语权，他很可能已经得到了他们想要的。

然后是凯莉·米洛（Kylie Minogue）——我最喜欢与之共事的艺术家之一。她有着无限充沛的精力和健美的体态，还异常勤奋刻苦，只为不断练习、追求完美。她的训练量能达到运动员的级别。与此同时，她还也非常亲切友好。我的女儿们与朱莉娅和我一起去曼彻斯特观看她的演唱会时，也与我的感觉如出一辙。

我们做了一些关于米洛的市场调查，涉及 20,000 名采访对象。结果发现，她的目标受众似乎与实际受众并不完全匹配。在曼彻斯特，那天晚上她的音乐会希望吸引少女和年轻女性。然而，我们的测试表明，她应该专注于舞蹈音乐，而且如果她想在美国成名，就需要更多地迎合男性——我认为她没有意识到她的乐迷中有多少年轻的美国男性。我们并无意指定她的艺术方向，但我们确实认为她和经纪人或许能从我们收集到的信息中得到一些帮助。毕竟，做事要基于受众的意见，而非艺人与制作部的工作人员的直觉，这有一定的道理。

后来，我在爱尔兰首都都柏林再次来看米洛的演出时，显然能看出她的表演发生了一点变化。表演和音乐都进行了调整。现在，她的舞台上有了更多男性舞者伴舞。此外，还设置了一个戏水区，男性观众可以在那里泼水。在我看来，米洛似乎找到了一个她真正喜欢的观众群体，并且这些观众也十分崇拜她。

我在审视公司业务时借用市场研究的手段，这让人们觉得我自己有能力指导艺人如何制作音乐，但事实并非如此。我关注的是在这个数字化趋势日益加剧的世界中，艺人如何才能以最好的方式与乐迷分享音乐。事实上，在我掌舵百代唱片的日子里，只记得有两段对话真正聊到了如何制作音乐。第一次是在格莱美颁奖典礼上，一位睿智的艺人与制作部资深人士告诉我："小葛，如果音乐没有节奏，就不会打动你。如果一段音乐不能让你的双脚跳舞，那么它就什么都不是。"一直以来，我欣赏音乐都是从非常学术的角度切入的。多亏了这位艺人与制作部人士，我现在会去听听波萨诺瓦（bossa nova）①，还会从一个全新的角度去思考音乐所传达的情感。我把这种体验比作我在喝葡萄酒时开始考虑"口感"的心情——不仅要细品好酒的味道，还要体会一口酒咽下去之前在口腔中的感觉。这是一种发现快乐的新维度。

第二次是源自第一次谈话。我拿到了酷玩乐队（Coldplay）的新专辑。酷玩乐队是当时全世界最大的乐队之一。当公司还在上市交易时，他们的专辑是否大卖甚至可能会对公司的股价产生影响。因此，百代唱片为了提高该季度的收入，需要尽快发行他们的最新专辑，所以公司内部面临着相当大的压力。我听了新歌

---

① 波萨诺瓦，一种起源于巴西的流行音乐风格，结合了桑巴和爵士乐元素。——译者注

Viva la Vida or Death and All His Friends 的第一段剪辑之后，老实说，并没有觉得它有多么出色——它的节奏不够，也没有打动我。在我表示"我觉得这首歌能再紧凑些"时，酷玩乐队负责艺人与制作部的同事感到非常惊讶。"它无法带给我双脚在地上踩点儿打节奏的感觉。你想要再多一点儿的时间吗？"他过了一会儿才答道，"好的，我们去改，但我本以为你现在就想尽快发行。"后来，这张专辑一经发行便获得了巨大的成功。我唯一的贡献就是把花旗集团挡在公司门外，拖延了几个月的时间，让创作者有时间完成他们的工作。

　　毫无疑问，在我看来，给音乐制作设置特定的完成日期是百代唱片的问题之一。艺人们面临着按时完成任务的压力，而当他们没有按期交差时，股价就会受到影响。两年前，即 2005 年，百代唱片的股票暴跌，其原因就是公司透露酷玩乐队的一张专辑和布勒乐队（Blur）主唱戴蒙·亚邦（Damon Albarn）的街头霸王（Gorillaz）[1] 项目将被推迟。但是，让我们来看看，如果匆匆忙忙地做事，结果会怎样。虽然威廉姆斯按时交付了他的专辑 *Rudebox*，但从销售的角度来看，这张专辑却是一大败笔。我与多位百代唱片艺人与制作部的人员都了解过情况，每个人都表示，如果能给威廉姆斯多一点时间，效果就会好得多。

---

① 街头霸王，一支虚拟乐团，包括四个虚拟动画角色，由英国布勒乐团的主唱戴蒙·亚邦和漫画家吉米·何力特（Jamie Hewlett）共同创造。——译者注

第九章
音乐当前

当然，具有讽刺意味的是，人们对我的印象与真实的我完全相反。我认为更大的创造力会带来更好的财务回报，但大家对此并不理解。百代唱片公司虽然制作了许多新专辑，却并没有赚到钱，因为当时用于宣传专辑和制作 CD 的资金巨大，而且经常高过收益。在唱片专辑进入百代唱片的音乐目录之后，公司主要依靠的就是尾部收入。我的想法是放慢速度，从而尽量把已经制作出来的 CD 摆上唱片店的货架。相反，我希望发行的唱片在数量上更少、在质量上更高。相比来说，与其发行 1,000 张让乐迷买回去之后听了一年就没什么印象的唱片，远不如拥有 30 张在未来 50 年里都时常有人购买的唱片，它们产生的长期收入具有更高的商业价值。我们买下了全世界最好的音乐目录，而我的梦想——无论是商业上还是情感上——都是唤醒这个已经迷失方向的音乐行业巨头，在其多年的积累之上再接再厉。

对于最优秀的艺人，我希望与他们签订直接的利润分成协议，这将给他们带来一系列的好处，尤其是有效降低了他们支付给经纪人员的费用。对于无法创造利润的艺人，我提出以日薪结算他们的新歌制作：我知道这比他们过去惯用的方法更为苛刻，但却是经营一家公司的合理方式。

我相信，这些措施能为公司带来利润，但并无法解决因我担任百代唱片负责人而产生的问题。在私募股权投资中，我最早制定的规则之一——也是最为逆向思维的规则之一——是，我坚持认为，在制定出售某家公司的战略时，该公司的首席执行官不

265

应在决策过程中拥有投票权。同样，在确定某家公司的融资策略时，首席财务官不应在决策过程中拥有投票权。他们能够向股东提供的信息肯定是有用的，但最终决定需要由股东做出——股东在做决定时需要从容、冷静和深思熟虑，而无须担心任何公司内部都存在的日常干扰信息。成为首席执行官之后，我陷入了违反自己原则的境地。此时，我本应在理智上保持客观冷静，以外部视角来看问题，然而实际上却被公司中最繁杂的琐事包围。最重要的是，我只领导了部落的一半——而且是以放弃我的泰丰资本部落来实现的。

第十章

随船沉没

年少轻狂时

人不为我所依

视爱如游戏，斯时已去

艾瑞克·卡门[1]（Eric Carmen）
《孤单一人》（*All By Myself*）

面对股市崩盘，巴菲特对投资者提出过一则著名的建议——"在别人贪婪时恐惧，在别人恐惧时贪婪"。随着信贷紧缩风暴来袭，大多数私募股权公司都感到恐惧，纷纷撤回避风港，竭尽所能希望渡过难关。

无论如何，所有私募股权公司都遭受了损失——当时世界规模最大的基金黑石集团在股市崩盘前几个月刚刚成功挂牌上市，可是在 2008 年第三季度亏损 5.02 亿美元，已经将投资组合中约三分之一的公司进行减记。他们在较长一段时间内都只专注于咨

---

[1] 艾瑞克·卡门，美国歌手、词曲作者、吉他手，生于 1949 年。在二十世纪六十年代末组建了 Raspberries 乐队，迅速成为美国克利夫兰地区最受欢迎的摇滚乐队。——译者注

询业务，并借此机会买入不良抵押贷款，从中获利。国际投资机构 Kohlberg Kravis Roberts 退出了以 80 亿美元收购美国音频电子公司哈曼国际工业公司（Harman International Industries）的动议，并将其原计划在 2007 年的首次公开募股推迟了三年。凯雷集团（Carlyle Group）①对投资组合中的一些公司进行了破产清算，譬如夏威夷电信（Hawaiian Telecom）、德国汽车零部件制造商爱德夏（Edscha）和能源公司 Sem Group 都在 2008 年申请破产。橡树资本（Oaktree Capital）②采纳了巴菲特的建议，将超过 60 亿美元投入不良债务。阿波罗全球管理公司（Apollo Global Management）的创始人之一莱昂·布莱克（Leon Black）目睹了他们的家居用品零售商 Linens 'n Things 的破产，并因撤回对其他公司的投资而卷入一连串诉讼。

为了渡过危机，与泰丰资本在私募股权领域竞争的各大公司，纷纷让各自投资组合中的公司破产，或者为了一点蝇头小利而买入大量抵押贷款，并且不再继续买卖交易。采用这种策略之后，只有规模最大的一家取得了成功。但即使在十年之后，整个行业也仍未完全复苏，由私募股权提供资金的交易规模只恢复到了 2006 年和 2007 年的一半。

---

① 凯雷集团，成立于1987年，位于美国首都华盛顿的一家私募股权公司，拥有深厚的政治资源，被称为"总统俱乐部"。——译者注
② 橡树资本，位于美国的一家全球资产管理公司，擅长另类资产投资策略。——译者注

而我选择了完全相反的路线。我不愿意接受这种霉运，深知最好的办法就是继续前进，所以决定为每一分钱而战。如果轮船即将沉没，我也要做驾驶室里的船长，而不是操纵救生艇的人。这个想法无疑充满了英雄气概和浪漫色彩，但它在商业世界中却找不到自己的位置。如果我随波逐流，泰丰资本如今可能仍然是业界前十，市场也会原谅我们在收购百代唱片上的惨败。聪明的金钱主义者从不挑起争端，也不遵循任何原则，当然更不会拿资金去拯救投资组合中的公司。

相反，我又一次打破了我个人的基本原则，让情绪战胜了客观事实，来支配我的行为。百代唱片本应该是一个需要管理的商品，但它却变成了一个需要痊愈的孩子。当我开始投身于保姆这个新职业时，我的问题也成倍地增加了。在我周围，最亲密的业务关系开始崩溃。我们与花旗集团的关系变得越来越紧张，也越来越疏远。曾经，他们有很多人之所以投票赞成向百代唱片项目提供贷款，只是因为他们把我当作集团的朋友，并且相信我可以扭转这家唱片巨头的颓势。但也有一些人持怀疑态度，并不是特别支持。如今，面对信贷市场正在下行、债务市场开始关闭的现状，花旗集团也正在寻找如何从交易贷款中解脱出来。这段友谊正在经受考验，几乎快到了崩溃的边缘。

我们逐渐发现，百代唱片项目的贷款存放在了花旗集团的机构回收管理部门（Institutional Recovery Management，IRM）中，该部门主要负责应对被花旗集团列为存在高违约风险的债权人。而

第十章
随船沉没

这个部门的经营者所做的事情，就是其名称的字面意思——为花旗集团回收资金。他们可能没有派过小混混们去上门收钱，他们也不需要这样做。他们有律师和会计师，可以用完全合法的方式得到同样的结果。他们当然不是我的朋友。

对我而言，2007年10月的一个发现改变了我对花旗集团的态度，并最终毁掉我们之间的关系。截至那时，我担任百代唱片董事长已经有几个月的时间了，已经为唱片部门制定了一份首席执行官的候选人名单。曾任华纳音乐公司前任负责人和百代唱片公司北美执行官的罗杰·艾姆斯（Roger Ames）似乎是该职位的不错人选。我与艾姆斯安排了一次会面，讨论让他升职为公司首席执行官的可能性。

谈话期间，我们聊到了百代唱片的竞标，艾姆斯提到的一些事情让我感到不舒服。由于他曾经参与了博龙与我们的竞标，所以对这笔交易有自己独到的视角。他的话语让我觉察到泰丰资本是在百代唱片5月竞标会上唯一的投标方。这与我当时在花旗集团的引导下所相信的状况并不一致。泰丰资本在当天给出那么高的报价，唯一的原因就是我相信我们需要击败同时参与竞标的博龙资产管理有限公司。艾姆斯的说法让我开始起了疑心，不知道花旗集团是否只是用博龙的出价作为掩护马[1]。我将

---

[1] 掩护马，或称为跟踪马、假马，英文 stalking horse，原指猎人为了掩护自己而设置的假马，也被引申为摸清对手实力而推出的掩护性候选者。——译者注

这次谈话转达给泰丰资本的总法律顾问普赖斯。随后，他就此发起了一项调查。

2007年11月，当最终确认百代唱片项目的债务被划进IRM时，我们同时得知，在花旗集团看来，百代唱片的状况已经出现了实质性恶化。

虽然我倾向于与花旗集团达成某种妥协，让公司继续在我们的控制下运营，但我不得不相信IRM的目标是尽快从我手中夺走百代唱片。与此同时，花旗集团已经自身难保。花旗集团于11月宣布减记180亿美元，首席执行官普林斯也随之辞职，使其成为这次贷危机的最大受害者之一。种种迹象表明，2008年只会更糟。到目前为止，已经倒闭的银行包括雷曼兄弟公司（Lehman Brothers）[1]和华盛顿互惠公司（Washington Mutual）[2]。花旗集团正处在摇摇欲坠的边缘，在所有等待救助的美国银行中，它需要的金额是最大的。高达450亿美元的美国纳税人的钱被注入该集团，其中大部分转化为34%的股份。

花旗集团数次指控我们违反贷款协议的多项规定。随后，双

---

[1] 雷曼兄弟公司，全球性投资银行，创立于1850年。曾多次获得全球最佳投资银行等荣誉。在次贷危机中，于2008年9月15日申请破产保护。——译者注

[2] 华盛顿互惠公司，成立于1889年，它的最大子公司华盛顿互惠银行（Washington Mutual Savings Bank）曾经是美国最大的储贷机构。——译者注

第十章
随船沉没

方互换了律师函。在僵持了一段时间之后，我们就融资事宜重新展开谈判。而这次谈判着实有失偏颇，还面临着巨大的挑战，有时甚至令人十分愤怒。很明显，花旗集团不愿让步。他们显然不想参与公司重组的全过程。

就在这一切发生的同时，我们仍在继续寻找合适的首席执行官人选来接替我在百代唱片的工作。艾伦·雷顿（Allan Leighton）① 是一个合适的人选，具备我们需要的素质。在雷顿和阿奇·诺曼（Archie Norman）的领导下，阿斯达（Asda）② 从一家经营失败的超市转变为零售商争相收购的资产，其员工和投资者也备受鼓舞。他因此获得了巨大的声望，被誉为企业救星。我们的谈话进展非常顺利，公司连宣布他任命的新闻稿都已经写好了，随时准备发布。

12 月初，我们在东萨塞克斯郡（East Sussex）的 Buxted Park 酒店（这是朱莉娅经营的采撷典藏酒店之中的一家）为百代唱片的投资者委员会组织了为期两天的场外会议。借这个机会，雷顿可以跟每个人都认识一下。晚饭时，他发表了精彩的讲话给我们

---

① 艾伦·雷顿，生于 1953 年，英国最受尊敬的商业领袖之一，曾在皇家邮政、戴森、潘多拉、阿斯达连锁超市等机构担任要职。——译者注
② 阿斯达，一家英国超市连锁店，销售服装、杂货，也提供金融服务，于 1999 年成为沃尔玛的子公司，现在是英国第三大超市连锁店。——译者注

提升士气。"寻找蟾蜍头里的宝石①,"在他说这句话时,房间里的额头都皱了起来。然后……我只能说,他肯定也开始打退堂鼓了。第二天一大早他就起床了,然后离开了酒店。几个小时后,他打电话给我说,"我改变主意了,这太难了。"

在2007年临近年底时,我们准备大幅裁员,这是改善百代唱片财务状况的关键战略。然而,我们却在其他部分陷入了困境。由于信贷供应极度短缺,有许多我们认为能够为百代唱片增加价值的交易似乎越来越不可能进行下去了。例如,我们希望收购华纳的录制音乐部门——百代唱片最激烈的竞争对手,这个动议被我们命名为"二十一点项目"(Project Blackjack),但现在看来希望越来越渺茫。即使有好运气垂青,让我们能够成功完成收购,我也不太相信花旗集团会同意让我们通过"扑克牌项目"(Project Poker)来完成融资。"扑克牌项目"旨在创建一个独立于其他业务的全新音乐业务实体("问题儿童")。虽然当时面临着重重困难,但它还是取得了巨大的成功,创造了丰厚的利润。根据我的计算,最终,"扑克牌项目"让花旗集团以更轻松地方式找到了联合财团来接手其在百代唱片项目上的25亿英镑债务。我和克莱恩把这一切都聊到了,然后沮丧地挂掉了电话。除非我

---

① 根据西方神话,人们在蟾蜍大脑中发现了宝石,即蟾蜍石,据信可以在遇到毒药时变色、发热,它同时也被当作驱邪物品和护身符。——译者注

第十章
随船沉没

能说服花旗集团一起合作，否则百代唱片将会把我也拖下水。但是，显然我并没有得到他们的支持。尽管如此，我还是不愿意放弃百代唱片。

2008年1月15日早上7点，我和多位顾问一起，在位于肯辛顿赖特巷（Wrights Lane）的百代唱片总部集合，准备在附近的 Odeon 电影院召开百代唱片员工大会，向大家解释我对公司的规划。这是我一直很害怕面对的一天。如果我想跟大家分享我重振百代唱片的计划，那就不得不宣布我的大规模裁员方案。我的演讲稿起草之后又几经修改，但仍然没有抓住我想说的重点。

就在我们准备去电影院的路上，一个新问题出现了：鉴于电影院外面会有很多人，我应该从前门进去还是从后门进去呢？在百代唱片协助我协调人力资源工作的领导者是帕特·奥德里斯科尔（Pat O'Driscoll），在她看来，我应该从前门进入——任何其他路线都会让我显得懦弱。奥德里斯科尔曾就职于霍士饼干（Fox's Biscuits）① 和 Goodfella's ② 披萨的母公司北方食品公司（Northern Foods）③，在男性占主导的董事会中逐步晋升为高层，最终成为首席执行官。她说的话我能听得进去。我遵照她的建议，选择从前门进去。

---

① 霍士饼干，英国饼干制造商，主要生产平价饼干，并为多家超市生产自有品牌的饼干。——译者注
② Goodfella's，爱尔兰的冷冻披萨品牌。——译者注
③ 北方食品，英国食品制造商。——译者注

　　但我希望我并没有照她这么做。在公共关系顾问安德鲁·道勒和百代唱片首席安全官一左一右地陪同下，我沿着肯辛顿大街（Kensington High Street）走了出去。当我转过拐角时，看到电影院门口的景象之后不由得倒吸了一口凉气。这次大会本来只是一场内部活动，面向员工、艺人和他们的经纪人，但却像滚雪球一样变成了一个大场面。在任何一个过路人看来，在电影院入口处转来转去的电视摄像师和记者大军都好像是正在等待大牌明星来参加电影首映式。那里有无数毛茸茸的麦克风杆和缠绕在一起的电缆，还有一大群挥舞着的笔记本和穿着风衣的人们对着手机大喊大叫。然而，在这个阴暗的星期二早晨，这里不会有任何明星的出现。相反，大家等来的是我这个看起来完全不像电影主角的人——头发蓬乱、戴着无框眼镜、穿着灰色西装、淡紫色衬衫和领带，而且我完全没有为这种红毯待遇做好准备。

　　我们走近电影院时，随之而来的是一片混乱。摄影师拿着相机在我的面前挥舞，试图引我做出一些反应，但是我们不能动。道勒和保安人员尽力推着我前进。录像机也哗啦啦地冲到我们身边。最后，道勒挽起我的胳膊，我们肩并肩地挤过了喧闹的人群。人们都误以为他是我的保镖，这一点儿也不奇怪。去电影院的路本来几分钟就可以走完，我们却走了将近半个小时。我的身体和情感都已伤痕累累。

　　我周围的人都劝我别着急，先恢复镇定，厘清思绪，冷静下来，做做深呼吸。现在，我练习瑜伽。如果感到压力，我会停下

第十章
随船沉没

来做一些调整呼吸的练习。但是，那时我没有。

我冲进了活动现场，先为迟到道歉，然后放弃了我准备好的稿子，在肾上腺素的刺激下，讲话开始变得直截了当和过于诚实。事后，许多百代唱片员工表示他们知道我想要说的是什么。如果他们真的知道，那么我就真的不知道自己想说的是什么了。当时我的发言并不是经过深思熟虑之后的说辞，而是一股充满激情的意识流。我说，他们的公司正在大出血，而他们的工资太高了，他们的费用失控了。在他们登记的 1,400 名艺人之中，三分之一从未发行过唱片。"百代唱片需要一种新的商业模式；我们需要更贴近消费者，因此公司的规模和艺人的数量都需要缩减，而我们知道如何做到这一点。"

最后，我逐渐停止了发言。我气喘吁吁，口干舌燥。有人递给我一瓶水，我抓起来就把里面的东西灌进肚子里。直到那时我才意识到，我发表的演讲——我本来希望将大家凝聚在一起的演讲，只是播下了进一步分裂的种子。我创造了一个"他们"和一个"我们"。"他们"是问题所在，解决问题的责任是"我们"。这就是一场灾难。

我感到非常沮丧。会后从电影院里走出的百代唱片的工作人员也同样沮丧。鉴于我讲话时滔滔不绝的状态，他们怀疑事情会比我说的更糟。即便如此，还是有一些人来找我，感谢我对他们直言不讳。甚至有人说："你确定解雇的名单上有我的名字，但我很高兴你这样做了。百代唱片要作为英国的音乐品牌生存下去，这比我更重要。我只是希望你能拯救这家公司。"我哽咽着从侧门离开，回到我在百代唱片的首席执行官办公室，等待媒体报道。媒体非常残忍，其只专注裁员的问题，报道称三分之一的员工，2,000个工作岗位将在六个月内消失。

ITV、BBC、Sky、Channel4——每一家主流媒体的新闻都报道了这个事件。我的地址甚至出现在了新闻协会的照片日程表上。这个日程表是为了提醒收到其照片的媒体机构，他们将这些照片相关的报道定为了当天最具新闻价值的事件。在一个令人震惊的悲惨时刻，我的演讲还与花旗集团的消息被刊登在同一版报纸上。报道称，花旗集团公布了史上最糟的100亿美元季度亏损，以及与不良抵押贷款投资相关的181亿美元减记，震惊了华尔街。尽管科威特、新加坡、新泽西州的投资者提供了125亿美元的救助，同时美国政府的不良资产救助计划基金（Troubled Asset Relief Program，TARP）[①]也拿出了250亿美元，但失业人数最终仍将超过100,000人。

至此，花旗集团与我们打交道的人员已经完全换了一波。在过去的三个月中，我们的业务已从沃姆斯利和克莱恩手上转交给了查德·里特（Chad Leat）和莱斯利·林恩（Lesley Lynn）。里特的工作是尽快缩减花旗集团的资产负债表。花旗集团是否能尽

---

① 不良资产救助计划，美国政府在2008年雷曼兄弟申请破产之后推出的旨在救助金融系统的紧急措施。——译者注

第十章
随船沉没

快摆脱美国政府的控制，完全取决于其处理不良贷款的速度。林恩的工作是确保花旗集团尽量以最低的成本和最快的速度在英国境内完成这些贷款的清算。他们并不在乎借款方的未来，唯一关心的就是停止贷款并尽快收回资金。现在，花旗集团不仅不再是我的合作伙伴和朋友，而且还变成了敌人。对我和百代唱片有利的事情看起来对花旗集团是不利的。我希望用七年的时间重新打造百代唱片，但是他们希望尽快完成对百代唱片的清算，并收回他们的资金。我的商业计划和他们的目标完全不一致。

我希望与接替普林斯担任花旗首席执行官的潘伟迪（Vikram Pandit）有一次面谈的机会。幸运的是，虽然我以前在印度没有任何金融风险敞口，但我是潘伟迪印度基金的首批投资者之一，投入了 300 万美元。事实证明这是一项灾难性的投资。无论我希望这笔投资能在我们之间形成何种纽带，他这个时候都没有心情讨论百代唱片，所以拒绝与我会面。

地平线上出现了一缕曙光。2008 年 7 月，我终于能够宣布录制音乐部门的新首席执行官了。埃利奥·莱尼·塞蒂（Elio Leoni Sceti）曾在利洁时集团（Reckitt Benckiser）工作多年，这家跨国快速消费品公司旗下的品牌包括 Cillit Bang 去污剂和 Air Wick 空气清新剂。可能从表面上来看，这是个奇怪的选择，但他深谙营销之道和商业法则。我不需要他制作音乐，只需要他发行音乐。毕竟，我们已经拥有全世界最好的音乐目录。我们只需要确保拥有全世界最好的音乐发行系统就行。

撇开莱尼·塞蒂的任命不谈，失望和挑战还在持续增加。虽然明知需要降低录制音乐部门的成本，但我们还是雄心勃勃地希望投资音乐出版业务并扩大其规模。这一平台正在转向数字化。能提供的音乐越多越好——这样，寻找电影配乐和广告活动材料的企业客户就不需要使用其他任何平台了。这就是为什么我们如此热衷于收购音乐界的另一个著名品牌 Chrysalis 唱片公司。事实上，我们甚至在收购百代唱片之前就一直在跟进它的动态。如果我们可以在百代唱片的平台上增加一个收入为 7,000 万英镑、成本为 5,000 万英镑的小型音乐发行商，那么这部分成本就几乎不会被察觉，而那些额外的收入却能增加净利润。当然，虽然我们不是唯一尝试采用这种做法的公司，但我们比规模较小的公司抢先了一步。可悲的是，最后我们并没有足够的资金完成对 Chrysalis 的收购，而这一切都归结为对花旗集团贷款的依赖，他们这次并未提供资金支持。

然后，我们与花旗集团的关系不断恶化。普莱斯在 2008 年的上半年展开了一系列调查，结果表明花旗集团可能在百代唱片竞价期间对我们撒了谎。如果真是这样，那么我们可能将对他们提出法律诉讼，要求索赔。然而，由于我们的主要目标是在债务方案上达成和解，并不想通过指责他们撒谎而使关系变得更糟，所以我们没有要求花旗集团解释他们在竞价过程中是否误导过我们以及为什么要误导我们。我们仍然继续尝试与他们和解。但是，既然我们认为他们对当时竞标的情况严重误报，所以对他们

第十章
随船沉没

的信任就完全消失了，这导致谈判变得更加艰难。无论如何，我在花旗集团里的朋友大多数都离开了，银行的优先事项也发生了巨大变化，尤其是在 2008 年 11 月之后，变得更加明显。当月，美国政府向其注资 200 亿美元，并进一步承销了 3,060 亿美元的贷款和证券，这相当于已将花旗集团收归国有。

随着 2008 年接近尾声，从表面上看，我还是一如既往的坚韧不拔、风风火火、犀利直率，但其实已经开始露怯了。只要我外出就餐，就会遇到有人上来问我关于百代唱片的事情。我参加的每一个晚宴都变成了百代唱片的讨论会。一夜之间，我似乎把每个人最喜欢的艺人都给炒了鱿鱼。问题和麻烦从许多不同的方向一齐向我涌来。百代唱片的内部人员愿意看到我失败。曾经帮我树立威信的英国媒体，目前也正在尽力寻找各种借口击倒我。在我看来，虽然财务数字还不错，但是花旗集团正在破坏我想做的事情。我发现，与他们的关系破裂是一件几乎无法忍受的事情。虽然很多银行都想和我谈，但他们就像一群围着一具尸体盘旋的秃鹰，然而这具尸体恰好是我。

我还遇到了另一个问题。在 2002 年泰丰资本成立时，野村证券希望我们转移到海外，将私募股权资产转移到泰丰资本，在根西岛进行管理。英国税务局终于承认这些资产实际上并不属于我。但是，他们表示，即使这些资产的管理收入是支付给根西岛公司的，也应该被视为我的收入，作为英国居民，我应该为此纳税。我咨询过的每一位税务律师都认为这是无稽之谈。但很明显，英国税务局选择将我们当作私募股权基金，从而证明这一主张的合理性。这导致我的个人税务档案和公司账户在几年间都未能结清。英国税务局没有对我提出任何索赔——之前也从未提出过，但他们给我提出了无数的问题，让我需要花费数百万英镑才能——作答。他们甚至派了一位同事前往新西兰，去核实是否有实物证据证明我在那里与约翰汉考克人寿保险公司（John Hancock Life Insurance Company）①一起投资了树木。

我意识到，如果税务局对泰丰资本提起诉讼并胜诉，我们可能会陷入一家公司赢利而另一家公司亏损的困境。这可能会导致公司、我和我们的投资人破产，让他们不得不寻找另一家机构来管理这些业务。我唯一的选择就是离开英国。我总是频繁往返于家和根西岛之间，去参加公司董事会会议。现在，我决定，我要成为根西岛的居民。从实际的角度出发，这是正确的做法。在我搬到根西岛的几个月之后，英国税务局就认可了泰丰资本是一家总部位于根西岛的公司，所以我的个人税务以及公司的税务可以就此结清。但是，在情感方面，这非常艰难。

从 2009 年 4 月 1 日起，我开始了在一个岛上的独居生活，远离我的家人和朋友。

就个人而言，在这个时间点上离开英国是再糟糕不过的选

---

① 约翰汉考克人寿保险公司，美国大型保险公司，中文又译作"恒康金融集团"。——译者注

第十章
随船沉没

择。如果我在成立泰丰资本之初就搬到根西岛，朱莉娅和家人就会和我同去，那么孩子们就会把根西岛当作他们的家。我能够在他们大部分的童年时光里陪伴左右；即使工作时间极长，至少他们的家就是我的家。从经济角度来看，事后证明这也没什么意义——我关心的是基金的收益，而不是我个人的收益。在百代唱片项目之后，泰丰资本再也没有募集盲池基金的可能性了。因此，税务局攻击我们的问题无论如何都会存在争议。但是，既然船已起航，我就要在根西岛为自己建立新的生活，回到英国将会困难重重。

2009 年期间，百代唱片取得了长足的进步。百代唱片的财报显示，在截至 2010 年 3 月的一年中，基本收益为 3.34 亿英镑，而在我们收购之前的 12 个月中，它的收益仅为 6,800 万英镑。换句话说，这家公司从每年消耗 1 亿英镑现金变成了现在每年产生 2.5 亿英镑现金。尽管销售额持平，但仍获得了更高的回报，这证明了我们为公司提高效率确实能带来好处。

但是，这对花旗集团来说还远远不够，他们还在不断敦促我们采取更多行动。压死骆驼的最后一根稻草是 2009 年 8 月在纽约的会议，那简直是一场灾难。我曾要求再有最后一次机会来修复这段关系，林恩也给了我这次机会。她帮我约见了与约翰·黑文斯（John Havens）。黑文斯比我年长两岁，曾在摩根士丹利与潘伟迪共事，双双不断晋升。当两人的晋升之路被打断后，他们一起离开，联手创立了 Old Lane 对冲基金——一家专注于印度业务的私募股权公司。花旗集团在 2007 年以 8 亿美元收购 Old Lane ，他和潘伟迪也一起加入了花旗集团。虽然事后来看，对像我这样的投资者和花旗集团而言，Old Lane 就是一场灾难，但他们二位的个人发展依然蒸蒸日上（2008 年 6 月，花旗集团宣布他们将关闭该基金）。2007 年 12 月，潘伟迪升任花旗集团首席执行官，黑文斯担任他的得力助手。

潘伟迪 16 岁来到美国，而黑文斯属于美国的白人当权派。他出身富贵，就读于哈佛大学，太太也是继承了家族资产富家女。虽然他与我之间的差异就如同粉笔与奶酪那样截然不同，但是，如果能见上一面，我觉得或许可以说服他给我们更多时间来扭转百代唱片的颓势。

但是会议进行得并不顺利。我们见面的地点并不是黑文斯那间铺着厚地毯的"转角"办公室，而是在被他用作备用办公室的会议室里。落座后，我们开始闲聊了几句。他问我在纽约之行后准备去哪里，我答道夏威夷的莫纳克亚山（Mauna Kea）度假胜地。这时，我们之间产生了短暂的共鸣。莫纳克亚海滩酒店（Mauna Kea Beach Hotel）——也许是我在世界上最喜欢的酒店——坐落在一片非常美丽的海湾，拥有绝美的沙滩，夜间的射灯穿透清澈湛蓝的海水，吸引着海龟和蝠鲼，照亮了水面下无数的海洋热带鱼和岩石。朱莉娅和我都非常喜欢这里，多年前我们在莫纳克亚海滩酒店旁边买下了一块土地，让朱莉娅从零开始建造她梦想中的度假屋。原来，黑文斯也曾在 50 年前和家人一起在那里度过童年的暑假。我不得不佩服他们家的品位。

但是，等我们俩都热情饱满地聊完莫纳克亚山之后，气氛开始变得凝重起来。我没能改变他的想法。他告诉我，接下来的全部事项都将由林恩出面谈判。最后，他礼貌地祝我好运。我认为他是祝我在另一段生活中交上好运，而不是在和百代唱片打交道的日子里。在我离开之时，我意识到事已至此，跟花旗集团之间再无交易可言。他们现在的唯一目标就是拿回百代唱片的控制权，并清算他们的头寸。具有讽刺意味的是，在过去的两年里，通过我们的运营，百代唱片的价值已经显著提高，所以他们在对公司清算时有可能并不会遭受损失，或者只需要承担很小的损失。

如果说花旗集团急切地希望摆脱百代唱片，那么我的阵营中也有很多人抱有类似的想法。后来，我发现在那次会面之后，泰丰资本的一位顾问在前往纽约肯尼迪机场的途中联系了花旗集团，告诉他们他认为我的想法完全不切实际。我们的许多投资人也有同感。他们希望我们不要继续在百代唱片上浪费时间，要开始寻找新的机会。我的许多同事认为，我们所有的努力都是在帮助花旗集团，而非我们自己，所以我应该把公司大门的钥匙还给银行，祝他们一切顺利，并祈祷他们多赔点儿钱。他们完全忠于泰丰资本。他们觉得我也应该如此。

第十一章

拍桌子

我对抗法律，法律赢了

碰撞乐队^①（The Clash）
《我对抗法律》（I Fought the Law）

对花旗集团而言，从泰丰资本的手中夺取百代唱片控制权的机会最终出现在 2011 年初。具有讽刺意味的是，那时市场正在回暖，百代唱片的前景也逐渐看好。实际上，只有两种情况可以触发贷款的召回条款。其一，如果我们未能按期每月偿还贷款，而泰丰资本始终坚持履行每一项还款承诺。其二，如果公司的"资产负债表显示资不抵债"，即公司的债务高于公司的价值。然而，一家公司的价值每天都在变化，而且具有高度的主观性。例如，货币汇率的波动就足以改变公司的价值。

在公司资产负债表显示资不抵债的情况下，极少有银行会直

①　碰撞乐队，英国摇滚乐队，组建于 1976 年，是朋克时期具有开创意义的乐队，也是这一时期在商业运作上最为成功的朋克乐队。——译者注

第十一章
拍桌子

接接手，尤其是当这项交易旨在将公司扭亏为盈，并且可能需要大量投资和大规模重组的时候。但这偏偏是花旗银行最终做出的选择。通过这种财务技术手段，他们在没有通知泰丰资本的情况下，仅用了不到一天的时间就处理完相关业务，带着刚刚完成一场精心策划的行动的得意之情，在午后时分走进泰丰资本的办公室，宣布公司现在是他们的了。如今，此类"预包装"的资产管理方式受到了更严格的监管，但是大约在 10 年前，这种操作还是相对容易。花旗集团能够只花 20 英镑的价格从自己手中买走百代唱片。

花旗集团用了 8 个月的时间才找到了愿意接手的新东家。最后，百代唱片在拆分之后，被卖给了索尼唱片公司和环球唱片公司。从此，3 个超大型国际唱片公司就变成了两个。

百代唱片的唱片业务被出售给了环球，而出版业务则卖给了索尼。此次出售带来了 25 亿多英镑的资金，可以填平泰丰资本的贷款。

具有讽刺意味的是，到 2012 年，市场已经完全好转，出版和音乐目录业务的真正价值得到了市场的应有重视。华纳唱片公司在 2011 年以 33 亿美元的价格被莱恩·布拉瓦特尼克（Len Blavatnik）[1] 收购，并于 2020 年以 128 亿美元的价格公开上市。

---

[1] 莱恩·布拉瓦特尼克，出生于俄罗斯，具有英美双重国籍，知名商人、投资者和慈善家，名列全球亿万富豪之列。——译者注

布拉瓦特尼克是一位精明的商人，他通过华纳的上市赚到 19 亿美元，并保留了公司的多数股权。与此同时，我们一直将环球唱片公司的母公司维旺迪（Vivendi）[1]，视为发行业务上最大的竞争对手。它在 2021 年将公司 10% 的股份出售给了中国的科技巨头腾讯公司，当时对公司的整体估值高达 365 亿美元。根据我的保守估计，如果百代唱片仍然以一个独立的唱片帝国存在，那么它的价值将达到 250 亿美元。这样的话，我的名声非但不会被毁掉，反而会得到高度认可。但是，正如我年轻时在燕雀酒吧（Bullfinch）玩扑克时发现的那样，如果你口袋里没有足够的钱，那么你手里的牌再好也无济于事，还是不得不离开牌桌。令我永远遗憾的是，对于百代唱片项目，我并没有遵循这条基本规则。我仍然认为我拿到了一手好牌，但我没有找到能支持我的银行，所以无法继续下去。我只能依靠自己。我感到十分痛苦。我确信，花旗集团的所作所为对我不公平。我想要补救。

我不喜欢打官司。但是在 2009 年与黑文斯那次灾难性的会议之后，我开始认真考虑提起诉讼的可行性。这会分散我的很多精力，诉讼过程也可能会持续多年，而且结果还不可预测。这将是一场与全世界最大的银行之间的较量。此外，普莱斯还提醒过，我们可能很难找到顶级的代理律师。魔术圈公司（Magic

---

[1] 维旺迪，总部位于巴黎的法国媒体综合公司。——译者注

第十一章
拍桌子

Circle firms）[①]——伦敦金融城中最厉害、最负盛名的律所，不喜欢与银行作对，因为银行是其最大的客户。

但是，这不是一场普通的公司诉讼。这是我个人的诉讼。花旗集团希望尽可能不要被牵扯其中，而是让沃姆斯利一人来承担责任——如果真的可以把责任归结到一个人身上的话。在我方，索赔人将是我，而不是泰丰资本。从这个意义上来看，这将是一场"他说/他说"的审判。

有一位意大利律师曾对我说："诉讼总是对坏人有利，对好人有损。坏人不介意说谎，他们打官司就是为了钱而已。而好人不会说谎，因为对他们而言，重要的不是钱，而是原则。相比于做好人的代理律师，替坏人打官司的获胜机会要大得多，这就是为什么我喜欢黑手党客户。"

与此同时，我的弟弟菲利普——一名诉讼律师警告我说，法律专业人士能赢得官司是有方法的：如果能胜诉，他们就打官司；如果能以事实取胜，就以事实取胜；如果这两者做行不通，他们就会拍桌子。他暗示花旗集团将会拍桌子。我最好做足准备。

首先，我们需要确定这个案子对我方有多么有利、我们可能获得多少损害赔偿，以及我们的成本将有多高。普莱斯安排了一

---

① 魔术圈，伦敦五大顶级律师事务所的合称，分别是年利达律师事务所（Linklaters）、安理国际律师事务所（Allen & Overy）、富而德律师事务所（Freshfields Bruckhaus Deringer）、高伟绅律师事务所（Clifford Chance）、司力达律师事务所（Slaughter and May）。——译者注

系列会议，与英国 Clyde & Co 和美国 Boies Schiller 两家律所共同商讨。这两组律师于 2009 年夏末来到根西岛，从英国法律和纽约法律的双重角度分析了我们的相对优势。

事实证明，Boies Schiller 比 Clyde & Co. 更乐观。他们对我和普通合伙人董事会的其他成员——我们投资人的代表表示，在这个案子上，我们可以赢得花旗集团。我觉得，如果有任何机会可以让我收回一部分投资人的钱，我都不得不试一下。作为一个之前经常在学校被霸凌的人，我知道何时是反击的机会，并且十分珍惜。我让直觉主导自己做出了选择。当他们开始执行方案时，我才明白这场战斗将让我个人做出多么大的牺牲。

最初，我以为我们不需要对簿公堂就能获胜。我们可以把已经收集的法庭材料发给花旗集团，看看是否足以对银行产生震慑，也许他们会愿意与我们共同协商，同意暂停偿还债务，从而给我们一定的时间解决信贷危机，并按我们的计划对公司进行重组。说得直白一些，我们将提出一个交换条件：如果花旗集团不再接管公司，我们将撤销诉讼。我坚信音乐产业的未来潜力巨大，利润将远高于过去。我们只是需要时间，让我们有机会来证明这一点。

Boies Schiller 坚持认为，如果我们选择在纽约打官司，就应该尽快举行听证会。在他们看来，我们拖的时间越长，就越难取胜。因为人们的记忆并不能持久。法官或陪审团可能会质疑，如果这个案子对我们如此有利，那么为什么我们没有早点提起

第十一章
拍桌子

诉讼。

我们将此事项提交至泰丰资本的普通合伙人董事会。泰丰资本的每只基金都由一位普通合伙人管理，每个普通合伙人的董事会则由几位非执行董事和我（以执行董事的身份）组成。普通合伙人必须就所有事项进行投票，并且必须在结果一致的情况下才能做出决定。这意味着，我或普通合伙人董事会的任何其他成员都具有一票否决权。我们就提出法律诉讼是否明智展开了讨论，结果一致认为 Boies Schiller 的方案比交换条件的方案更好：大家表示，"是的，打官司是有意义的。"既然律所认为我们能够胜诉，那我们就应该打官司。我决定遵照大家的共识。

因此，我们选择不提前通知花旗集团，直接提起诉讼。但是，现在回想起来，我真希望那一刻有一位导师，能和我坐下来好好谈谈我同意的这个决定，分析分析接下来会发生的事情，让我知道这些究竟意味着什么。诚然，我得到了其他机构同行的低调支持，他们认为在后金融危机时代，"必须有人站出来教训一下银行"。但他们并没有给我提供过什么成熟的建议，只是好奇地坐山观虎斗而已。我也很后悔没有听取家人的意见。我身边有三位律师都发表了意见——我的弟弟对诉讼过程持怀疑态度；我的父亲是一名合同律师，他反感诉讼；朱莉娅认为，无论事实是什么，这种案子的举证都会非常困难，而且还担心我们没有足够的证据。他们三个人都希望我不要继续下去。

截至 2009 年 12 月底，我们只是为了决定是否应该向花旗集团提起诉讼、撤销诉讼，或发送索赔声明草案——让双方坐下来讨论讨论我们的不满，就已经花费了 260 万欧元。到 2016 年 7 月，在这一切终于画上句号时，我们法律费用（包括我们为花旗集团支付的费用）总计超过 7,820 万欧元。我能理解为什么人们说这场法律斗争中唯一的赢家是律师。

在案子的准备阶段，我们问了自己三个问题。我方的主张在多大程度上能站住脚？可能获得多少损害赔偿？这一切需要多少成本？但这些问题都不是基于正确的思路。我们应该考虑的是一个法律常识：从立案开始，到结案总结陈词之前，你的胜算会越来越小、可能获得的损害赔偿会越来越低、成本会越来越高，而且决定诉讼结果的责任将从律师逐渐转移给你自己，以及你是一个多么好的证人，而最后一个因素是无法预测的。

2010 年春季，我们启动了正式的法律程序，开始收集证词，然后将其整理成文，递交给花旗集团的律师。显然，这一步是任何案件的关键要素：你在证词中所说的任何内容都有可能在随后的庭审上被提到，即使你在交叉询问中说出的内容只有略微差别，都有可能会造成严重的后果。但是，虽然我们和花旗集团都在为 10 个月后开始的庭审做准备，我还是希望双方能够和解。有人告诉我，花旗集团也有同感。然而，此案已分配给杰德·拉科夫（Jed Rakoff）法官——业界都知道他倾向于快速推进案件审理，尽快结案。我们没有太多时间来详细讨论。

在申诉中，我方提请法院裁定花旗集团对我们撒谎（无论

第十一章
拍桌子

是有意为之还是粗心所致），并且我们基于他们提供的信息所做出的决定损害了我方投资人的利益。2010 年上半年，我方法律团队一直在挖掘信息，处理了来自泰丰资本、花旗集团、百代唱片、参与竞标过程的其他各方和各方顾问的大量文件，以及数百小时的证词和不计其数的花旗集团内部电子邮件。对于某些特定类型的信息而言，语境就意味着一切。但在事后看来，我觉得许多电子邮件都几乎可以按照所需要的任何方式进行解释。但是，我方律师的观点是，他们证明了我们的立场是正确的，并证实了我们为投资者做的是正确的。花旗集团的律师很可能也正在阅读相同的电子邮件，并告诉花旗集团完全相反的结论。

花旗集团内部的电子邮件确实提供了一些价值：显示出他们如何评估信用（尤其是不良资产的信用）、如何看待与客户的关系，以及如何处理相互竞争和冲突的角色。这些信息所描绘的图景也许对我并不利，但它起到了教育作用。我开始对一个基本事实有了更全面的理解：从表面看来，虽然大型全球性银行可能是单一完整的实体，但它们实际上包含了无数相互竞争的利益集团。各个业务部门之间相互竞争，为任何可能的客户提供咨询服务和融资。虽然咨询对客户的影响巨大，但却很容易被许多银行为员工提供的令人眼花缭乱的激励和奖金计划所扭曲。花旗集团声称我们知道他们为交易的双方都提供咨询服务，并且"放弃"任何利益冲突，但事实是，泰丰资本根本不知道这些冲突有多么严重。

尽管 2010 年 10 月中旬的审判日期迫在眉睫，而且文件证据也越来越多，我们仍继续与花旗集团谈判，希望达成一项包括债务重组在内的解决方案。我们尝试了一切可能的方法，希望解决庭审前和庭审中的分歧：一对一会谈、通过中立的前任法官进行调解，甚至因为担心花旗集团直接与我们打交道可能产生积怨，我们还邀请第三方代表进行讨论，以缓解紧张感。但是，所有的尝试最终都失败了，因为我们无法就百代唱片的适当价值达成一致——无论是作为一个实体进行估值，还是作为两个独立的实体进行估值（音乐出版业务和录制音乐业务）。花旗集团也不愿意让另一家贷款方以大幅折扣收购债务。他们担心这会损害他们的声誉。我相信我们在某些情况下很接近，但我们未能达成对所有选区都有意义的协议。

距离庭审开始还有 10 天，因为里特和我都不想对簿公堂，所以同意为达成和解做出最后的努力——一切看似可能已经取得了突破。我觉得现在双方已经摊牌，我也许有能力处理这笔交易了。此时进行债务重组，我们将能够保持对公司的控制，而且只需要短短一年的时间，其总价值就能达到至少 10 亿英镑，到 2012 年至少可达 30 亿英镑。我们不知道的是，市场复苏的速度与庭审开始的时间几乎一样快。事后看来，2007 年 5 月是收购百代唱片最糟糕的时间点，2010 年 10 月是收购的最佳时机。2011 年的重组本可以让我们重新开始，但这要基于我们已经进行了 3 年的业务转型。

第十一章
拍桌子

不幸的是，我现在可能是唯一相信百代唱片具有光明未来的人。在泰丰资本方面，大多数人永远都不想再看到音乐公司了。他们只是想报复。至于花旗集团，他们坚信此次被诉是冤枉的，并希望在法庭上证明自己的清白。对庭外和解持最强烈反对意见的是双方的律师，因为只要开庭，无论结果如何，他们都可以从中获得数千万美元的收入。

我方的团队需要在很短的时间内递交一份正式的提案，他们忙得不可开交。这是一项艰巨的任务。这份长达 15,000 页的文件将对债务方案进行重新表述，并且会将我们与花旗集团的关系正式清零。3 家律师事务所都参与其中。大部分风险都落在了我们这边，例如，如果百代唱片全部或部分出售给其他唱片巨头之一时未获得政府竞争许可。我们还不得不单方面同意不再以诉讼作为达成交易的条件。

泰丰资本本着善良的出发点，继续做着努力。我们甚至在距离法庭不远的希尔顿酒店（纽约市教堂街 48 号）订了多间客房，将其改造成办公室，确保在那几天最重要的日子里大家不需要把时间浪费在差旅的途中。不过，我怀疑，虽然我们团队中的每一个人当我在场时都看起来干劲十足，但有些人显然不信任花旗集团，希望我们能对簿公堂。我还强烈怀疑花旗方面的团队并没有那么全身心地投入工作。我听说他们的"交易团队"经常外出，而且还总是找不到人——他们会去教堂、遛狗、接孩子放学、看望他们的父母，还有一次我们打电话时发现他们有人正在海滩打发时间；就在案子正在升温的时候，还有一个人去度假了。我们没有得到我方所需要的问题的答案。

负责诉讼的人"禁止"我参与和解谈判。他们坚持认为，在庭审开始之前，我要阅读和试着接受的内容太多了，尤其是对于一个有阅读障碍的人来说。他们确实说得没错，我需要大量的时间来准备，而我之前留给自己的时间太少了。一开始，我忽略了禁令，但在庭审日之前的那个星期三，我别无选择。

回想起来，这是一个错误。没有我的参与，而且我的团队在是否要与花旗集团达成交易的问题上也存在分歧，所以我方没有人可以与里特进行积极的沟通。需要解决的小事情没有得到妥善的处理，双方都在不断提高赌注，他们发送的电子邮件越来越苛刻，却没有讲明白他们到底要求的是什么。

当我终于有时间读一读最近几天的交流文件时，我很清楚任何一方都不可能同意对方的要求。里特和我共同促成的和解需要依赖双方的真诚和互信。但令人遗憾的是，真诚和互信是缺位的。谈判的目的已经从努力寻找解决方案转变为尽力让自己得分。重要的谈判中经常出现的一幕是，当对方团队情绪激动并不再信任对方时，双方的代表都需要跳出争端，充分发挥领导力来敦促达成某种协议，可能这份协议并不能让所有人都满意，但几乎肯定会优于替代方案。不幸的是，此时，我的领导力不足以实现预期的结果。

在最后一刻，即开庭前的那个周日下午，原定的一场联合电

第十一章
拍桌子

话会议在里特的主持下召开了。我的法务团队告诉我不要参加。他们不想让我从庭审本身分心——他们不想让我和解。因此，我方没有任何人会与里特讨论潜在的解决方案。我听说他非常沮丧。他很清楚，我们无法及时达成那个和解协议了。

如果双方之前都要求推迟庭审日期，那么这个请求就会获准。然而，虽然两组律师一致认为延期是有意义的，但他们未能就应该由哪方提出请求达成共识。Boies Schiller 认为，如果我方主动提出，就会使我们显得软弱。花旗集团的律师对他们的客户也有同感。合乎逻辑的解决方案是，双方律师团队都提出请求，不知为何他们认为这不可能实现。我被告知，文书上的姓名出现顺序是有讲究的，但双方的法务团队都无法就应该将谁的名字放在第一位达成一致。这一切都让我觉得这是一场在操场上的争吵，而不是在法院里的诉讼。

2010 年 10 月 18 日，我们大批人马涌入了曼哈顿的法庭，我在接下来的三周都在那里听取法官的开场陈词。当我发现法庭位于珍珠街时，心里颇感凄凉与讽刺。我正是用这条街道的名字为我在高盛的第一个大型证券化项目命名的。我记得，那笔交易为我赢得了声誉。这场诉讼会对我的声誉造成不可挽回的损害吗？

我方的首席律师是大卫·博伊斯（David Boies），一位著名的美国出庭律师，备受尊敬，是复杂民事诉讼案件中的常胜将军。他会用每一个细节仔细构建案子的全貌，不喜欢用太多浮华和魅力装点自己的辩论方案。他不会喋喋不休地反复陈述，很少闲聊，比大多数人更有耐心，当然比我更有耐心得多。他整理案件时煞费苦心，对我们这一索赔案涉及的每一位证人、每一位专家和每一份文件所提供的信息，都不遗余力地拼凑完整。

花旗集团的首席律师是宝维斯律师事务所（Paul, Weiss, Rifkind, Wharton & Garrison）[1]的泰德·威尔斯（Ted Wells），他因代理最为臭名昭著而又备受瞩目的案件而名声大噪，曾为艾略特·斯皮策（Eliot Spitzer）[2]、刘易斯·斯库特·利比（Lewis Scooter Libby）[3]等人辩护。在整个庭审期间，我一直坐在最前排的桌边，身旁是大卫·博伊斯和他的同事。因此，我可以近距离观察泰德·威尔斯。我发现，他具有不可思议的能力，能够直击案件中最动情的部分，从而让普通的陪审员能把案件和他们的常识性方法联系起来。

大家在美国电影和电视剧的剧情中多少看到过美国法庭上

---

① 美国宝维斯律师事务所，亦译作"宝维斯有限法律责任合伙律师行"，简称"宝维斯"或"Paul Weiss"，全球十大律所之一，擅长国际业务，在中国设有北京、香港两个代表处。——译者注

② 艾略特·斯皮策，生于1959年，民主党人，在担任纽约州州长不到15个月后，于2008年3月被揭发在首都华盛顿嫖妓，后主动辞去公职。——译者注

③ 刘易斯·斯库特·利比，生于1950年，美国前副总统迪克·切尼（Dick Cheney）的前任参谋长，因泄露中央情报局的机密信息而被判有碍司法公正和虚假陈述罪。——译者注

第十一章
拍桌子

的激烈辩论，都知道美国的司法形式与其他国家（包括英国）大相径庭。律师实际上是代表证人面向陪审团发言，因此他们可以产生巨大的影响力。威尔斯与陪审团建立了融洽的关系，承诺在审查我的根西岛电话记录时，带他们去"侦探学校"。还有确定整个陪审团成员的筛选过程。从专业背景、性别、种族和社会经济地位等多个维度考虑，双方都敏锐地清楚什么样的人才是己方"完美的陪审员"。最终，是从高度多样化的人群之中选出了种族背景和社会经济背景各异的几个人组成这一案件的陪审团。因为聚集了太多的记者，法官需要安排大厅对面的一间法庭播放筛选过程。这个案子受到法律界和商界专业人士的密切关注，也有相当多的老百姓十分感兴趣。

当我们开始呈上我方的证据时，我确信我们不仅是对的，而且能赢。但是这个想法极其不明智。

对于不喜欢的客户或同事，律师们有一个著名诅咒是："愿你遇上一场你认为自己是对的诉讼。"我坚信自己在竞标的关键时刻被告知还存在另一个竞标者，而正是在这一信息的驱使下，我们才选择继续竞标——这一事实并不是问题的关键。为了让我的观点站住脚，陪审团就必须要相信我、必须不能相信花旗集团，还必须相信是我们是在博龙出价这一信息的影响下才给出自己的报价。

我方律师将所有类型的文件都作为证据：他们试图阐明上市公司交易和私人公司交易的复杂性和细微差别。他们必须要解释清楚在信贷繁荣期会出现交易高峰，在信贷萧条期会出现交易低谷，这两种情况下都不可避免出现哪些情绪和挫折；他们还必须向陪审团介绍银行业，并讲述行业里的无数冲突。我们实际上是要求陪审团在不到三周的时间里吸收大量信息，然后筛选并评估相互矛盾的观点和分析结果。

最后，在分析完所有的文件、检查完所有的电子邮件之后，双方律师的争辩就归结为两个证人之间的争斗——沃姆斯利和我。我方有文件显示博龙已决定在投标截止日（周一）之前的那个周五退出竞标。百代唱片知道这个消息，我们认为沃姆斯利也知道。在投标截止日的前一天晚上的午夜左右，沃姆斯利给尼科利发了一封电子邮件，写道他刚刚和我谈过，告诉我不要玩价格游戏。但问题是，我们没有任何文件可以真正证明沃姆斯利知道博龙已经退出，并且证明他向我们传达了完全相反的消息。我方有的只是我对与沃姆斯利三次通话的回忆，以及他对这三次通话的回忆。举证责任在我方，因此交叉询问至关重要。虽然我的团队确信我在证人席上的表现会比沃姆斯利好得多，但我脑子里全是自己当年在课堂上回答问题的窘相。跟己方律师演练和被那些只想毁掉你的人质问有很大的区别。

威尔斯的技巧给我留下了深刻的印象。当陪审团不在场时，他在语气中尽显博学，不断回避我方律师的问题。但是，当陪审团返回法庭之后，他的风格瞬间从渊博高雅变成了市井精明。他是一位出色的表演者，并且非常努力，希望呈现出最好的一

第十一章
拍桌子

面。他每天早上 7 点就来到陪审团的座位区前练习发言。花旗集团之所以喜欢他，是因为他在两年前成功为花旗银行辩护，使其摆脱了参与意大利乳制品巨头帕马拉特公司（Parmalat）[1] 的欺诈指控。威尔斯不仅赢得了该案，而且还将针对花旗集团的 20 亿美元索赔降到了 3.64 亿美元。这是办公室里美好的一天。

当在证人席上面对他的提问时，我强调了花旗集团及其员工所扮演的角色存在相互矛盾的地方，也强调了由我信任的人所说的谎言。我并不是在指控花旗集团骗我们来参加百代唱片的竞标，我们是自己想竞标百代唱片。我所持的论点是，如果我们知道自己是唯一的竞标方，就不会在那个时间点以那个报价来投标。我们本来可以再多等一段时间，并且给一个更低的报价，这样就可以在得到更多的信息之后再来处理这笔交易。由于市场在我们报价之后很快就开始崩盘，所以如果只是多等一点点时间，我们需要给出的报价就可以下调。

沃姆斯利出庭作证的时间安排在我后面一天。那个周日晚上，就在提交百代唱片报价之前的几个小时，我们曾打过一次电话，但他表示不记得我们谈话的细节了。他也不记得他是什么时候发现博龙不打算投标的——也许是那个星期一下午，他参加百代唱片董事会时，大家在对多份（或者我应该说是一份）投标进

---

[1] 帕马拉特，意式家族企业集团，在全球 30 个国家均有业务，曾被视为意大利北部成功企业的代表。——译者注

行辩论中提到的，也许是他后来才知道的。

在为期14天的审判快要结束时，花旗集团的最后一名证人出庭，他解释道，当花旗集团为收购百代唱片提供贷款时，他们立即将这笔贷款归入不良债务所在的"第二类"中。实际上，他们承认，他们在提供贷款时就知道除非我们设法进行证券化和再融资，否则公司很可能会破产。奇怪的是，除去为了赚取巨额费用和偿还现有贷款，他们提供贷款的另一个动力是相信我可以在这家公司里施展我的经营魔力。这将使花旗集团更容易将债务证券化，从而获得更多费用。

如果证券化市场没有在2007年夏天崩盘，他们就是正确的。公司未来的现金流可以很容易做成证券化产品，不仅能清偿所有债务，还能为我们带来可观的股权回报。然而，这已是人们三年前的做事动机，而且那些人自己都不同意这个动机，所以以此向陪审团解释的难度可想而知。因此，我方律师把关注点转而放在花旗集团内部的电子邮件上。在这些电子邮件里，花旗银行的员工用侮辱性的语言表达了对百代唱片极度不满。花旗集团的证人不得不念出这些电子邮件时，着实在法庭上引起了一波轰动。但不幸的是，这实际上并没有推动我们的案子向前发展。无论提出什么证据，无论询问哪个证人，最终都归结为两个相互关联的问题：我方是否依赖沃姆斯利提供的信息，以及他是否知道这并非真实的情况？

在宣判的四天前，花旗集团以一记重磅炸弹开始了当天的庭审。威尔斯表示，一位接受过高等教育的陪审员，也是唯一一位

第十一章
拍桌子

做过大量笔记的陪审员对花旗集团抱有偏见。然后，他在法庭上公开播放了迈克尔·摩尔（Michael Moore）的电影《资本主义》（*Capitalism*）的片段。除了陪审团外，其他人都可以看到。这是一个爱情故事。在影片中，摩尔严厉批评了美国的银行，尤其是花旗集团。当影片进行至片尾曲时，威尔斯则用富有戏剧性的语言煽动现场情绪，解释那位陪审员与这部电影之间非常牵强的关系（他的名字只是在片尾的致谢字幕中一闪而过，一起在屏幕上滚动的还有成千上万人的名字）。这真是超现实的一幕。威尔斯义正词严地高声说道，他的"外国客户"有权要求一个没有偏见的陪审团。

我震惊地坐在那里听着，想知道这个所谓的"新"信息是究竟如何落入威尔斯手中的。庭审都已经进行了将近三周，他到现在才提出这个问题。威尔斯给这位陪审员贴上了一个毫无理由的标签，但法官同意了，这位陪审员被除名了。

宣判前一天晚上的感觉很奇怪。博伊斯没有出席我们的答谢活动，美国加利福尼亚州有另一个案子从那天下午开始审理，他已经飞过去了。在我们首席法律顾问缺席的情况下，我亲自带着整个团队出去聚会，感谢他们的辛勤工作。但是大家都低着头。我们默默觉得自己已经输了。我为大家朗读了鲁德亚德·吉卜林（Rudyard Kipling）的诗《如果》（*If*），希望能鼓舞士气："如果在你周围，所有人都失去冷静，责怪你，而你还能保持头脑清醒。"

在第二天的午餐时间，我们来到法庭食堂集合。每一天，那个空间都是法庭的延伸。甚至在用餐这件事上我们都战线分明。花旗集团的大队人马隔出了一个专用区域，他们自己订的午餐都被送到了那里——简直堪称饕餮盛宴。相比之下，我们团队的规模小得多，大家都和法院的工作人员混坐在一起，食堂的菜单上有什么就吃什么。

宣判的过程很快。关于我们就欺诈性虚假陈述提出的索赔，陪审团一致认定花旗集团不承担责任。法官离席，人们散去。此时，我的首席律师身在加利福尼亚州，只剩下我独自一人站在空荡荡的法庭里。奇怪的是，当我呆站在那里被痛苦淹没的时候，收到的第一个安慰居然是来自威尔斯。在花旗集团支持者的一片欢欣鼓舞中，人们纷纷前来向他表示祝贺。他穿过人群向我走来，把手放在我的肩膀上祝我好运。"我希望事情能顺利解决。"他轻声说。

在宣读判决书后，陪审团退场。一些陪审员在离开法院大楼时与媒体和法律团队聊了几句。他们解释说，虽然他们一直"倾向于葛涵思"，但威尔斯的结案陈词说服了他们。在庭审中，最后一次发言的机会留给了威尔斯。这不是美国传统的庭审流程，也完全不是英国的做法。之所以有这样的安排，这是因为原告负有举证责任，所以不知道被告在结案陈词中会说什么，而被告却知道原告要说的一切。因此，几乎在所有情况下，都允许原告对被告的论点进行回应。在我看来，无法对威尔斯的结案陈词进行

第十一章
拍桌子

反驳是我们的一大劣势。如果博伊斯有机会能压一下威尔斯的结案陈词，我相信可能赢的就是我们。

当我离开法院大楼时，发现有一名陪审员出现在我面前。那一刻的气氛非常紧张，也相当尴尬。我认为这是不应该发生的事情，但确实发生了。他唯一能做的就是做出口型，无声地说了一句"很遗憾"。我唯一能做的回应就是移开视线，盯着地面。

我恨不得瞬间就逃离那里。在回酒店的路上，我冲进了一家化装舞会服装店。万圣节快到了，第二天晚上朱莉娅和我还要在根西岛参加了一个派对。我把自己打扮成二十世纪六十年代的嬉皮士，她则扮演神奇女侠。在我深陷极度失望的情绪中时，这是一剂不错的解毒良药。

然而，我的律师们并没有放弃。他们指出，尽管此案已在纽约审理，但依然还可以根据英国的法律规则考量。根据纽约州的法律，为了赢得诉讼，我方必须证明我们很可能需要依赖花旗集团的虚假信息来确定报价的高低。根据英国的法律，为了赢得诉讼，我方必须证明花旗集团撒了谎，而在当时的状况下，需要我们依赖花旗集团的信息，除非花旗集团可以证明事实并非如此。这是一个细微的差异，在我看来似乎是一个技术性问题。但是，律师表示，因为纽约州的法官指示陪审团使用纽约州的法律而非英国的法律，所以他们回答的都是错误的提问。虽然我知道陪审团的裁决很少有反转的情况，但是由于上诉不会给我们增加任何成本，根据我们与律师事务所就此案最初达成的委托条款，律所将自动处理上诉问题，所以继续争取一下似乎是有意义的。

2012年10月3日，案件上诉在纽约开庭审理。我绕道巴黎，从根西岛飞往纽约（虽然英国税务局有一条一般性规定，一年内在英国停留不足90天的，将不被视为纳税居民，但我一直担心它可能会不完全遵循自己的指导方针，因此自从我在2009年4月1日离境以来，就再也没有踏上联合王国的土地）。普莱斯从伦敦飞来。泰丰资本的诉讼律师丹妮尔·迪克森（Denelle Dixon）从旧金山飞来。其他律师也从美国各地飞来。上诉前一天，我们都在 Boies Schiller 律所的办公室与博伊斯和他的法律团队会面。我们认为我方没有机会赢得上诉，但我们也认为他是美国最好的上诉律师，如果只有一个人能打赢这场官司，那么这个人就是他。博伊斯没有反对。

我们三人除了敬佩博伊斯是一名超凡的律师外，也都被他的人格所折服，尽管出于不同的原因。对我来说，他是一个（直到九岁才能够阅读的）阅读困难症的病友，但不管怎样他还是学会了读写。迪克森很敬重他在2000年那场有争议的总统选举中代表阿尔·戈尔（Al Gore）对抗乔治·W.布什（George W. Bush）——尽管没能胜诉。普莱斯则非常钦佩他协助推翻了禁止同性婚姻的《加利福尼亚州第8号法律修正案》，为美国同性婚姻合法化开辟了道路。虽然如此，但我们三个人都清楚，除了这些具有里程碑意义的案件外，他的职业生涯其实充满了争议，而且我们并不认同他目前的所有客户，以及他的律所之前的某些所

第十一章
拍桌子

作所为。

泰丰资本的三人小分队当晚在瑞典餐厅 Aquavit 共进晚餐，那里距离埃塞克斯豪斯万豪酒店（Marriott Essex House）步行仅需十分钟。这里是为第二天做准备的理想场所。我点了什锦大拼盘——鲱鱼三吃（腌制、水煮和烟熏）、三文鱼、冰镇章鱼、冰镇大虾，以及煮土豆、西博滕奶酪[1]和黑面包。我们选了十二种北欧的阿夸维特酒[2]，从茴香味、葛缕子味和茴香味开始，一杯杯灌下去，一直喝到了杧果味和辣椒味。

第二天早上，我们到达位于纽约曼哈顿的珍珠街 500 号，走进丹尼尔·帕特里克·莫伊尼汉[3]美国法院（Daniel Patrick Moynihan US Courthouse），来到了位于九楼的礼仪法庭（Ceremonial Courtroom）。我们的听证会被安排在上午十点。主持听证会的共有三名上诉法官，他们是一个接一个地在审理不同的案件。首先，法官们表示他们不愿意推翻陪审团的裁决。我释然

---

[1] 西博滕奶酪（Västerbottensost），用牛奶做成的特硬质奶酪，产自瑞典北部的西博滕县（Västerbotten）是瑞典最有名的奶酪之一。——译者注

[2] 阿夸维特酒，北欧和德国北部地区特产的烈性酒，一般在德国、挪威称为 "Aquavit"，丹麦等称为 "Akvavit"，使用马铃薯制作高纯度蒸馏液，稀释后加各种香料调制。——译者注

[3] 丹尼尔·帕特里克·莫伊尼汉，1927—2003 年，美国社会学家、政治家，民主党员，曾任美国驻印度大使、美国驻联合国大使和美国参议员。——译者注

了：这似乎是另一次希望渺茫的庭审。

这是我能听得懂的最后一句话。在接下来的时间里，我坐在那里，看着双方争论一百多年前英国法庭案件中某些词语的确切含义和当事人都已经去世了几十年的先前判例。整个过程都是超现实的。最后，他们呜里哇啦地说完了，律师们从桌上拿起了他们的文件夹和随身物品。泰丰资本的员工和花旗集团的员工都纷纷起立，在人群中特别显眼，因为我们的西装、衬衫和领带每一件都价格不菲。下一个案子无声无息地就准备好要开庭了，法庭里还是一片喧闹，我们整群人都打算离开这里。

负责主审的林奇法官（Judge Lynch）——这个名字把我们吓了一跳，开始欢迎刚进来的各位律师。"我们现在只给百分之一的人一个离开法庭的机会，"他笑着说。我不记得我是跟他们一起出去的。

听证会持续了将近一个半小时——比预期多了三十分钟。迪克森在赶去机场飞下午的航班时，她告诉普莱斯和我，她认为博伊斯表现得棒极了。我们前往肯尼迪机场，两人都急切地想离开纽约。我飞回巴黎，与亲朋好友度过了一个悠闲的长周末。还好有欧洲之星①（Eurostar），巴黎成了我最经常与仍留在英国的亲友

---

① 欧洲之星，被称为英法隧道连接铁路，是一条连接英国伦敦、法国巴黎、比利时布鲁塞尔以及荷兰阿姆斯特丹的高速铁路服务。——译者注

第十一章
拍桌子

相聚的地方。我想，这是一个传奇故事的结束。

几个月后的 2013 年 5 月 31 日，星期五，我度假后前往西班牙参加一次董事会会议。我们只给会议安排了不到一个小时的时间，因为似乎也没有什么重要的事情要讨论。但事实却是，普赖斯带来了好消息。他也是才休完了一周的假期，人还在法国尼斯，但刚刚听说我们赢得了上诉，案件得以全面重审。我们都大吃了一惊。星期日时，我已经绕道巴黎飞往纽约了，与普莱斯在博伊斯的办公室与会合。显然，我们这个案子还将继续做出的贡献，就是把更多的钱送到律师手里。

我们决定要弄清楚第一次庭审的问题出在哪里，所以聘请了几位陪审团顾问，他们招募了一组背景类似的陪审员进行模拟庭审来复现之前陪审团所经历的情况，看看这些陪审员会有何反应。很快，我们发现，在筛选陪审团的过程中，花旗集团非常有效地利用了他们"反对"的权利。那些没有读完高中的人几乎都站在我们的对立面。他们需要有形的证据——一封信或录音电话，来证明花旗集团存在欺诈行为。当然，这种证据是不存在的。相比之下，那些拥有博士学位的人看待案件的方式完全不同，他们会考虑所有的间接证据，根据概率平衡来判断哪一方最有可能在说真话。他们对证人的证词不感兴趣，因为他们认为双方都会为了胜诉而说出任何符合己方利益的话。我意识到，我们需要的是一个由大学教授组成的陪审团，他们还得愿意在纽约的法院出庭两周，而得到的只是 30 美元的报酬和不错的一日三餐。

我们举行了一次全体会议，邀请我们的英国律师、美国律师、普莱斯、泰丰资本团队的其他成员和陪审团顾问共同出席。每个人都在打自己的算盘。美国律师试图让我们相信他们能在美国打赢官司。英国律师则希望说服我们将案件带回英国审理，结果会更好。这次会议将会怎么进行下去，现在一猜就知道了，大家发言的内容就显得越来越无聊。

然后，我转向了陪审团顾问中最年轻的那位成员。大部分最苦的工作都是由她完成的，在模拟审判后真正坐下来向"陪审员"汇报情况的人也是她。听她一席发言，就能立刻明白她为什么要做这份工作。她具有非常高的个人魅力、善解人意、谦虚，最重要的是，她能给人一种诚实可靠的印象。她介绍了我们已经知道的一些事情，但解释得非常仔细。然后，我向她抛出了一个开放性问题，一个我从来没有问过其他人的问题，但这个问题的答案也是显而易见的："如果换成是你，你会让这个案子在纽约给陪审团审判，还是宁愿在纽约或其他地方，把案子交给法官来审判？"

她的回答震惊了屋子里的每一个人。她解释说，在她看来，我们在纽约获得陪审团支持的概率极低。之前模拟审判的所有证据都表明，除非大多数陪审员是大学毕业生，否则我们不可能获胜，而且，这种大学生陪审团是她在自己陪审团筛选顾问的职业生涯中从未见过的情况。她相信，我们很有可能又碰上一个与上

312

第十一章
拍桌子

次背景相似的陪审团。她补充说，即使我们确实能遇上一个主要由大学毕业生组成的陪审团，也应该意识到，在纽约，每个念过书的人都会有亲友在花旗集团工作。

纽约的律师和陪审团顾问的老板看得出我们很震惊。他们想让她改变主意。但是，她坚持自己的立场：她将说出真相，全部真相，而且只说真相，尽管她那天晚些时候私下对我说她可能会因此丢掉工作。一天结束时，普莱斯和我在埃塞克斯万豪酒店的酒吧喝了一杯。我们俩的结论是一致的：不管律师怎么说，纽约的二审只是一审的重演，我们几乎肯定会再次败诉。这种感觉就像是距离二审只剩三周的时间了，我们还正在悬崖边上梦游。

大约一周后，发生了一件我确定极不寻常的事情。案件的重审法官拉科夫法官正在主持另一项陪审团审判——美国政府起诉美国银行（Bank of America）欺诈案。我们的美国律师团队派人去了庭审现场观摩，希望了解他对待大银行的心情和态度。2010年时，他似乎是持非常支持的态度。我们想知道过去几年银行业的波折是否改变了他的想法。然而，我们认为越来越明显的是，无论拉科夫法官在2013年秋天时怎么看待大银行，美国银行案看起来都将持续很长时间，不可能在10月7日我们案件开始二审的预定日期之前结案。果不其然，拉科夫法官在9月25日打电话召集各方开会，表示他将不得不推迟庭审日期。他最早可以于2014年7月7日开庭。鉴于双方的律师团队都已经安排了其他案件的庭审，所以实际上最早至少还要等到一年之后才能开庭。

这一空档虽不是出于我们的主观意愿，但也让普莱斯和我有机会考虑将是否将审判转移到英国。当然，这将意味着会有进一步的延迟，因为需要让更多律师熟悉案件，也需要准备更多文件。争议事件也变成了越来越久远的事情，因为人们的记忆可能会变得越来越模糊。但是，在英国审理案件也有其可取之处。花旗集团也倾向于伦敦。我猜测，他们出于自身利益的考量，非常希望避免继续因为此案增加在美国的曝光，因为自从上次庭审以来，美国对银行的敌意越来越大。

我们咨询了博伊斯。他的回答清楚明了：我们差一点就能赢得一审；我们现在知道在二审中该做什么了；花旗集团在一审中已经打出了最好的牌，但我们还没有；这次我们将在纽约胜诉。此外，他还表示，如果花旗集团希望将二审转移到伦敦进行，我们当然应该反其道而行之。我们的英国律师团队给出的答案同样清楚明了。"博伊斯肯定会这么说，难道不是吗？"他们指出。如果案件留在纽约二审，你想想他能赚多少钱。普莱斯也认为我们应该把此案转回伦敦审理。他的理由是，陪审团永远不能理解这个案子，但法官则会关注其中的事实而不是情绪。

我方没有一个人注意到，如果根据英国的法规对案子进行二审，会给我的心理带来多少不利影响。在美国，证人首先接受己方律师的提问，然后由对方律师做交叉询问。因此，证人有可能

第十一章
拍桌子

在友好的提问下逐渐进入法庭审讯的状态。然后，他们才会受到对方律师火力凶猛的一连串攻击。在英国，对证人的提问通常正好相反，这让证人没有最初的喘息空间，也没有机会找准自己的方位。因为我们计划着把我作为第一证人，所以我会被直接推到火力最前线。花旗集团的律师们可以毫无保留地直接盘问我。与美国的陪审团不同，英国的法官并不介意看到一位技巧娴熟的律师通过巧妙的提问把证人掏空榨干。碰巧的是，我们的法律团队得到了一个机会，就是让我提供"主要证据"，这样我就可以在呈上我的证据之后接受问询。但事实证明，法庭上激烈的抗辩对双方的诱惑力都实在太大了。我们选择的方法并不适合我这种性格的人。

事后看来，我应该就此放弃这个案子。是时候从中走出来了。毕竟，我们现在已经卖掉了百代唱片，而且在英国能获得的损失赔偿很可能远低于美国——可能就少到只有几亿美元而已。但在当时，在我脑海中闪过的却是各种继续打官司的理由。

我觉得我让有些投资人失望了。我感到深深的沮丧，因为我明知道如何扭转局面时，但却失去了这家英国的大型音乐公司。我因为百代唱片失去了一些朋友和同事。我不得不离开英国的家，流亡到根西岛。我没有和朱莉娅在一起，没有看到女儿们的青春年华，没有亲眼见证儿子们读完大学并长成二十出头的大小伙子，没有看望我的父母和兄弟姐妹。一想到这一切都是徒劳，我就无法忍受。没有及时决定止损，其实我只能责怪一个人：我

315

自己。我决定将案件带回英国重审，再次试试我的运气。这是我的人生，而我已经选择了在一场官司上浪费了七年。

但是"底蛤蟆"还萦绕在我心头。我的岳母贝蒂（Betty）胃痛已经有一段时间了。她和朱莉娅一样，是一个坚忍的人。母女俩最初都认为她会平安无事。3月，我们按计划飞往南非为朱莉娅庆祝生日，但是贝蒂当时感到明显的疼痛，这让朱莉娅非常担心。医生决定让贝蒂去医院拍个片子。

抵达南非后，朱莉娅的姐姐玛丽恩（Marion）打来电话，说片子显示贝蒂胃中有一个大肿瘤，但她让我们不要过度担心——这个肿瘤为良性的概率超过50%。然而，随后的活检结果证实是恶性肿瘤。治疗的过程非常痛苦，而且尚不清楚是否有效。贝蒂选择了出院，她希望自己在家中离开这个世界。

在接受姑息治疗时，贝蒂向朱莉娅提到，她不希望家人在她死后守灵，而是想在她还活着的时候举办一场派对。不知怎的，她以极大的体力和意志力穿上了漂亮的衣服，还接待了客人。几乎她的所有家人和大多数朋友都参加了那场派对。我们请了一位音乐家演唱她最喜欢的猫王的歌曲。

派对结束后，贝蒂的病情迅速恶化。最终，她在6月4日星期六的深夜去世。如她所愿，她是在家中，在家人的陪伴中离开了。

那一周我人在根西岛。贝蒂去世后的第二天，我就返回英国准备开庭。朱莉娅还没来得及开始悲伤，但她想陪在我身边给我

第十一章
拍桌子

鼓励。那天晚上，我们二人和小儿子一起互相陪伴着。感觉一切都这么不真实。泰丰资本的同事和我们团队中的事务律师都试图说服我方的主要出庭律师格拉比纳勋爵不要让我在那一周出庭。他们希望他向法官解释一下，目前我的状态不适合接受交叉问询。或者，他们希望至少能调整一下证人出场的顺序——让我在最后一个出场，而不是第一个。格拉比纳勋爵担心这样会显得我方软弱，所以坚持要我在开场陈词结束之后立即出庭作证。

那天晚上，我久久无法入睡。朱莉娅也睡不着。在我们的脑海里，有太多的东西在飞来飞去，而我们一个都处理不了。无论我们多么同情彼此，我们也需要一点时间独处，各自处理自己的事情，然而我们却无法拥有这种个人时间。

6月7日，星期二，我再次回到法庭，再次把全部精神都集中在百代唱片交易上。我走上证人席，立即意识到我完全不在陈述案件的状态。我需要陪着朱莉娅和家人，而不是一个人在法庭上。我记得当时感到一阵恶心，血糖水平失控，差点突发抽搐。医生给我开过一些急救的药物以备不时之需，那天我就用到了。一旦面临压力，我的糖尿病以及我的整个身体似乎会承受不住。但我在思想上好像还能应付得过来。我的瑜伽老师和全科医生都认为我把压力全部埋在自己心里，已经积压到了不可思议的程度。它变成了一种心身疾病，对身体和精神都会产生不良影响。在这一整段时间里，我的睡眠状况一直不佳，也无法专注地思考，很难集中注意力。

伯顿法官看得出我状态不佳，一直问我是不是出了什么问题。我的法律顾问希望我表现得强势，并对法官保持缄默，但我不想这么做。可是最终，我还是选择听从他的建议。毕竟他才是专家。但是，我在证人席上无法做到强势。我又回到了九岁那年的状态，那个可怜的小学生。由于我的血糖水平飙升，视力受到了严重影响，所以眼前一片模糊。

即使在这样的情况下，我仍然在努力地处理信息。对我进行交叉询问的是马克·霍华德（Mark Howard）。绝顶聪明、充满学究气的他从一开始就发起攻击，暗示我不放弃该案的目的只是安慰我的投资人而已。我表示，即使这一切都结束了，我也不认为他们能得到什么安慰。法官看起来好像想问问为什么，但也只是示意继续进行。我不确定我后来回答了什么——也许事实上我并不是在提供证据的状态，也无法明确地表达自己。

随着在证人席上的时间越来越长，我感觉自己变得越来越愚蠢、越来越无能。那种心情就像在学校里被霸凌戏耍一样。星期三和星期四，两天之内我一共在证人席上待了五个小时，那感觉是我一生中最长的时间。霍华德用一连串问题来攻击我，其中的一些必须依靠完美的记忆力才能答得上来，而我永远都不可能充分作答了。我本应把该说的全都说出来，但我当时感觉自己太脆弱了，无法完成供述。我被反复问道，在我们 5 月 6 日的会议期间，暗示让我以每股 2.65 英镑竞购百代唱片的人是否是尼科利，而不是沃姆斯利。我对此进行了反驳，但话语间并不是很有说服

第十一章
拍桌子

力。"我接受我的记忆出错的可能性,但在我的记忆中确实是那样的。"我说。

我看得出来,法官很疑惑这个人到底出了什么问题——一个本来应该很聪明的人,怎么把问题回答得这么糟糕。最终,当他意识到我甚至无法阅读放在我面前的材料时,绝望地问我,如果有人把材料读给我听,是否会有一定帮助。我同意了,但这是最后的屈辱:我完全崩溃了。金钱和名誉已岌岌可危,而此时我却根本无法回忆起每一个细节,甚至都无法阅读递过来的文件。

"对不起,这些材料我一个都看不懂。我很抱歉,"我在周四上午休庭的时候说。出于帮我一把的心态,法官建议我在周末好好准备准备。在我们不断讨论最后一个非常复杂的问题时,他表示,"至少你可以利用周末的时间,在星期一之前都可以不被打扰,自己好好地看看这些材料。""那么,你能把这些段落记下来吗?这样有助于你理解并消化这些问题。"

事实是,我完全没可能做到。报告长达数千页。我知道我不可能读完。我连一个句子都看不进去。我想消失。我问格拉比纳勋爵是否有方法可以让我解脱。他也担心我被这一切摧毁,而且他自己还有一个知名度极高的一位客户的案子要处理。迅速结案对我们双方来说都将是一件幸事。因此,在星期四下午,我请求格拉比纳勋爵撤销此案。

我们毫无保留地撤回了欺诈指控,并主动提出支付花旗集团

319

的法律费用。我觉得我让我的家人、我的投资人、我的公司、我的朋友和我自己都失望了。

泰丰资本的同事本来担心媒体上的报道会非常负面，但实际情况并没有那么糟糕。记者们都觉得是霍华德在证人席上彻底摧毁了我。他们不知道朱莉娅母亲的去世、我的糖尿病，也不知道霍华德是如何又让我回想起了一个九岁孩子在学校里被霸凌的感觉。他们只是看到一个破碎的人，他们看不到我回答各个问题之间的关联性，当然也确实没有什么相关联的——除了这些问题都把作为证人的我撕得粉碎。霍华德确实是这方面的高手。

第二天，我没有出席庭审，也没有见证正式的结案，而是由朱莉娅和儿子陪我回到了根西岛。朱莉娅本来需要时间独自处理悲伤，但考虑到我的处境，她很担心我，觉得需要陪伴在我的身边。

我的朋友都纷纷建议我休假一段时间。我的家人也觉得我们需要抽离一下，所以我和朱莉娅以及三个孩子一起飞到拉斯维加斯。我们的大儿子当时正在纽约读书，也飞来与我们相聚。不得不说这确实是个好主意，尤其是考虑到一家人很少有机会同时聚在一起。拉斯维加斯也似乎是个正确选择。从很多方面来说，这是一个荒谬之地，但这里拥有一流的酒店、美食、饮料和娱乐活动。我们在那里住了三天，参观了大峡谷，去听了玛丽亚·凯莉（Mariah Carey）的音乐会，看了太阳马戏团的表演，品尝了很多家超棒的餐厅，喝到了品质非凡的葡萄酒，孩子们还去玩了跳伞。

第十一章
拍桌子

但是，这次旅行的疗愈功能却并不显著。《加州旅馆》中有一句歌词："有些酒是为了记住，有些酒是为了忘记。"我想忘记。但是，从收购百代唱片的传奇故事到我被迫离开家人的林林总总始终在我脑海中萦绕，我总是在思考所有出问题的地方和让我不开心的事情。星期四，在飞回伦敦的途中，我写了一些诗。我返回根西岛后又读了读，然后撕掉了——就像母亲撕掉我在十几岁时写的那些作品一样，因为诗中充满了绝望的消极情绪。那时，我对世界充满了不满。而现在，我是对自己不满。

我的家人和朋友是对的。我需要休息一下，重整旗鼓，但是，我却直接回到了我曾经的日常生活。当时我已经57岁了，饱受超重、糖尿病和精神崩溃的折磨，但我继续表现得像一位30多岁的小伙子，事事领先，意气风发。我一如既往地把日程安排得满满当当。我依然随身带着日记本。我感觉自己必须重回正轨，而我知道唯一的方法就是继续做交易。

第十二章

痛苦与反思

拥有一切

拥有一切

你永远无法阻止我

拥有一切

第八奇迹乐队 [①]（Eighth Wonder）

《拥有一切》（*Having It All*）

　　企业家很少有资格在名流云集的晚宴上吹嘘自己，而在高盛、麦肯锡或顶级律师事务所工作却被视为一项荣誉。一名企业家除非真的很成功，不然在大家看来就只是做做生意而已。但事实上，想要成为一名企业家，需要付出很多——野心、承担风险的能力和超人的干劲都是关键因素，此外，还有努力工作和做出牺牲的意愿。在高盛时，我每周的工作时间可能长达 80 小时。然而，一旦我开始经营自己的企业，不论是公共假期、生日，还

[①] 第八奇迹乐队，英国流行乐团，组建于 1983 年，在 1985—1987 年风靡日本和意大利。——译者注

第十二章
痛苦与反思

是周年纪念日，我一年 365 天，每天都在工作。…… 没有什么是神圣不可侵犯的。排在第一位的是工作，排在第二位和第三位的也是工作。

不过，企业家的人生中并不是只有努力工作和奋斗进取。许多人都拥有十足的耐力，苦干了几天、几周和几个月，但却没有成功。要获得决胜的竞争优势，你需要具备戴维森在 1982 年告诉我的素质——贪婪和大胆无耻。然后，你需要具有创造性的想法、创新性的策略和可实现的坚定目标。你还需要强大的执行力，或者至少要确保你的团队中有人能真正理解你的想法——我付出了惨痛的教训才领会到这一点。最重要的是，要成为一名真正伟大的企业家，你需要听从全球最大对冲基金桥水基金（Bridgewater）创始人雷·达里欧（Ray Dalio）的建议——想要有效地设定目标，关键在于"痛苦加反思"。每次失败时，你都需要调整你的商业原则，而失败之后，你都需要再设定一个更大胆的目标。

这就是我现在所做的。我没有限制自己的野心。相反，我让它带着我走。我打算给自己设定一些在 99.99% 的理智之人看起来都不可能实现的目标，然后全力以赴。百代唱片结案之后，我写下了未来的大目标。

第一，家庭。过去的几年我一直在极度思念家人的日子里度过。我觉得我没有在孩子的成长岁月里陪伴他们，也没有一直守在朱莉娅身旁。我需要花更多的时间和孩子们在一起。我需要给朱莉娅找到一个搬来根西岛的理由。

第二，财富传承。我想为家人设置一个财富传承方案。为此，我需要投资一些能够世代相传的公司，而不是在几年之后就被出售的项目。我们以家族的名义在 2000 年买下的萨莱塔别墅（Villa Saletta）就是其中之一。它占地近 1,800 英亩，位于意大利托斯卡纳（Tuscan）的黄金地段，包括一个十二世纪时的村庄和 40 多处废弃的房产。那里酿造葡萄酒的历史长达 3,000 年，相关书面记录可追溯到公元 980 年。梵蒂冈的地图室中保存了一份十五世纪的文件，显示萨莱塔别墅当时是比萨（Pisa）和佛罗伦萨（Florence）之间的主要中心。那时它属于里卡尔迪（Riccardi）家族[①]（原籍肯特，名叫里卡尔迪），他们是银行家出身，起初为十字军提供金融服务，后来效力于佛罗伦萨的美第奇（Medici）家族，不仅为美第奇家族打理家事和土地，在广为流传的故事中，还代为保管他们家族贞操带的钥匙。多年来，他们从银行业务中赚得盆满钵满，还得到了很多未能从"圣地"返回的人留下的资金，积累了可观的财富。葛氏家族（The Hands）是 800 年来第四个拥有该庄园的家族。

第三，泰丰资本。我希望它能像 2007 年时那样成功。公司

---

① 里卡尔迪家族，16 世纪晚期佛罗伦萨最有权势的家族之一，他们最荣耀的时刻是从美第奇家族手中买下了 Palazzo Medici，即今天的美第奇·里卡尔迪宫。——译者注

能够实现重生。我可以吸取之前二十多年私募股权经验的所有教训，把泰丰资本做得更好。

第四，人生意义。这个世界待我不薄，但我亏欠它一些东西，希望可以做出补偿。

在审视这四个目标时，我想到了好友乔恩·默尔顿（Jon Moulton）取得的成就。正是他在 2008 年帮我在根西岛介绍了房子。默尔顿离开了自己创立的私募股权公司 Alchemy，然后成立了一家名为 Better Capital 的公司，并公开上市。他在莱斯特广场①（Leicester Square）租下了一块电子广告牌，宣告新公司的成立——以字母顺序逐一列出了 Better Capital 将比 Alchemy 更成功的原因，这让他之前的团队非常郁闷。如果遇到意见不合的人，默尔顿从不会顾及对方的地位、权力或身份，都会竖起自己的中指表示不满。和我一样，他的父辈并不富裕，他一直在公立学校读书，也从小时候开始就罹患残疾。他因为在特伦特河畔斯托克（Stoke-on-Trent）接触了过多煤炭燃烧产生的烟尘，导致身体受到严重的损害。如果默尔顿能够在 Better Capital 再创辉煌，并且能做得比 Alchemy 更成功，那么我也可以让泰丰资本 2.0 更上一层楼。

默尔顿有很多不为人所知的一面，例如他对慈善事业的慷慨捐助、对旨在为人们提供准确信息的智库的支持，以及他对医

---

① 莱斯特广场，伦敦市中心的一个广场，是伦敦的娱乐中心之一，常有电影的首映礼在这里举行。——译者注

学发展的知识了解至深，仿佛是一本行走的百科全书。我希望做的事情是调动人们共同参与的积极性，让我们的世界变得更美好。我并不是一名严格意义上的共产主义者，但确实相信社会中的决定应该由每个人根据自己的能力或需求所做出。每个人都应该参与其中。朱莉娅和我共同创建了多个教育项目，希望能帮助人们获得良好的教育。有些项目关注学生的所在地，有些项目是为牛津大学的学生而设，都取得了不错的反响。我希望在这个领域继续做更多的贡献，也渴望为环境做点事情。事实上，朱莉娅和我已经在植树计划上投入了大量资金，并且收效非常明显——这些树木从空气中吸收的碳总量可抵消 70 余万人的碳排放。

我几乎投入了自己的全部精力，希望能以极快的速度同时实现所有的四个目标。从拉斯维加斯回来后的第一周，我坐了 6 次飞机，在餐馆吃了 9 顿饭，举行了 31 次会议，乘船往返赫姆岛 ①（Herm）一次，参加了一个生日聚会，开始了在北欧收购麦当劳的流程，去格林德伯恩 ②（Glyndebourne）看了《塞维利亚的理发

---

① 赫姆岛，根西行政区中最小的一个岛屿，以旅游业为主要经济支柱。——译者注

② 格林德伯恩，位于英格兰的一个乡村别墅，建于 16 世纪初，1913 年被改造成歌剧院，并于 1934 年起每年举办格林德伯恩歌剧节。——译者注

第十二章
痛苦与反思

师》[1]（ *The Barber of Seville* ），为自己和朋友做了晚餐，参加了学校的开放日，还因为泰丰资本任命了新的首席执行官而接受了几次采访。

收购麦当劳这一项目特别符合我的心意。如果能成为北欧地区麦当劳餐厅的主要特许经营者，那么我就能够以家族的名义出资，为我的家人建立一个可以传承的企业，它会比通常意义下的私募股权企业存续得更为久远。

麦当劳是全世界最著名的品牌之一，我在外出拜访投资者时曾多次光顾。从财务的角度来看，它的"金拱门"绰号可谓非常贴切。在不同国家中、在经济周期的各个阶段中，麦当劳的业绩始终优于其竞争对手。在我看来，这是最伟大的成功创业案例之一——1940 年，理查德（Richard）和莫里斯（Maurice）兄弟二人在加利福尼亚州开设了一家餐馆，极具创业天赋的他们，最终将它发展成为一个在八十年后仍然繁荣的商业帝国。在我们收购了高速公路服务站公司 Tank & Rast 之后，与汉堡王签订了特许经营协议，在德国高速公路沿线开设了他们的快餐店。但是，麦当劳的产品及其系统的运营则给我留下了更深的印象。其运营方式更为巧妙，客户也更喜欢他们的产品。2015 年，我们开始将 Tank & Rast 的汉堡王快餐店逐渐关闭，希望全部替换为麦当劳。

---

[1] 《塞维利亚的理发师》，法国作家博马舍于 1775 年所写的剧本，原名 *Le Barbier de Séville*，后被改编为歌剧。——译者注

因此，当我发现该麦当劳正在北欧地区寻找发展许可合作伙伴时，就立即产生了兴趣。麦当劳希望有一位投资人可以作为他们公司与其在北欧国家（瑞典、丹麦、挪威和芬兰）特许经营商之间的桥梁，帮助提高该地区 433 家餐厅的经营业绩。麦当劳经营着一套复杂的特许经营系统，它的许多餐厅都归当地的经营者所有——可能在麦当劳买巨无霸汉堡和炸薯条的顾客中，极少有人知道这一点或对此有兴趣。

公司设定了总方针，涵盖品牌的宣传、餐厅的卫生标准、食品的准备程序、厨房设备标准化、产品采购标准化、服务标准目标、上餐时间和员工培训等方面。特许经营商则负责提供当地的信息，这一点非常重要。毕竟，他们才是了解当地市场和消费者需求的人。因此，他们也负责根据当地情况确定售卖的具体食品、定价和营业时间。

我们知道，如果能够把北欧项目收入囊中，这将意味着麦当劳在全球首次划出一个地区，把其中大部分餐厅都交给特许经营商持有，并将这些特许经营商的管理权转移给麦当劳以外的人。其实，他们是将我们变成了总特许经营商，而原本那些特许经营商则变成了子特许经营商。当时，麦当劳的首席执行官史蒂夫·伊斯特布鲁克（Steve Easterbrook）已经批准了公司采用这一全新的经营方式。但是，我仍然必须证明我就是他们要找的合作伙伴。我不得不说服麦当劳领导层相信，他们把每年提供近 2 亿份餐食的北欧 400 多家餐厅以及芬兰、丹麦、瑞典和挪威的特许

第十二章
痛苦与反思

经营权都交给我们是个正确的选择。

在长达一年的尽职调查过程中，我接受了 11 次问询。仿佛我又回到了 20 岁，要去参加第一次工作面试。朱莉娅也曾被麦当劳的高管面试了 6 次，而我们已在泰丰资本工作了多年的小儿子，则接受了 13 次面试。最终，我们获得了其北欧的总特许经营权。得知这一消息时，我觉得我得到了有史以来最好的工作——虽然我不得不向面试官支付超过 4 亿欧元的费用才能获得这份工作。葛氏家族做好了长久经营的打算。17 年之后，麦当劳会重新评估未来的经营方案：与我们再续约 20 年或将业务收回，或要求我们将该业务出售给其他人。这是我和我的家人做出的最大的一项单一承诺。

但是，我意识到，在正式把精力转向这份新工作之前，我需要让泰丰资本脱离我独立运作。当时，我个人向公司投入的成本每年高达 4,500 万英镑，是该注入新鲜的血液和新的方向。

2016 年 1 月加入公司的贾斯汀·金（Justin King）是一位得力干将。他曾经经营森斯伯瑞（Sainsbury's）长达 10 年之久，将这家业绩平平的超市集团打造成为一家强劲增长的企业，销售额连续 9 年实现同比增长。我可以看出，金不仅有能力协助我们旗下的公司改善财务状况，还可以激励我们的员工。在我继续留在根西岛或满世界跑的时候，他也将成为我们伦敦办公室的顶梁柱。我亲眼见证了他全力以赴为公司吸引新的投资人，所作所为大有另一位知名企业家——前乐购首席执行官特里莱希爵士（Sir

Terry Leahy）在克莱顿·杜比利尔与莱斯公司 [1]（Clayton, Dubilier & Rice）的风范。

我们也一直在接触高级金融服务运营专家安德鲁·葛克奇（Andrew Géczy），并已准备好向他发出职位邀请。葛克奇在花旗集团工作时就与我相识了。他为花旗集团效力长达 14 年之久，担任过包括结构性企业融资全球负责人等。从 1996 年开始，我们就在各种交易项目上打交道，我了解他是一个以集体利益为重的人。后来，葛克奇在劳埃德银行集团负责批发银行业务和市场业务，我相信他可以为泰丰资本带来一些新的知识，并帮助公司内部的人才成长。

对泰丰资本，葛克奇自己有一套非常坚定的转型策略，他明确表示了将如何改造公司的运营和架构。他将接手泰丰资本的管理工作，并控制交易流程。与此同时，金将接管投资组合业务，并研究如何提高被收购公司的经营业绩。他们两人负责泰丰资本的日常运营。我将成为泰丰资本最活跃的投资者和全球巡回推销员。

2016 年 6 月，百代唱片的二审结束。几周之后，我们宣布了对葛克奇的任命。对我而言，这是一个新的起点。我不仅承认把所有事情都揽在自己身上已经超出了我的能力范围，而且还在

---

[1] 杜比利尔与莱斯公司，一家美国私募股权公司，世界上历史最悠久的私募股权投资公司之一，成立于 1978 年。——译者注

第十二章
痛苦与反思

认识到这一点之后采取了行动。"葛涵思因子"对泰丰资本确实重要，但是，这家公司在未来必须要超越我的个人影响力。有了葛克奇和金，我们这支三人小分队组成了全新的泰丰资本管理结构。当我们着手重新启动公司时，我感到如释重负。

我们给自己设定了两个目标：其一，基于泰丰资本三期基金依然持有的资产，尽可能多地提取价值；其二，根据我为公司设置的全新管理架构成立一支新基金，并说服投资人投资。我们三人开始向投资人和公司的其他同事介绍泰丰资本 2.0，说明了我们希望如何共同前进。

不过，我首先需要为百代唱片项目正式道歉。

因此，我在 2016 年 9 月的年度投资人大会上发表演讲，表达了我的后悔之情和"吸取的三个教训"。首先，我表示，我们再也不会将单一基金的 30% 以上投资在一项资产上。其次，我们不会在一个投资项目跨基金调用资本。最后，我们将交易的股本上限设置在 5 亿欧元。我的道歉效果不错。我们的投资人也对葛克奇和金的到来表示欢迎。

我们首先关注的机构之一，是三期基金原本计划投资的一个项目——英国最大的连锁疗养养老机构四季养老集团（Four Seasons Health Care）。我们在 2012 年以 8.25 亿英镑的价格完成收购，是泰丰资本自 2007 年收购百代唱片以来最大的一笔交易。四季养老集团经营着 500 家养老院，共收入 20,000 名老年人，另外还拥有 61 家专科护理中心，有 1,601 张床位。当时，它堪称是一台碎钞机。

据我们的推断，随着英国逐渐走出衰退，老年护理的支出至少会跟上通胀的步伐。毕竟，政府肯定会认为有必要为最弱势的群体提供支持保障。另外，我们还认为这家公司存在很大的改进空间。养老院的经营状态并不是很好。我们只需要采取一些简单的措施，就能优化管理，从而节省采购和食品成本。我们还可以和博姿公司谈判，以更优惠的价格采购药品，并培训我们自己的护理人员。

而且，这项资产的价格很有吸引力。在 2006 年首次竞标时，我们 9 亿英镑的出价败给了卡塔尔基金 15 亿英镑的出价（其中 13 亿英镑来自苏格兰皇家银行的贷款）。现在，我们有机会以低于上次的出价收购四季养老集团，同时还能得到该公司后来从其最大的竞争对手——南十字星养老集团（Southern Cross）那里收购的 140 套房屋。这一行业的增长向来稳定。然而，四季养老集团的杠杆加的太高了，还对贷款银行违约。因此，苏格兰皇家银行取得了控制权，现在正在寻找新的投资方接手。

在公司同事从经济角度审视四季养老集团的机会时，我关注的则是在公共关系上可能遇到的挑战。经营这家公司，意味着我们将直接对弱势群体的生活和福祉负责。我们需要找到一个合适的平衡点，既能为老年人提供优质的护理，也能确保公司长期的财务状况的赢利水平。看了媒体对经营不善的养老院的报道之后，我就更加犹豫了。我不记得之前有哪一次交易曾让我们来回讨论了这么多轮。我们在四个月内召开了十次普通合伙人董事会

第十二章
痛苦与反思

会议，看了437页的演示文稿。同事们确信可以将四季养老集团打造成"照护产业中的IBM"，成为全国各地地方政府值得信赖的供应商。我最终拍板同意了，但要求我们不仅不能以任何方式降低标准，还要努力提高标准。

事实证明，我的焦虑是对的。尽管经济已经开始复苏，但政府的紧缩政策仍在继续，地方政府也感受到了压力。南十字星的那批房屋在被四季养老集团收购之前，曾先移交给了护理质量委员会（Care Quality Commission），所以设施状况都比较破旧。此外，协同效应并不存在，所以我们不得不超预算支出，并提高人员配置的水平。虽然大多数四季养老集团的养老院都运营良好，但有一些根本经营不下去，还有一些的经营标准低到让我们无法接受。因此，我们不得不关闭一些养老院。

最终，大家都在等金做决定：我们是就此放弃以减少损失，还是继续投钱支持它的发展？由于养老院实际上是两家企业——一家服务于公共部门，另一家服务于私人客户，因此这让决定变得复杂。私人护理的业务表现良好。需求在增加，富裕人群有支付照护服务的经济实力。另外，公共护理的业务举步维艰，因为它依赖于当地政府提供资金支持，而政府当下也没有太多钱。由于美国的秃鹫基金① H/2Capital 已开始购买该公司的债券，而且

---

① 秃鹫基金，通过收购违约债券，透过恶意诉讼，谋求高额利润的基金。——译者注

债券的交易价格正在大幅折损，因此我们需要迅速做出决定（秃鹫基金通常的投资标的是表现不佳的公司或资产，因此它们的价值可能被低估）。

金以及我们的一些同事，认为四季养老集团仍有很大的上升空间。他们还认为 H/2Capital 无意接管日常运营，因此存在着谈判空间。在他们看来，H/2Capital 将愿意以大幅折扣出售已经购入的债务，以换取公司重组带来的快速利润，而且他们算出了未来可以实现的目标，结果非常令人鼓舞。总的来说，金的结论是，四季养老集团有可能带来非常丰厚的利润回报。只是需要一段时间来落实我们的改革策略，并确保其成长为一家受市场赞誉的成功企业。

对泰丰重新启动至关重要的另一项业务是 Wyevale 园艺中心（Wyevale Garden Centres），我们在 2012 年以 2.76 亿英镑的价格将其收入麾下。这家园艺零售商在英格兰和威尔士共拥有 129 个园艺中心，资产价值约为 4 亿英镑。然而，相对于其资产价值，这家公司创造的利润并不够高，所以我们当时能够以较低的价格完成收购。我们认为这家公司在我们手上可以实现更好的运营效果。从长期来看，我们还认为公司所持有的房地产是很有吸引力的一个部分。大多数园艺中心都位于城镇边上，对农田进行一番改造而建成的。因此，它们在日后都有可能被进一步开发成为住房和零售门店。我们所要做的，就是耐心等待获得地方政府的规划许可。由于政府有着迫切建造更多房屋的需求，因此我们非常

第十二章
痛苦与反思

乐观。与此同时，我们觉得应该让公司经营得更好。

Wyevale 之所以拿不到足够的投资，是因为劳埃德银行集团在其未能及时支付利息之后，于 2009 年通过债转股的方式获得了它的控制权。然而，银行所感兴趣的只是回笼资金，并不是长期持有。我们觉得这家公司的销售并没有做到极限，它可以进一步优化家庭用品业务，还完全可以用特许经营的方式发展餐馆和食品业务。鉴于此，我们引入了一个全新的管理团队，大约花了两年的时间，把它带上了正轨。2012 年，公司实现了 2,710 万英镑的收入；一年后，收入达到 4,270 万英镑；2014 年，进一步上涨至 5,610 万英镑。在首席执行官凯文·布拉德肖（Kevin Bradshaw）的领导下，管理团队的工作显然进展得十分顺利。

泰丰资本的一些同事开始考虑我们是否应该直接把公司买了，获利了结。然而，也有同事认为我们当前的战略还有更多的发展空间，甚至认为值得将 Wyevale 打造成为一个民族品牌。他们与 Wyevale 的管理团队走得越来越近，并在情感上也越来越亲近。

这应该足以敲响警钟。在与被收购公司的管理层打交道时，私募团队的作用不是建立舒适的关系，而是应该不断地向他们提出要求，挑战、挑战和再挑战。每个管理团队都认为自己做得很好：如果出现问题，那总是别人的错。从来没有一位管理人员来找我说过"对不起，我搞砸了。"从来没有。在大多数情况下，他们意识不到风险，只认为公司会蓬勃发展。你可以用奖金激励他们，但大家真正的目标并不一致。如果公司经营得好，他们在退出时会得到丰厚的报酬。如果公司陷入困境，大多数私募股权公司都会用丰厚的报酬把现有的管理团队留下来，以便有人在那里收拾残局。这并不是说管理团队不努力工作或不关心公司。只是说，他们有自己的立场，你有你的立场，而且他们倾向于相信自己的宣传。因此，私募股权公司必须对他们不断地挑战、挑战、再挑战。

2014 年，随着 Wyevale 的管理团队实现了利润翻倍，我们变得沾沾自喜，不再挑战他们。我可以埋头苦读数小时，研究《花园中心集团①运营评论》（巴黎，2013 年 4 月 25 日，共 32 页）和《花园中心集团战略演示文稿》（巴黎，2013 年 4 月 25 日，共 84 页）；如果我真的想找个更难的材料折磨自己，我会通读《花园中心集团战略演示文稿附录》（巴黎，2013 年 4 月 25 日，共 59 页）。这些材料共同构成了一部出色的作品。它们评估了公司管理团队所擅长的和不擅长的事情。它们分析了客户群，对产品系列进行了细分，还分析了行业系统。它们从国民品牌（而非本地品牌）的角度出发，探讨了公司的发展潜力。它们得出的结论很简单。在开发具有强大市场竞争力的食品和饮料产品这一方面，这家公司不具备相应的技能，需要第三方提供支持。公司的

---

① 花园中心集团，Garden Centre Group，园艺中心解决方案供应商，总部位于北美，定期发布行业分析报告。——译者注

第十二章
痛苦与反思

每家园艺中心都风格各异，无法以相同的方式运营，而且顾客也从没想过需要一个国民品牌。该公司也没有为客户提供数字化服务或实现集中式仓库配送系统的技能或技术。公司目前缺乏相应的知识，无法确定该以何种空间规划分配核心业务与各种特许经营业务。这些精彩的报告主要由泰丰资本的分析师整理而成。一旦公司有了不错的业绩时，管理团队就容易沾沾自喜，这些精彩的报告也自然就被遗忘了。

相反，在我们的支持下，管理团队踏上了创造 1 亿英镑利润的旅程。它开始以国民品牌的角度思考，致力于打造国民餐饮连锁，并着手建造中央式仓储系统。它把最佳空间提供给特许经营业务，并将核心业务放置在周边位置。在金刚来时，Wyevale 的收入已经跌至 2,700 万英镑。令人欣慰的是，尽管公司的经营状况欠佳，还是有一位大投资人愿意收购，并出价 7 亿英镑。

就像我对四季养老集团项目的处理方式一样，我向金征求意见。他仔细研究了 3 个月之后，得出了评估结论。他表示，现有的管理团队需要全部更换。他们不具备实施当前战略的技能。虽然他不确定这个战略究竟是对还是错，但很明显，鉴于它已经消耗了 2 亿英镑，并让公司背上了长期负债，所以在这个时间节点上放弃它的成本太大。金为公司组建了一个新的管理团队，由曾任玩具反斗城（Toys 'R' Us）英国负责人的资深零售行业专家罗杰·麦克罗兰（Roger McLaughlan）领导。他们经过仔细分析，认为前景是乐观的。他们指出，实施这一战略的成本大部分已经完成了支付。最近的跌势能够被逆转。在这个阶段出售公司将是一个错误。

与此同时，葛克奇正在研究交易流程。他千方百计地为我们找到了多个项目——包括众所周知的福特项目（Project Ford）（意大利高速公路连锁服务站），招募新员工，并安排与亚洲和澳大利亚的投资人会面，从而筹集更多资金。严格意义上来看，这应该是泰丰资本的四期基金，但由于"四"在汉语和日语中都是一个非常不吉利的数字——在这两种语言中，它的发音都类似"死亡"这个词，我们决定算上已经筹集的另外两个基金，在名称上直接跳到泰丰资本六期基金。

我知道，根据这个逻辑，泰丰基金三期基金本应该被称为泰丰资本四期基金，但考虑"四"可能引起亚洲投资者的反感，跳过几个数字似乎是最好的解决方案。

我和葛克奇、金一起出马，向投资人展示泰丰资本的新形象。我环游世界会见数百名投资人时，首先为百代唱片那场旷日持久的戏剧性事件道歉，并承诺不会再犯我们曾经的三个错误，还解释我怎么样把一个人的乐队发展成了三人组合。葛克奇向投资人强调了三个数字：1.6、2.8 和 0。在过去二十年中，泰丰资本所有投资的增值收益翻了 1.6 倍，并返还了投资人的全部资本。这使我们在基础设施和房地产方面的回报翻了 2.8 倍——这个数字不包括百代唱片项目，也表明了这个项目对我们的投资业绩造

第十二章
痛苦与反思

成了多大的破坏。0代表我们从未有过技术违规、从未被英国金融行为监管局（FCA）制裁、从未收到过负面的审计意见，也从未晚于截止日期发布和季度财报。

葛克奇还巧妙地概括了我们这个三人小分队：投资者葛涵思，说到哪儿，自己就把钱投到哪儿；运营者金，集三十多年的企业运营经验于一身；管理者葛克奇，非凡的大型银行蓝筹背景，负责泰丰资本的日常工作。最后，由金介绍我们投资组合中的各个公司，以及它们的业绩表现。他一一阐述了我们为各个公司制订的管理计划——虽然都是雄心勃勃的计划，但我们都认为是可以实现的。如果真的能实现这些目标，我们就不只是完成了自我救赎，事态还会变得"更好"，泰丰资本也会重生。

到11月时，我们已经汇总出一份宏大的规划书，阐述了我们手握250亿欧元之后将如何大干一番事业。我们将其称为"25×25愿景"，目标是到2025年管理250亿欧元。如果我们实现了这一目标，泰丰资本将获得3.75亿欧元的年度管理费，而我们的每个员工都将获得非常可观的收益。大家都在盘算着自己在2025年可以用这些财富做什么。期望高涨，乐观情绪无限。

与此同时，当我在北京、中国香港、东京、首尔推介现在称为泰丰资本2.0的公司和在全球募集的新基金时，我发现投资人都非常乐于对公司进行深入的尽职调查，并且还有潜在的投资意愿。12月，在英国私募股权和风险投资协会（British Private Equity and Venture Capital Association）召开的年度晚宴上，葛克奇招待了惠康基金会、高盛、USS基金[①]、爱马仕（Hermes）[②]和行健资本（Stepstone）[③]等蓝筹投资人，发现他们都愿意支持新基金。他们本可以选择任何一张餐桌参加晚宴，但他们坐在了我们的餐桌旁。

根据我的判断，如果说到2025年无法实现250亿欧元的目标，那么唯一的原因就是我们目前投资组合中的公司出现严重问题。我们把自己的声誉和未来都寄托在返还投资人的资本之上。在我的整个职业生涯中，我看到有人新加入公司后，会把履职不顺的原因归结为前任同事的错误决定，但是葛克奇和金都不是这样的人。他们没有在后百代唱片时代在公司实施焦土政策，而是在仔细研究了我们的投资组合之后，相信自己可以重新提振业绩。我相信，我的其他投资人也相信，如果他们认为自己可以做到，那么他们就几乎肯定可以做到，因为他们在这个阶段不需要为任何事情去寻找正当理由。

在2016年年底时，我非常清楚泰丰资本三期基金将在成立10年后，于2017年5月4日关闭。该基金当时的估值为投资

---

① USS基金，高校退休基金计划（Universities Superannuation Scheme），英国第二大退休基金。——译者注
② 爱马仕投资管理公司（Federated Hermes），是一家公共资产管理控股公司，成立于1955年，总部位于美国宾夕法尼亚州的匹兹堡。——译者注
③ 行健资本，一家全球最活跃的综合另类投资管理机构，总部位于美国。——译者注

第十二章
痛苦与反思

者全部原始资金的 71%。为确保他们收回投资，我们需要将投资组合的价值增加约 20 亿欧元。我们不得不通过 6 项投资来完成这个任务——除了英国的四季养老集团和 Wyevale 园艺中心外，还有都柏林的全球航空公司租赁公司 AWAS 和联合牧业公司（Consolidated Pastoral Company，CPC）、澳大利亚布里斯班的养牛站公司、美国匹兹堡的风力发电公司 Ever Power，以及意大利罗马的太阳能公司 RTR。你看不出这些遍布世界各地的公司之间有什么联系，但它们有两个相似之处：第一，其所在行业都承受着巨大的压力，正在经历巨大的变革；第二，在泰丰资本，都有一个真正信任它们的支持者。

就我个人而言，绿色能源和养牛站是我最看好的项目。我觉得，如果经营得当，它们都能为世界带来巨大的变化。相比于作为一家资金即将耗尽的私募股权公司的投资标的，如果能长期持有，这些公司的业绩肯定会更好。我的二儿子和大女儿都在养牛站工作，忙于日常运营，而且儿子还利用空闲时间在农场见习。

就金而言，他认为 Wyevale 园艺中心和四季养老集团才刚刚开始转型。就我们手中目前最大的企业 AWAS 而言，我们深知需要更多时间才能卖掉它：对一个买家来说，它的规模可能太大了。一切都指向同一个方向——扩大基金规模。因此，我们向投资人做出了一项提议，请求他们给我们更多的时间，来实现我们认为相对容易实现的目标，即向他们返还原始投资资金的 80%

至 90%。但这还不是我希望的结果——我的目标是让我的投资人收回他们所有的钱。这也会让我个人蒙受巨大的经济损失，因为我是泰丰资本三期基金最大的投资人，持有该基金大约 10% 的股份。但我们也因此可以承诺比在短短几个月内关闭该基金更好的结果，对于金和葛克奇来说，这将是一个真正的成功——投资组合比他们加入公司时能实现大幅增值，并且能有充足的资金开启 25×25 愿景。

幸运的是，投资人同意了。我们收到了 80% 以上的投资人的支持，得以将基金的期限延长一年。他们也愿意向我们支付全额费用——即使我们之前赔掉了他们 30% 的资金，而且返还投资的期限还远远超过预期，他们仍愿意给我们机会。

金负责投资组合，葛克奇负责泰丰资本的日常运营，我转向了我的首要任务：家庭。我们都明白这将是第一个没有贝蒂的圣诞节，所以想做一些特别的事情。我向来热爱大自然，所以我在圣诞节前夕为全家六人安排了一次旅行，前往智利的蓬塔阿雷纳斯（Punta Arenas），搭乘停泊在德雷克海峡（Drake Passage）——被称为全世界最颠簸的海上通道之一的游轮。由于朱莉娅在状态最好的时候也会晕船，所以我们选择搭乘包机，凌晨 4 点从蓬塔阿雷纳斯起飞，两个半小时后降落在乔治王岛（King George Island）。首先映入眼帘的是一架飞机的残骸，它几年前迫降后被遗弃在此。这个开头不怎么吉利。我们不得不步行一英里半穿过岛屿，才能找到一片海滩，在那里换乘小艇，带我

第十二章
痛苦与反思

们去登船。我们在岛上列队徒步，行李放在一辆敞篷拖车上，由一辆很有年代感的拖拉机拉着。

我们在行进的过程中，路过了很多个国家的研究中心，每一座建筑都尽力体现着各自家乡的风格。最令人印象深刻的是俄罗斯基地，它造得就仿佛是一座从圣彼得堡搬迁过来的教堂。到达海滩后，由一艘破冰船改造成的邮轮就在眼前。小艇一次能带两人，于是我们分拨上了船。船一路南下，追着好天气和更有趣的冰山而去。第二天一觉醒来，我们仿佛走进了新世界，眼前出现的是洁白无瑕的冰、湛蓝的天空和海蓝宝石般清澈的海洋。我感受到了活着的气息。我们的邮轮汉斯探险家号（Hanse Explorer）是那个季节第一艘穿过勒梅尔海峡（Lemaire Channel）的船，最南端到达南极洲南纬65° 07′12.0″、西经64° 00′36.0″之地。在二十四小时的阳光普照下，我们在后面几天继续向南探索，看到了极为罕见的鸟类和海洋生物奇观。然而，最让我印象深刻的是海冰之美。我喜欢它发出的声音。我喜欢完全孤立的感觉。

然而，伴随着美，黑暗的一面也不可能被忽略。我们看到已经断裂的冰山，在远处慢慢融化。看到企鹅现在必须游过无数英里才能到达它们捕食的渔场。看到一个正在消亡的冰之世界。看到周围散落着成堆的人类排泄物和塑料制品。这次旅行把我带到了工作之外的世界——家庭的世界和更广泛的人性的世界。2017年3月的早些时候，当我们再次回到家并在七橡树的房子里为我的母亲庆祝八十大寿时，那种家庭感和人性感与强烈的死亡感交织在一起。环顾一屋子的朋友和家人，我发现我母亲的一些孙辈现在比朱莉娅和我结婚生子时的年龄还大，这让我意识到人们多么容易就会忘记时间的珍贵，而一个人一辈子拥有的时间又是多么有限。

幸运的是，至少现在我能在工作中可以与家人产生交集。我的小儿子曾在泰丰资本工作多年，参与过包括 Odeon 电影院、AWAS 和安宁顿住宅公司（Annington Homes）在内的项目。现在，他已成为麦当劳业务上不可或缺的一分子，甚至在格拉斯哥（Glasgow）的一家门店里工作了两个星期，从上夜班到打扫厨房，他无所不干。在卖画的生意之后，朱莉娅明确表示她再也不会和我共事了。可见我是一个多么严厉的工头儿，尤其是对家人，这对我儿子来说并不容易。他告诉我他对做交易充满热情。我开始欣赏他，以及他对细节的专注和能对管理层建立同理心的能力，而且，虽然我永远无法弥补在百代唱片项目上浪费掉的七年，但能再次与家人亲近真的是大好事一件。

2017 年多亏了安宁顿住宅公司的带动，公司在其他方面也看起来大有前景。我第一次接触安宁顿住宅公司，一家持有私人出租房屋的英国公司，是在 1996 年，当时野村证券购买了 57,000 套房屋出租给国防部，然后国防部又将它们租给了军人家庭。2012 年，我们联合另外 20 位投资人一道，从野村证券手中买下了安宁顿。然而，这是一次高杠杆收购，涉及 4.5 亿英镑的

第十二章
痛苦与反思

股本和 5.5 亿英镑的债务。在 2016 年，我清楚地意识到，国防部已知晓安宁顿的杠杆早被加到了无可救药的地步，如果国防部拒绝把自己不需要的房屋还给安宁顿（他们其实就是这么做的），公司就可能会面临资金紧张的局面。能看得出来，国防部之所以会这样想，是因为他们支付的租金只是这些房屋市场租金的一小部分，而且下一次调整租金的评估要到 2021 年才能进行。虽然国防部会继续为他们空着的房子象征性地支付一些租金，但我们如果无法收回房屋，就要一直被债务问题所困。如果我们可以出售这些房屋，就能减轻负债，并且有可能在恰当的时机为它进行再融资。

留给我们的唯一选择就是筹集更多的股本，但这说起来容易做起来难。为一家从未支付过股息并且要在 2022 年和 2023 年偿还超过 30 亿英镑气球贷款的公司筹集更多股本，着实难度极高。想要这样操作，我们就必须赢得高级联合投资人的同意，而如果他们其中有任两人反对，我们就无法进行下去。我们及时咨询了四家银行，看看他们怎么看待这项债务重组，让我们能扭转 2022 年偿还 14 亿英镑和 2023 年偿还 18 亿英镑的局面，改为在未来 20 年到 30 年内分期偿还。如果我们能成功，这将是英国英镑债券市场上有史以来最大的一笔交易。

保密工作必须要做好。大家可能会认为国防部肯定希望自己的房东财务状况良好。但是，如果考虑到日益破败的空置房的数量之大，那么这样的假设似乎是错误的。显然，我们想要的（在

347

我们看来，这符合每个人的利益）是这些房屋能以良好的状态归还，然后我们可以将其出售或出租给年轻夫妇——这与政府宏大的政策愿景高度一致。然而，在爱情和战争中，这个项目感觉越来越像战争了，没有逻辑可言。国防部似乎下定决心要消灭敌人，而那个敌人就是安宁顿。

在接下来的几个月里，安宁顿住宅公司的团队、泰丰资本最终选定的英国巴克莱银行的代表来进行债务重组，并和我，一起四处奔波，拜访主要客户寻求支持。最初，我们的解决方法被拒绝了。然而，到了4月，我们得到了他们的支持；5月，我们开始筹集股本；6月，我们开始发债。7月5日，我们正式宣布方案——这是英镑市场有史以来规模最大的债务重组。能在不惊动国防部的情况下完成这一切，着实让我比较满意。国防部的顾问们因此大为光火。几个月后，顾问们退出了这个项目，我们与国防部达成协议，决定以约束性仲裁来解决双方对未来租金水平的分歧。

2017年年底，当我坐在惠斯勒（Whistler）[①]的缆车上时，过去几年在我的脑海中闪现。看似一切终于顺利了。那是艰难的九年，但如今朱莉娅和我正在根西岛建造我们梦想中的家园。这项建设工程可能实在是大得有些夸张，但能在岛上为包括熟练工匠

---

① 惠斯勒，加拿大温哥华以北小镇，是世界知名的冬季滑雪胜地，曾协办2010年温哥华冬季奥运会。——译者注

第十二章
痛苦与反思

等行业提供大量的就业机会，并且很多专业行当的手艺人能至少在几年内不用发愁找不到工作。至少，我给自己找到这样的理由。我见到父母和兄弟姐妹的次数比以往任何时候都多。朋友们来根西岛的频率也更高了。正如所有家庭的儿子面对要求苛刻的父亲兼老板一样，我的儿子和我也很难在一起工作，但我们还是想方设法做到了。孩子们都长大了。虽然我的控制欲可能有点太强了（幸好还没强到让孩子们窒息的程度），但至少我们有时还会一起共度假期。我觉得我所需要的，其实只是朱莉娅搬到根西岛。如果她同意，那么也许我真的有可能拥有一切。

但是商业世界不会给你太多的喘息空间。在7月成功完成了安宁顿的债务重组之后，四季养老集团遇到了问题。由于政府削减成本，它在12月突然被从金的手中拿走，被H/2Capital接管。然后是Wyevale，以及它一直存在的问题。我们接触过各种潜在的投资者，但都失败了。6月，我提出自掏腰包，但被顾问委员会拒绝了。现在，我想从第三方投资者身上找到突破口，想弄明白为什么他们在过去的六个月中已经完成了自己独立的尽职调查后，又决定放弃这个机会。我了解到的情况不是很乐观。

本来我们雄心勃勃地想把多个本地业务联合成为全国性的运营项目，但事实证明这是一个巨大的错误。英国的每个地方都有不同的微气候和天气模式。完全不可能做到先集中采购鲜花等易腐烂物品，然后再在全国范围内同时销售。多家Wyevale门店的积压库存就是最好的证明。更糟糕的是，我们尝试加大本地供应商的订单量时，但却看不到任何规模效应。因为对本地供应商而言，在全国范围内销售不是一个优势，而是额外的成本。我们的整个模式都错了。

我们的新管理结构也出现了问题。在参加了一次我的推介会之后，有多位来自世界各地的潜在投资人决定到伦敦进行现场尽职调查。他们明确地看出新组建的三人小分队之间缺乏彼此之间的吸引。之前，只是由我一个人向他们描述未来的愿景。但是，他们来到伦敦后，在与我们共同度过的两天时间里，可以跟许多人提出各种各样的问题，而得到的答案中却有很多不一致的地方，甚至还暗含了一些公司内部的紧张关系。当然，这些投资人之间也会彼此聊聊他们的经验。

这一切让我想起了 2000 年的电影《几近成名》（*Almost Famous*）。剧情中，有一个年轻人接到滚石杂志的任务，要写一篇关于静水乐队（Stillwater）的文章。他因此需要跟随乐队巡演，并成为各种不幸和关系冲突的见证人。他想把所有的见闻全部写进文章里。就像在大多数婚姻中似的，在任何公司里，总会发生些不好的事情。只要没有人知道，大多数公司和大多数婚姻都会坚持下来。但是如果所有的投资者或者换成婚姻的话，就是所有的家人和朋友，都在时刻关注着是不是会有事情出错时，就很难摆脱掉了。我们内部的紧张关系导致一些基石投资者撤资。没有他们，我们就没有筹集更多资金的动力，募资过程就会停滞

第十二章
痛苦与反思

不前。

在 2018 年年初，金、葛克奇和我回顾了我们完成的六笔交易，并以此向投资者展示我们曾经紧密合作过。我们收购了德国的迎宾酒店集团（Welcome Hotels）。泰丰资本的"助力资本"项目（Support Capital）计划投资一家法国珠宝公司和一家制造人造草坪的运动场地面结构公司。我们的合资企业 Naga 投资了一家德国珠宝公司和一家法国化妆品公司。最后，我们买下了麦当劳的北欧业务，并创立了 Food Folk 公司作为其北欧总特许经营商。总而言之，我们在这六笔交易上总共投入的资金还不到 4 亿英镑，不到泰丰资本三期基金平均交易额的三分之一。在规模上，这些交易无法直接与我曾经的案例相提并论，但它们确实反映了三人小分队的合作成果。

另外，我们正在亏损，而且亏损额还在增加。随着公司招募新员工，以及现有基金即将到期，我们的成本不断攀升。潜在收益正在下降。葛克奇缩减了现有业务的成本，但他也招募了一些新员工，我们不得不为他们支付工资。降低成本有时还意味着不再需要老一辈忠诚的支持者提供服务了。我想念他们，看着他们离开让我非常难过。但我也知道，对于我们曾经收购来的公司，如果要帮助它们成功转型，就必须采取这类措施。我们正在做出必要的改变，这个过程十分令人振奋。但事实证明，这种转变的成本不低。在我们试图募集六期基金时，我没有源源不断的资金来维持公司的存活。同时，我需要向自己证明，过去十年我为了维系泰丰资本的生存投入了那么多的成本，这些钱都花得明智。我们立志实现泰丰资本 2.0 的 25×25 愿景，不仅是为了葛克奇、金和公司的团队，而且这对我的自我价值感、自豪感和我的钱包也很重要。

我一直对团队说，我们做得多好并不重要，重要的是我们不会再次失败。我们的投资人可以接受百代唱片，他们可以接受四季养老集团，但如果我们在有明确计划的前提下，还把 Wyevale 这家经营性房地产项目给做失败了，他们可能就完全想不通曾经的成功：特别是金还曾经重振了森斯伯瑞超市集团的业务，和我们早先时候决定拒绝接受一位投资人 7 亿英镑的收购。

结果，2018 年 3 月是英格兰近年来最寒冷的月份之一。气象学家把西伯利亚的冷风称为"来自东方的野兽"——全国上下一片冰封。园艺中心的顾客很少。3 月中旬，我们在米兰举行了投资组合公司会议上。会上我被告知，如果没有现金注入，Wyevale 将无法支付周五的工资账单。我勃然大怒。管理团队解释说，他们没有预测到这个"来自东方的野兽"，也没有做出相应的准备。而在我看来，他们应该有一个应急计划。最后，我自掏腰包给公司救急，先给供应商结算并支付了工资。但我知道这只是治标不治本，还有更大的问题等待解决。

到 2018 年春季，一家又一家的零售商陷入了困境，许多都关门倒闭了，但这不重要。许多其他的私募股权公司也面临同样的问题，这也不重要。重要的是，如果 Wyevale 项目失败了，我们的投资人将不会再冒险给我们投资了。这不是因为这个具体的本地项目出错，也不是因为泰丰资本三期基金经历的曲折，而是因为如果我们的下一只基金再出现任何问题，他们会被问到，既然 Wyevale 已经失败了，百代唱片也已经失败了，他们为什么还会继续给我们投资。

业绩优异的基金很少会带来另一只业绩优异的基金。事实上，基金经理在一只基金上的表现与他们在下一只基金上的表现之间存在负相关的关系。但投资者总是倾向于支持在上一只基金中表现出色的经理——不是因为这预示着该经理在下一只基金的运作上也会有良好的业绩，而是因为如果下一只基金出现问题，这会给他们一个借口。

如果 Wyevale 最终出现重大问题，那么再加上美国总统特朗普对绿色能源的悲观评论，对 EverPower 公司必将是毫无益处。当泰丰资本在 2009 年收购这家总部位于美国的风能公司时，我们看重的是州政府和联邦政府纷纷推出的激励政策，它将有机会扩大运营并拓展业务。然而，我们最终在 2018 年将其分拆为两笔单独的交易，以 0.8 倍的现金总价出售了这家公司，这与在 2016 年美国大选前我们对其近 3 倍现金总价的估值之间存在着巨大差异。在短短几个月内，我们可能就运营着全世界业绩最差的基金。金和我意识到，我们为投资者收回原始资金的希望破灭了。如果我们能收回三分之二，那就很幸运了。现在，募集新资金的机会也完全消失了。在接下来的一年里，金和葛克奇先后离职。我本计划把泰丰资本转变为自己的一项基金管理业务，托付给其他人经营，但这个希望在三个月内破灭了。我本以为我能够拥有一切，但这个希望也破灭了。

第十三章

多面地狱

再见快乐　你好寂寞

我想我即将死去

《爵士春秋》[①]（*All That Jazz*）

《再见生活》（*Bye Bye Life*）

2018 年 1 月，朱莉娅送给我一份迟到的圣诞礼物——她突然宣布她将在 3 月搬到根西岛。她准备离开自己在七橡树的朋友和家，来到我的身边。然而，我还是依旧在工作。在她初到根西岛的 240 天里，我每周工作 90 小时，还飞了 300 多次。

我们正在根西岛一起建造梦想中的房子，但我又会在里面住多少天呢？我怀念养狗的日子，但如果我们真的养了狗，我又能有时间遛狗吗？这些年来，我拍下了 200,000 张照片，但我却一张都没有再回头看过。我收藏的唱片越来越多，但我却一张都没听过。我也已经很多年没看过电视节目了——阿森纳

---

① 《爵士春秋》，音乐歌舞片，集 20 世纪 70 年代的爵士乐之大成，在 1980 年第 33 届戛纳国际电影节获得金棕榈奖。——译者注

第十三章
多面地狱

队、英格兰队或曼联队的足球比赛也没看过（球赛本来是我会和朱莉娅一起看的），唯一的例外是新闻。我仍然会去看歌剧，但这是一项公司的社交活动。由于我会抓住一切机会补觉，所以在演出期间，朱莉娅总是不得不踢我，防止我的鼾声吵到别人。

最终，我的身体罢工了。2018年5月，我参加了在维也纳举行的麦当劳公司会议。我们开了一整天的会，然后晚上在酒店的空中酒吧举行了大型酒会。后来，大多数人都打算回房间睡觉，准备第二天早上神清气爽地继续开会，但我还有一个晚宴需要参加。然而，在招待会上喝完第二轮酒之后，第三道开胃菜还没端上桌，我就开始感到一阵头晕，身体不太舒服。我向在座道歉，表示我不得不临时退席——这是我在整个职业生涯中从未发生过的事。我决定回房间睡觉让大家觉得很奇怪。所以当我说我想躺躺时，泰丰资本的一位同事帕斯夸里·纳扎罗（Pasquale Nazzaro）主动提出送我回房间。

显然，在走回房间的过程中，我还很清醒。但当我进到房间里面，关上身后的房门时，就一头栽倒在了床上。我立刻意识到有些不对劲。终于，把手机放在胸前的口袋里变成了一件好事。我用自动拨号功能打给了朱莉娅，让她打开扬声器。等她接电话时，我的话语几乎已经无法分辨了。幸运的是，她最好的朋友伊冯娜（Yvonne）也在场，她恰好是一名医生。她问了我各种各样的问题。你能举起右臂吗？你头痛吗？你能看清楚吗？你能坐起

357

来吗？我发出一次咕噜声表示"是"，两次表示"否"。就这样模模糊糊地，我回答了她的问诊。

伊冯娜立刻给酒店打电话，这期间朱莉娅一直在跟我说话。酒店的工作人员第一次来敲门时没有得到回应，然后就离开了。朱莉娅设法联系上了安德鲁·米勒（Andrew Miller）——泰丰资本负责麦当劳业务的总经理，他当时和我一起在维也纳，设法说服酒店的工作人员打开了我的房间门。他们进来时，我已经处于半昏迷的状态了。我病得很严重。他们呼叫了救护车，医生、护士和护理人员在我的胸口上连了很多裹着塑料皮的电线，米勒感觉他们好像还在把什么东西插到我的身体里了。然后，我们上了救护车。米勒陪在我旁边，纳扎罗本来只是过来看看出了什么问题，结果打了一辆出租车赶紧跟了上来。

救护车一到医院，我就被抬到轮床上，被推着跑在似乎没有尽头的走廊里。医生们用灯光刺激着我的眼睛，还用我听不懂的德语问我问题。这让他们很担心。那时还不清楚他们是否知道我是个英国人。最后，一位会说英语的医生突然出现，并向米勒和纳扎罗了解了一些情况，然后开始在我的手臂上打点滴，让他们和我一起等着。

从我栽倒在床上的那一刻起，到我被米勒和纳扎罗推醒的那一刻，这之间发生的事情我一点儿都记不得了。是他们整晚睡在候诊室的塑料椅子上守着我。医生告诉他们，我的运气真的很好，就只是短暂性脑缺血发作（TIA）而已，也就是通常不会产

第十三章
多面地狱

生长期影响的中风轻症。然而，只有时间能证明一切。与此同时，我开始慢慢苏醒过来。医生给我测了血糖——我前一天什么都没吃。他说，压力、空腹、睡眠不足和酒精加在一起，对糖尿病患者来说非常危险。但这份劝告我还是没听进去。

出院的时候已是破晓时分，而我已经在为第二天的会议发愁了。我们早上 5 点回到酒店。米勒和纳扎罗让我回房睡觉。他们二人参加了上午 8 点 30 分的会议，但我还是在上午的后半场会议期间就重返会场，并开完了后面的全部会议，好像没发生过任何事情一样。只有在我略微含混不清的讲话时，才能看出有些不同。

回到根西岛后，我去看了医生。她很担心我的身体状况。我没有通过她给我的认知测试，这表明我还没有完全康复。我必须先接受一系列检查，她才能判断我的病究竟是症状会逐渐消失的短暂性脑缺血发作还是中风。不管确诊为哪种，我都需要改变生活方式。我超重，患有糖尿病，并且长期处于压力之下。所有这些，加上我刚刚经历的突发意外，如果我再不采取适当的措施，那么我能活到 65 岁的概率最多也只有 50%。

在接下来的两周里，医生给我做了很多检查。他们找不到任何问题——就糖尿病患者而言，我的血糖水平是正常的；就我这个年龄而言，我的心脏也是正常的。看到我的检查结果，医生认为我只是给自己太大的压力，嘱咐我需要做出一些改变。我的人寿保险公司与他们的看法一致。到年底，我的保单没有再续保

359

了。我也无法再买关键人物人寿保险[①]了。

即便如此，已经有医嘱和保险公司拒保，我还是继续每周工作 90 小时，每年飞行超过 365 次。我知道我想变得更健康，也想花更多时间陪伴家人，但我有一种继续前进的强烈欲望，让这些事情都一件件往后排。正如报纸上写的抱怨人生的中老年妇女说的那样，我的工作与生活的平衡被打破了，但我没有听进去。

随着 2018 年一天一天地过去，泰丰资本显然无法再筹集到另一只盲池基金。我不知道前进的方向是什么，或者事实上是否还有可能继续前进。我从未有过人生导师，也没有与哪位和我共事的人建立起紧密的关系。我知道许多成功人士都有自己的人生导师，可以向其寻求建议或交流想法。其实我早就该有一位人生导师了。现在，我第一次下决心要找到他。

我找到了两位。格伦·莫雷诺（Glen Moreno），曾在富达国际（Fidelity International）工作四年，担任首席执行官，并在花旗集团（Citigroup）工作十八年，担任集团高管。汤姆·麦基洛普（Tom McKillop），曾担任阿斯利康制药公司（AstraZeneca）首席执行官和苏格兰皇家银行集团董事长，并在 2007 年金融危机初期领导苏格兰皇家银行渡过难关。莫雷诺深谙家族企业之道，了解支配欲极强的性格和伦敦市。麦基洛普体会过达到成功顶峰

---

① 关键人物人寿保险，商业保险的一种重要形式，由企业为其重要员工投保，在关键人物死亡后，保险的受益方为企业。——译者注

第十三章
多面地狱

的感觉，经历过一次公开的失败，然后又振作起来继续前进。

我们很快就找出了我需要解决的问题。工作上，我应该如何处理泰丰资本？我应该如何处理我投进去的钱？我应该如何处理这些投资项目和第三方投资者？个人生活上，我应该如何处理家庭和友情？我应该为改善健康状况做些什么？我应该更多地投身慈善事业吗？我应该从实际的方面更多地关心政治吗？我应该重新开启我的创意才能吗？最重要的是，我应该努力快乐，还是继续为了成功全力以赴？

麦基洛普告诉了我改变的三个决定因素。第一，如果你不改变，情况会有多糟糕？第二，如果你改变了，奖励是什么？第三，改变有多难？我对第一条的判断是，如果我不改变，我可能会死得很早——但死亡，如果还不是近在眼前的事情，似乎也感觉并不真实存在。对于第二条，除非我首先明确我希望得到什么奖励，不然我就很难获得这个奖励。对于第三条，我知道我要改变是多么困难。我的时间是提前一整年被排满的。根据我的日程表来看，在接下来的十二个月里，即使算上周末，我也只有四天的空闲时间。我甚至不得不把给朱莉娅打电话这件事排进日程表，才能确保我在外出的时候能和她说上话。在可预见的未来，我几乎知道我每一天的每一小时都在做什么。我也知道我总是会迟到，因为我自己设定的时间表是不可能完成的，而且我总是会因为睡眠不足而感到疲倦。

一位好的导师永远不会告诉你该做什么。相反，他们会问你大多数人都不敢问的问题，他们会让你质疑自己。有时候，他们的问题会让你不舒服。如果你工作时朱莉娅只能坐在家里，她为什么还要搬来根西岛？像你这种体重和健康状况的人，活到80岁的概率是多少？

当我去查资料后，我发现自己活到80岁就是在白日做梦，活到65岁左右的概率更大。

但问题是，即使有人生导师的帮助，我仍然不想放弃任何东西。我想做更多的交易，给慈善事业捐更多的钱，更多地参与政治，花更多的时间在摄影上，参与更多的社交活动，吃更多的东西，喝更好的酒，还想花更多的时间与朱莉娅和家人在一起。如果我是吸毒或赌博成性，人们会把我当成一名瘾君子，与我疏远。但因为我所做的事情都具有很高的社会接受度，所以恰恰相反，每个人都想要得到我的时间和关注。与此同时，有几个22岁的年轻人加入了泰丰资本，他们跟不上我的工作节奏，经常开会迟到，因为他们工作到凌晨，实在太累了，但还要努力赶去参加早上7点的早餐会议。而我，不仅能准时到会，还在开会前已经工作了一小时了。

后来，在那年夏天，我又开始感到了不舒服。但这一次与中风无关，是我的血糖。平均来看，我的血糖值是正常水平的两倍多——按美式测量法，结果为250+；按英式测量法，结果为13+。医生给我开了药效更强的糖尿病药物，还有每天一次的胰岛素注射，以帮助降低血糖水平。

我仍然不想彻底改变我的生活方式，所以去试了试催眠术，

第十三章
多面地狱

看看它是否能帮助我调整好几十年来在不间断地差旅途中养成的不良饮食习惯。在这个过程中，我明确地发现，我生命中最大的动力来源于恐惧，而非对奖励的渴望。催眠师建议我采用一些退行疗法来找到恐惧的对象以及我为什么会对其产生恐惧的情绪。但我就此打住了：我觉得我脑袋里的恶魔已经够多了，不用特意再去发现新的恶魔或者唤醒已经存在的恶魔。无论如何，我都不想向任何人敞开心扉。我愿意告诉她，我害怕无聊、害怕失败、害怕做得不够、害怕让人失望。但除此之外，我其实是一个难打交道的病人。让我产生最大动力的一切因素似乎又回到了恐惧上，而我并不打算去探究那种恐惧从何而来。

这让我在调整一个细小的饮食习惯上取得了成功：烤土豆。很简单，催眠师让我对这种食物建立起恐惧的心理，因为它们是强大的恶魔，会让我感到不适，还会杀死我。不过，这几乎并不是一个健康的长期减肥方案。正如她自己指出的那样，她将不得不持续给恐惧加码。她是对的。过了一阵子之后，土豆就变得不那么可怕了。起初，我会偷偷地吃一些炸薯条。然后，就开始吃浇着各种配料的烤土豆了。催眠术不会成为我缓解精神状态的长期解决方案。

金、葛克奇和我从未真正地正式决定是否筹集另一只盲池基金。然而，金从 2018 年 9 月开始选择在泰丰资本兼职，而葛克奇也在七个月后——2019 年 4 月离职了。公司的重生方案就此告吹。事后回顾，不难看出四季养老集团和 Wyevale 园艺中心的前景其实是一片灰暗，但在当时理性的思考下，偶尔相信保守党政府在任期即将结束的时候会为疗养院拨款，从而让他们最忠诚的选民能过得更有尊严。同样，购买园艺中心也不是个愚蠢的决定。获得规划许可变得越来越容易，而且如今许多园艺中心的价值都比 2012 年更高，在我们卖掉 Wyevale 之后，大多数园艺中心的销售额和利润都大幅增加。

我经常在思考，到底重振公司是否是一个正确的选择。我们希望到 2025 年时能管理 250 亿欧元资产，这确实是一个美好的梦想。如果可以实现的话，泰丰资本的市值很可能会达到 50 亿至 100 亿欧元（长期以来，对私募股权管理公司的估值是基于其管理资产的一定百分比；2007 年，对泰丰资本的估值采用了管理资产的 25% 出头这一比例）。金、葛克奇和我本可以成为亿万富翁，而公司其他的同事也本可以成为千万富翁。可是，这个梦想不仅没有实现，噩梦般的岁月还在继续。临近 60 岁生日时，摆在我面前的问题是——我能做什么？过去的 12 年在我看来就是彻彻底底的失败，那么还留下了什么积极的事情可以做吗？由于我有能力从灰烬中重生，所以曾被某些人戏称为"凤凰"，但现在我都不确定自己是否还有足够的能量让双脚离地起飞。我感觉自己更像伊卡洛斯[1]（Icarus）。

---

[1] 伊卡洛斯，希腊神话中代达罗斯的儿子。父子为了逃脱被关押的高塔，以蜡和羽毛制造了飞行翼。父亲告诫儿子切勿狂妄自大，不要飞得太高，但伊卡洛斯还是抑制不住心中的激动，结果因飞得太高导致双翼上的蜡被太阳融化，跌落水中丧生。——译者注

第十三章
多面地狱

虽然我个人的精神状态不佳，但是公司仍在继续向前发展。2018 年 10 月，由泰丰资本牵头的财团收购了一家专为学校、日托机构和疗养院建造和租赁优质组合式建筑的芬兰公司 Parmaco。这家快速发展的公司为自己设定了一个宏大的目标，计划在三到五年内将规模扩大一倍以上。我们认为 Parmaco 是一项不错的投资标的，而且它还能进一步完善我们在资产支持运营租赁、房地产和基础设施业务方面的投资记录。从长远来看，未来的固定建筑将被模块化解决方案所替代。在前瞻性理念的推动下，Parmaco 已经走在了这个趋势的前沿——这也是我比较看重的。企业家通常都喜欢创造性的解决方案，并且热爱创新。这两项优势都体现在了这家公司上，而且学校的可建筑面积也在增加，所以，从理性和感性双方面看，这个项目都让我心动。

2019 年年初，虽然糖尿病已经得到控制，但我仍然感到身体不适。因此，我决定再去看看医生是否能给我开出一些灵丹妙药。她不但没有开，反而开始跟我聊到了压力。过去，除了朱莉娅外，我一直拒绝与任何人谈论这个话题：我不想表现出自己的软弱，一向很强势。但我的催眠师和以前的医生不同，阿比盖尔医生（Dr Abigail）并没有放弃。她语气温柔而坚定地问了许多这些年来我一直被问到但从未诚实作答的问题。你抑郁吗？你有没有一度觉得做的事情太多了？你享受生活吗？你有经常见面的好朋友吗？你能和你的家人分享你的恐惧吗？压力是否影响了你的饮食、精力、睡眠、性生活等？最后，你有自杀的念头吗？到最后，连我自己都不敢相信，我居然同意去寻求专业人士的意见。

2月，我约了一位伦敦大学学院（University College London）的精神病医生。他问我，"你想从我这里听到些什么话？"我向他解释说，有时我感到非常沮丧，我没有百分百的安全感，但我不想服用任何形式的药物。我还解释道，虽然我有兴趣听听他的看法，就像我对任何学术讨论都感兴趣一样，但我并不打算采纳他的建议。毕竟，这是我的生活，不是他的。

我们聊了一小时，最后他重复了最初的问题："你想从我这里听到些什么话？"他指出，在我们的整个谈话期间，我一直在以第三人称谈论我自己。就好像我是在聊另一个人。然后他表示，他很乐意给"这个人"提一些建议，我可以把所有的这些视为一次学术行为，或者接受他的建议。无论我最终选择哪种方式，他在与我和我的另一个自我共度了一小时后，希望我和另一个我都能听一下这些建议。他告诉我们——告诉我，他不推荐精神治疗。他说，在过去的五十年里，我已经很好地应对了我的心魔，所以在这个时候再来把它们释放出来是不明智的。他建议我服用温和的抗抑郁药。就算没有其他效果，至少也会让我重拾安全感。

一小时后，我拿到了一份极低剂量的抗抑郁药处方。它的疗效完全符合医生的说法：消除了我的抑郁情绪，让我再次找到安全感。有时，医生会建议增加剂量，但我觉得没有必要。这足以

第十三章
多面地狱

让我感到安全了。我真希望我是在 2007 年百代唱片项目开始出问题时得到了这样的帮助。出于好奇，在我开始服用抗抑郁药物之前和服药三个月后，分别做了一次泰丰资本招聘员工时使用的性格和能力倾向测试。结果着实令人震惊。三个月后，我周围的人都觉得我变得更体贴、更冷静、更有耐心。虽然从任何意义上来讲，我仍然不是一个完美的老板，但我的容忍度更高了。就我个人而言，生活也变得更加可以忍受。

早在 2007 年，泰丰资本就已经是全球十大另类资产管理公司之一，当时我做出的决定都非常正确。而在接下来的十二年里，在我做出的决定背后，除了有大量的逻辑分析外，还有同等程度的恐惧心理，而事后看来，其中很多都是糟糕的决定。到 2019 年 6 月，我还没有筹集到任何盲池基金资金。自 2013 年百代唱片上诉裁决以来，我已经花费了 2.79 亿欧元来维系泰丰资本的生存，在这期间我的投资者向我支付了 2.56 亿欧元的管理费，可以用来抵消这部分费用。由于抗抑郁药让我摆脱了恐惧，头脑也变得更加清晰了，我终于可以面对这样一个事实，即我永远都不会成为第二个苏世民。我本希望积累一笔巨大的财富，创建一个尘世王国，但梦想就此破灭了。

2019 年 9 月，我们以电话会议的方式低调召开了投资人大会。那时，没有任何人会去估计泰丰资本三期基金能恢复到什么程度。我没有参加这次大会，因为没有参加的必要。我们没有募集盲池基金，我当然也不会给出任何预测。负责每一个交易项目的同时简要汇报了最新进展。会上的气氛阴沉，四十五分钟就结束了。年终报告显示，基金的现值为 29 亿欧元，略高于原始资本的 50%。

然而，就基金仍持有的公司而言，也有一些好消息。早在 4 月，四季养老集团就已经进入了破产托管阶段，这让我们出售 24 家 Brighterkind 养老院的过程变得更加复杂。最坏的情况，这将使 Brighterkind 养老院既没有管理团队，也没有运营监督。然而，到 9 月时，我们开始与一家收购基金接洽，它同时也是英国最大的养老院运营商之一。谈判是残酷的，但在 2020 年 1 月完成交易时，我们以负责任的态度将 1,400 名老人的护理工作安全地移交给了另一家靠谱的养老院运营商，与此同时，还收回了该项目原始投资额 2.2 倍的资本。

我们还成功完成了 Wyevale 园艺中心的分拆出售。泰丰资本最初的投资论点得到了 Wyevale 园艺中心资产的支持，我们决定采取退出策略，让本地和全国市场有机会以单个园艺中心、投资组合和公司整体为标的对这些资产进行定价。我们做了一件私募股权基金通常很厌恶的事情——为每个园艺中心都开出了一个价格。要价总计 4.05 亿英镑；我们最终收回了 4.04 亿英镑。我们通过 57 笔交易售出了 145 个园艺中心。此次退出使 Wyevale 园艺中心能够完全清偿其巨额债务、偿还养老金债务、给员工支付了合理的报酬，并收回了超过 8,000 万英镑的股权价值。

对位于澳大利亚布里斯班的联合畜牧公司，我们采用了类似

第十三章
多面地狱

的方法，在 15 个养牛场中，有 8 个被单独出售给澳大利亚的本地买家和全球各地的投资者。秋天，我开始着手从该基金中收购剩余的 7 个养牛场。这一波投资项目的前景及其长期增长潜力为我的个人投资组合增色不少。

也有一些投资人投了我的这个个人投资组合。让许多人惊讶的是，它的业绩开始节节攀升。这是因为我，或者不管是不是因为我，我不得而知。但可以确定的是，协调人们的利益与期望时，我的方向更加清晰了——因为我需要面对的只有 10 来位投资人，不再是 200 多位。感觉仿佛回到了曾经在野村证券的日子。

其他的业务也进展顺利。安宁顿支付了数额高达 1.32 亿英镑的第一笔股息，并且签订了仲裁协议，以更快的速度解决了与国防部之间的分歧。Parmaco 的业务从前一年的 192,000 平方米增加到 243,000 平方米。迎宾酒店集团完成了对每家酒店的战略评估，并成功实施了运营提升计划和资本支出计划，而 EBITDA（公司未计利息、税项、折旧和摊销前的收益）与 2018 年相比增长了 10% 以上。那时，我们正准备卖出迎宾酒店集团，如果能以当时商议的价格出售，我们将在不到两年的时间内实现收益翻番。最后是 Food Folk。在成立仅两年，公司的业绩就高于了所有人的合理预期——旗下的 425 家餐厅实现了 7% 以上的销售额增长，而且我们还正在快速开设新店。我们收购了欧洲业绩最差的餐厅，而现在我们的餐厅利润率在全球都处于领先地位。

与此同时，市场也认可了采撷典藏酒店的房地产价值。亨顿大楼酒店（Hendon Hall Hotel）被改造成为老年人保健公寓[①]，并以1,200万英镑的价格出售，这大约是酒店价值的三倍。卖出当天是朱莉娅的生日。她的出生地在科林代尔（Colindale），与亨顿大楼酒店仅相距几英里。彼时，朱莉娅的父母与一个同样有两个孩子的印度家庭合住在一栋三层的半独立式房子里，朱莉娅就出生在前厅。两家人交情甚好，他们的长子后来经常回来看望朱莉娅的家人，直到贝蒂去世。从童年到现在，朱莉娅和我的经济情况发生了翻天覆地的变化。但是，虽然我们的钱越来越多，但让我们感到最自在的，都是在我们发迹之前就结交的好友。

或许2019年的上半年充满了不确定性，但是能肯定的是，我们即将在年底庆祝泰丰资本成立25周年。迈入2020年时，我再次乐观起来。事实上，我觉得每当新的一年到来时，我都会变得乐观。也许是圣诞节的喜庆气氛，也许是因为能休假一天，也许是因为我喜欢吃圣诞布丁，或者也许是因为我第一次见到朱莉娅的日子适逢圣诞。对我来说，就像圣诞节前的异教节日一样，这一天意味着重生。这一天意味着从头开始。这一天意味着一个新的机会。

---

① 老年人保健公寓，英国的一种小型住宅模式，通常设施齐全，配套完善。不同于养老院，住户通常具有完全自理能力，各自独立生活。——译者注

第十三章
多面地狱

在 2020 年到来之际，我的目标和未来一样，都似乎是清晰而光明的：关闭盲池基金，专注做好葛氏家族办公室（Hands Family Office）的大笔交易（我自 2012 年以来持续收购了一些公司，它们均不属于盲池基金），与少数想法高度一致的投资者合作，缩小公司的规模，我希望能做到认识每一个员工并定期与他们见面，飞往世界的各个地方与我的管理团队和共同投资者保持密切联系，同时越来越多地把我不喜欢和不擅长的工作都委派出去。事情正在好转。我没有了"25×25 愿景"那样的宏愿，更多的是打算在未来十年内收购六七家公司必须是我真正喜欢的公司。经历了从 2007 年 6 月以来的十二载艰辛，或许到了第十三年——2020 年，我终于能圆满收官了。

我们已经有一项关键交易正在顺利推进的过程中。迎宾酒店集团将被出售给一个由阿曼家族领导的中东投资者财团。但是在阿曼苏丹突然去世之后，收购计划就不得不搁置：阿曼人认为在他去世之后不久就签署协议是大不敬。过了一段时间之后，我前往意大利佛罗伦萨与他们会面，双方同意继续推进。

最后的谈判内容显然少不了砍价。我希望以 1.2 亿英镑出手。他们最终砍到了 1.12 亿英镑。我发现挂在酒店里的画作有大部分是借自前任业主的女儿，所以尽力把它们保了下来。双方甚至还为竣工当天该由谁支付早餐费用、该由谁获得早餐的收入等小问题争论不休。我们在律师、资产登记、会计师等方面花费了数十万。阿曼人一定花了小几百万。但最终这笔交易还是做成了，前提是要有完备的文件记录，而且不能发生一些不可想象的灾难性事件。

我们预约了公证人的时间，预定在 3 月 31 日完成交易。随后，我们就去享用了一顿美味的意大利餐，还喝了几瓶意大利葡萄酒来庆祝。出售迎宾酒店集团对于我们 2020 年的商业计划至关重要。我们在打交道的过程中已经了解到阿曼人是非常正派的。我们还握过手，共进晚餐。还能出什么问题？无论如何，我已经把这笔钱花在了其他业务上。

第十四章

天堂在地球

你说你想要一场革命

好吧，你知道的

我们都想改变世界

你告诉我这是进化

好吧，你知道的

我们都想改变世界

甲壳虫乐队

《革命1》(*Revolution 1*)

2020 年 1 月，我的大儿子发来了一大波让我们恐惧不安的短信和电子邮件，这是我第一次真正亲身体会到即将发生全球性的健康危机是什么感觉。即便如此，朱莉娅和我还是决定在 3 月 12 日飞往夏威夷庆祝她的 60 岁生日。

然而，全世界都正在迅速变化。根西岛的人们外出时都戴着口罩，餐馆、酒店，甚至海滩都被关闭了。朱莉娅盛大的生日庆典本来计划邀请很多客人，但最后变成了一场小型聚会，在我们一位朋友所加入的海滩俱乐部外面举行。回到英国后，随着

第十四章
天堂在地球

政府实施封锁措施，我们关闭了伦敦办公室，并建议同事远程办公。

这对业务的影响立刻显现。就在几周前，出售迎宾酒店几乎已经是板上钉钉的事了，2020 年的一切似乎都已准备就绪。一下子，尽管我们与阿曼买家最终达成了价格协议，尽管我们与他们已经发展了深厚的友谊，尽管双方都已花费了天价的法律费用，尽管我们还彼此喜欢和信任，但是交易还是被突然取消了。阿曼已经进入封锁状态。在这种情况下，买家觉得他们也别无选择，只能"推迟"交易。我只有两天的时间为接下来的 12 个月凑足流动资金。现在，我本来可以指望的 1.1 亿英镑化为了乌有。

我要求我的首席财务官维克·阿胡亚（Vivek Ahuja）和他的团队对现金流进行一次全面的分析，调查每一种可能发生的情况，并为今后提出战略性建议。有没有我现在应该采取的措施？如果我什么都不做，结果会怎样？如果没有更多的现金注入，我们旗下的每家公司能生存多久？我们怎样才能填补这 1.1 亿英镑的缺口？事实上这个缺口有可能被填补吗？阿胡亚是这项任务的不二人选：他以渣打银行（Standard Chartered Bank）大额银行业务首席财务官的身份经历过 2008 年的金融危机，因此明白什么是风险，并深知在困难时期采取紧急行动的必要性。他也是我理想的副手：在我情绪化和犯冲动时，他却能保持冷静，还善于分析情势。4 月，他正式出任我们的首席执行官。

结果，他和团队认为，我们即将走向末日。他们总结说，我手上的所有现金只够让全部公司维持到 6 月，而且前提是情况不会变得更糟，同时我们还要将运营成本降至最低，并且要进行大规模裁员。一旦过了 6 月，我们就必须开始出售资产。我脑海中浮现出了一场大甩卖的画面，对冲基金和秃鹫基金正在挑选家族资产，而我的共同投资人很幸运还能收回几英镑。我可以预见破产。考虑到我的糖尿病、体重问题和免疫系统损伤，我还可以预见可能致命的压力即将到来。对朱莉娅而言，她眼睁睁地看着自己苦心经营了二十年的采撷典藏酒店在她眼前消失，忠诚的员工也失去了工作和生计。

我一直所做的事业并不讨政府的喜欢。我们不会做出下一个技术创新。没有人会因为我们能提高汉堡的供应速度或让农夫的午餐更加美味而授予我们诺贝尔奖或政府奖章。同样地，也没有人会因为我们保护小牛能够健康快乐地长大而给我们颁发任何奖项。

虽然政府一直在强调医疗保健的重要性，但他们并没有真正关心过其中包含的所有关键工作——比如在夜间给老人翻身，防止他们得褥疮——这就是医疗保健行业的现实。说到底，我们做的事情算不上光鲜亮丽。与此同时，这个行业需要为数百万人负责，还雇用了数千名员工。

幸运的是，这一次政府给了我们一条救生索：带薪休假。刚刚宣布该方案时，我们并不知道它意味着什么，而且在接下来

第十四章
天堂在地球

的 10 天内，相关的操作细节还被修改了 14 次。但是，在正式确定了一条基本原则：向因封城而无法工作的员工继续支付工资之后，我们就意识到，经济中很大一部分的脆弱性已经被认识到了。正如政府在 2008 年出手救助银行一样，带薪休假制度将有助于确保企业的生存，从而帮助数百万人维持生计。

我当时被困在夏威夷，一心调理自己的身体，并开始考虑 6 月以后该做什么。虽然政府一直向公众保证新冠危机只会持续几个月，但我更相信我大儿子的观点，即此次疫情至少会持续两年。这意味着我们要抱有最好的希望，但要做好最坏的打算。反过来，这也意味着我们需要从仔仔细细地考察投资组合中的每一家公司，对它们分别进行压力测试，并决定是否有必要采取改革措施。如果需要，改革的力度应该有多大。我的生活也发生了变化。不再像以前那样每周都要开 30 多次面对面的会议，而是变成了没完没了的视频会议。

我宣布了可以适用于我们旗下所有公司的两个基本原则。首先，只要有可能，我们所做的任何决定都必须"毫无遗憾"——换句话说，无论疫情的结果有多么严重，这些决定都必须是我们心甘情愿做出的。其次，如果我们认为可能不得不放弃某家公司，那就必须先尽可能多地收集信息，然后给予充分的时间和人力，来分析和辩论，彻底搞明白之后再做决定。鉴于我们在 20 个国家和地区拥有 8 家公司，聘用着 23,000 多名员工，上一年的营业额超过 20 亿欧元，利润为 3.77 亿欧元，因此，我们在采取任何措施之前都必须从细节上考虑到最后的影响。我们不仅想确保这些公司的生存，能够承受住这一新现实可能带来的任何影响，而且还希望它们继续发展壮大。

为此，我们成立了情景、应急和计划委员会：一个快速反应小组，负责解决整个投资组合中的关键问题并做出战略决策。小组成员包括金、维韦克（Vivek）、艾恩·斯托克（Iain Stokes）（我们在根西岛的所有普通合伙人中的资深人士）和我，同时还有负责交易的总经理之一戴夫·布朗（Dave Browne）提供支持。我们最早的"毫无遗憾"决策之一，就是在最后 8 名分析师候选人准备与我面试的前两天，取消了 2020 年的分析师招募计划。他们都是从 2,000 名报名的申请人中脱颖而出的佼佼者，已经通过了无数测试、评估中心测评和泰丰资本高层的面试。我们还暂停发起新的交易，并不再寻找潜在的投资项目。

然后，我们通过现金流模型分析了 4 种不同的场景。在最坏的情况下——全球停摆超过 15 个月，我们能做的事情几乎为零。如果这次疫情是按照以往流感疫情的模式来发展，而且能在 2020 年年底之前出现有效的实现代医学救治手段和大规模疫苗接种，那么，我们在出售一家合理规模的公司的基础上，再尽全力削减开支，肯定可以撑过 2021 年 6 月。我们还需要做的是，在有可能的前提下，积极向银行申请贷款，如果申请不下来，就要尽可能延长我们的贷款期限。我们还将不得不充分利用公司所在国家和地区的各种可用的政府流动性额度，以及国家对企业相

第十四章
天堂在地球

关的支持政策。

我们做出并实施的每个决定都包含着艰难的选择。一方面，我们希望尽可能地理解旗下每一家公司的处境，并为它们提供最大的支持。另一方面，我们知道我们不能成为最后贷款人。如果最终没有人能在另一边担保，那么感情就毫无意义。

从麦当劳总特许经营商 Food Folk 公司和化妆品公司塔莉卡（Talika）的经验来看，我们所面临的挑战无所不包，同事们在压力下灵活应对的能力也极其出色。这两家公司在规模上有着天壤之别。Food Folk 公司的员工数量是我们所有公司中最大的，也创造着我们最大的一笔单一营业收入。塔莉卡在这两个方面的规模都是最小的。也很难想象它们分属于截然不同的两个行业，一家主要在商业街供应快餐食品，一家主要通过免税店和飞机销售化妆品。然而，面对疫情，这两家公司的应对措施却是同样强劲有力、同样富有想象力。

Food Folk 受到了新冠疫情的直接冲击，仅 3 月的销售额就下降了 22%。因此，许多加盟商都希望能立即获得经济支持，有些甚至想关门歇业，这都在我们的预料之中。但这两个选择我都不接受。虽然我们不知道什么时候才能重新盈利，但是对我们、对品牌、对员工、对特许经营商而言，保持营业并继续为顾客提供服务有着非常重要的意义。我指出，在任何情况下，如果选择关门，我们都将难以撑过 6 月。目前来看，世界上确实有些地区的麦当劳为本地加盟商提供了财务支持，但我坚持认为，如果把贷款和租金减免当作理所应当的事情，不论是所有餐厅统一对待，还是单个餐厅单独分析，都是非常荒谬的。并非所有的加盟商都遭受着同等程度的冲击：某些加盟商拥有多种类型的餐厅，例如，商场里的餐厅虽然经营惨淡，但汽车穿梭餐厅的业绩就还不错。我还认为，我们即使同意向特许经营商提供此类财务支持，也应该作为合伙经营款项，而不是贷款——也就是说，我们将通过在未来的一段时间里分享餐厅的收益来获得回报。

换句话说，我觉得对不因自己的过错却面临破产的特许经营商而言，我们确实应该伸出援手，但如果企业面临的问题只是生意环境比平时更难，我们就无须提供救助。最后，我们发现只有大约 10% 的加盟商需要财务支持，而我们提供的资金规模平均是全球麦当劳贷款计划中每个加盟商的 10 倍。因此，这 10% 对我们的好感剧增，但其余 90% 怨声载道，其中有几家非常直白地向我表达了不满。然而，商业并不是一场人气竞赛，我相信我们的方法是正确的。事实上，一段时间过后，坚持营业的好处越来越明显，那 90% 的加盟商也开始相信这一点。最终，在业务所及的全部 4 个国家和地区里，我们的市场份额都提高了（芬兰的加盟商还实现了国内快餐连锁店行业最高的销售额），而且截至年底，销售额与 2019 年持平：在新冠疫情的大环境下，能取得这样的成绩着实非常优秀。有人可能会觉得，这是因为从整体上来看，北欧国家应对疫情的措施较为有效，但是，我并不能苟

第十四章
天堂在地球

同。因为许多本地的同业餐厅销售额下降高达 40%，而且有一些已经破产。

塔莉卡公司则是一个非常不同的命题。我是以被动投资者的身份参与到这家公司的。我向 Naga（泰丰资本与某品牌管理团队成立的合资企业）提供资金，以参股形式收购了这家化妆品公司。Naga 的目标是在 2020 年年初还清我们的贷款，并买断我们的股权。不幸的是，当新冠疫情袭来时，他们的投资人消失了。

我们与塔莉卡的大股东艾力·布斯（Alexis de Brosses）召开了一次线上会议，为这家传统客户——搭乘飞机的旅客——或多或少在一夜之间消失的公司制定了一项战略。首先，布斯会尽快裁员，以此削减成本。然后，新产品的开发也将大大减少。他将把销售的攻势和电视广告全部集中在眼妆上——由于大多数国家都施行了强制戴口罩的政策，所以眼睛已成为展示微笑的新窗口，那么在当前的环境下，睫毛膏会比口红更受欢迎。

他的方案做起来难，但非常有效。截至年底，公司的员工从 35 人减少到 14 人，预期营业额下降了近四分之一。但与此同时，公司的效率日渐提高，重点发展线上业务的策略开始实现回报：仅一个电视广告就带来了超过 16,000 件的销量。到 9 月时，公司就再次实现了赢利。

Food Folk 和塔莉卡并不是我们仅有的挑战。专为学校建造和租赁优质建筑的芬兰公司 Parmaco 实际上业绩做得很好，但如果我们继续按照管理团队希望的速度建造新学校，就有可能面临资金耗尽的局面。我们本可以考虑对公司进行资本重组并进一步借债，但这样做的代价不低。而且，无论如何，我们还要在 2021 年 6 月之前为泰丰资本整体募集大量资金，所以我认为与其为 Parmaco 寻找额外的资金支持，不如尽快卖掉它。但是，此时并不是完美的出手时机。首先，新冠疫情带来了重重困难；其次，Parmaco 的首席财务官即将离职；最后，在担任公司首席执行官 32 年之后，奥西·阿拉斯塔罗（Ossi Alastalo）决定不再全职工作，只作为非执行董事参与公司业务。尽管泰丰资本的其他同事、Parmaco 的管理团队和我们的共同投资者都普遍认为应该尽快进行再融资，等我们的管理团队在 2021 年下半年就位并融入公司后再考虑出售，但我本能地觉得这条路完全走不通。

透过新冠疫情，我看到了芬兰是多么幸运——这个国家拥有被广泛誉为全世界上最好的学校系统。在那里，人们优先关注的是如何帮助儿童融入社会，并成为对社区有用的人和积极向上的人，其次才是学业成绩。而且这并不代表芬兰的教学质量很差——该国的识字率长期名列全球前三（相比之下，英国仅排名第 17 位）。我们在芬兰建造的每一座学校都会把大量的空间用于与学术课程无关的活动，这总是让我颇受震撼。有一些专用的地面结构可供低龄儿童玩耍。教室里还配备了折叠床，让孩子们有适当的休息时间。给我留下深刻印象的是，所有在芬兰学校就读

第十四章
天堂在地球

的学生在 16 岁之前都可以享受高质量的免费校餐，而且这些餐食的营养搭配都非常合理（芬兰是全世界第一个向儿童提供这种免费服务的国家）。我相信，正是因为芬兰人从小就强调合作和社区精神，所以在一定程度上能解释为什么在新冠疫情期间这里虽然没有采取封城政策，却只有极低的死亡率。所有人都齐心协力。

如果没有这样的大环境，我无疑会选择另一种方式处置 Parmaco 项目。但它是一家了不起的公司。事实上，我拒绝进行再融资，并着手准备出售流程。我个人认为它的价值超过 10 亿欧元，因此这就成了我们心中的目标售价。然而，我敏锐地意识到，市场的估值可能和我的判断截然不同。

既然做了决定，我们就立刻展开了 4 项独立的工作——它们全都是成功出售公司必不可少的环节。首先，我们需要找到一位新的首席执行官和首席财务官。由于我们计划卖出公司，所以很可能忍不住找一个能顺利过渡的人就行了，但我希望找到一位能让我放心由他长期经营公司的人。因此，在跟猎头说明情况时，我明确表示，我们只考虑能通过泰丰资本的心理测量和能力测试的人——每年向我们申请职位的 2,000 名毕业生中，大约只有 65 人通过测试。有人警告我，这样做可能有时间不够用的风险。我坚持己见。在我看来，这只是意味着猎头公司得加倍努力才能挣到这笔猎头费而已。结果，它奏效了。我们在夏季宣布任命玛丽娜·罗霍宁（Marina Ruohonen）为首席财务官，并在 11 月任命萨米·莱恩（Sami Laine）为首席执行官。加上阿拉斯塔罗，我觉得他们堪称梦之队。

我们的第二项任务是向潜在买家解释公司的现金流状况，指出各种潜在的风险，并给出减轻这些风险的建议。我知道潜在的投资人会对公司进行法务审计。如果有哪个地方让他们搞不明白，或者因此产生顾虑，那么就很难达成交易。由于这项工作需要高度专业的数学和分析技能（我在高盛和野村证券的本金投资部工作期间做过，但从未在泰丰资本用到过），因此我决定聘请一位本金投资部的前同事来负责此事——他现在经营着自己的咨询公司。他全程秉持着多疑且精明的投资者心态，一直在跟数字较真儿。在这样一位专家的不断质询下，审计过程让泰丰资本和Parmaco的管理团队都身心俱疲。但这个方法非常有效。全部结束时，各项财务数据一目了然，还碰巧发现这家公司的价值确实超过了10亿欧元——准确地说是11亿欧元。

我们的第三个任务是探索公司可以做哪些事情来实现利润最大化，例如扩展模块化学校建筑业务、建造模块化养老院，或开拓海外市场。这部分的挑战与其说是需要更多新的点子，不如说是需要为每个措施制定简化的商业规划。我们请来了麦肯锡咨询公司（McKinsey），并在2021年年初准备好了所需的文件。

最后，我们需要一家投行协助开展出售流程，并开始接触潜在买家，进行展示说明。这两个阶段过程的第一部分进展非常顺利。2020年10月底，我们选定了德意志银行（Deutsche Bank），

第十四章
天堂在地球

同时启动了出售流程。到 2021 年 2 月，经过两轮指示性投标后，共筛选出 4 个潜在买家。但在这时，我们遇到了问题。就在我们准备进入下一阶段时，我观看了管理层向潜在买家做幻灯片演示的彩排，突然感到信心不足。我觉得他们的讲演是基于每个人自己的视角，而不是一个有凝聚力的整体，而且我看不出任何感情色彩。更糟糕的是，整个过程非常无聊：就是一场讲座而已，并不是充满激情的推销。

当我表达了这些看法后，大家表示我多虑了。同事们说，芬兰人比较保守，而我的要求过于偏向英美风格了。我不接受这个说法。

人性是相通的。美国人善于销售并不是因为他们天赋异禀，而是因为他们接受过销售培训。不管怎样，其中有 3 个潜在买家都不是芬兰人。而且真正的障碍在于，我们不得不通过线上视频会议的形式以英语完成这些讲演，效果肯定会非常枯燥。

所以，我推迟了演示时间，决定向一位老朋友求助。朱莉娅·古德曼（Julia Goodman）曾经帮助我们芬兰的麦当劳特许经营负责人打磨公众演讲的技巧，成功地把他从一个害羞的会计师变成了一个口若悬河的台前领导者，轻松驾驭众多芬兰特许经营商参加的会议。我相信，他由此获得的信心和精气神在很大程度上促成了芬兰的扭亏为盈。当他表现出自信时，特许经营商就能接受到他的积极态度。他们不再提一些琐碎的问题，而是共同努力推动业务向前发展，并致力于打造出色的客户体验。信心可以感染他人。

我们计划由 4 名芬兰人向潜在买家推销公司，他们并不想接受古德曼的个人演讲技能培训。我能理解，因为我自己在 20 年前就是那个被培训的人。如果有人告诉你，有一件事情是你多年来每天都在做，而且自认为做得很好，但当你不得不通过视频会议软件来做，还要和其他 3 个人一起做的时候，你实际上的表现非常糟糕——听到这样的评论心里肯定很难受。但是，我觉得良药苦口。古德曼一如既往地直言不讳，那几位同事后来几天的培训也非常痛苦。他们连周末都没有停歇，还一直努力到深夜，讲演效果终于焕然一新。这时，我才重拾了信心，确信我们不会输在最后一仗上。

投标日定在 2 月 24 日。我们共收到 3 个超过 10 亿欧元的投标，其中一个接近 11 亿欧元。当听说自己的出价偏低时，其中有两个潜在买家前来询问是否可以提高报价。我都拒绝了。我们已经明确表示不会接受二次出价，大家应该在一开始就拿出自己最好的状态。

最终，管理资产高达 1,000 亿欧元资产的合众集团（Partners Group）——总部位于瑞士的全球最大私募投资公司之一买下了这家公司。我相信它会是一个好老板。我自己也从出售 Parmaco 获得的利润中拿出了一部分再次投资了这家公司。我很希望能继续参与到这家公司里，也想见证它不断发展壮大。同时，顺利完成投标给我带来了充足的资金，可用于支持仍然留在我手中的公司。我不再需要担心它们的生存问题了。

如果说新冠疫情给我们的快餐业务带来了巨大挑战，那么它对朱莉娅的采撷典藏酒店所造成的影响就涉及公司的存亡。朱莉娅于 2001 年一手创立了这家公司，它曾两次荣获 AA 酒店集团大奖[①]、无数食品和服务奖项，并且刚刚被评为年度会议连锁酒店（Conference Hotel Chain of the Year）。但是，在全国都封城的情况下，没有任何一家连锁酒店（或独立酒店）能够顺利度过。

开设在现代化大楼里的普瑞米尔酒店[②]（Premier Inn）至少还可以直接暂停营业来降低成本。然而，采撷典藏酒店所在的建筑都是位于广袤乡村原野中的一级和二级历史保护建筑。仅仅是维护建筑物的安全、防水和良好状态就需要花费数百万美元。以关门来应对疫情不是一个选择。为了维持其运营，我在接下来的 15 个月里向该公司注资 6,000 万英镑。

对朱莉娅和我来说，经营采撷典藏酒店还存在另一个层面的挑战。当朱莉娅最初同意接手这家公司的管理工作时，她非常明确地表示不会给我打工。采撷典藏酒店是她一手打造的，她希望我尽量不要参与这家公司的经营。然而，在我已经大量注资的情况下，不干涉不过问的方式似乎就不再合适了。

---

① AA，英国汽车协会（The Automobile Association），每年颁发酒店和旅馆大奖，是英国本土最具权威性的酒店行业评级。——译者注
② 普瑞米尔酒店，英国规模最大的经济型连锁酒店。——译者注

当时，对于所有我参与经营的公司，我都希望利用被迫停工的时间进行战略评估——对这家连锁酒店，我的想法也是一样的。这将是个痛苦的过程。当你试图让一家公司转型时，你就需要让管理团队接受变革的必要性、成功变革后的好处以及实现变革的方法——就像我自己在 2019 年轻度中风后采取的行动一样。我在转型计划期间会与管理层召开每周例会。持续两个小时的会议结束时，每个人不但筋疲力尽，还感到愤怒和沮丧——包括我自己。一般来说，我生自己的气是因为我觉得自己没有解释清楚我希望大家做什么，而让我沮丧的原因是管理层没有去着手做这些事情。管理团队在两小时的会议中一直被灌输需要改变的原因以及为什么他们多年来一直在做的事情不再奏效，这也让他们变得跟我一样又生气又沮丧又疲惫。我通常在会议的最后要求管理团队重新考虑我们在那一周关注的问题或机会，以此作为变革计划的一部分，然后向我报告替代的解决方案。一般来说，解决方案在我这里至少需要两到三轮的讨论修改才能通过。我还邀请了来自许多公司的外部人员对现有管理团队提供支持，他们或充当"魔鬼的代言人"向管理团队提出质询，或在某些情况下取代他们的位置。

当我收购一家公司并展开这一流程时，在任的管理团队十有八九都会选择离开。这最终让大家都更轻松。然而，对于采撷典藏酒店，这几乎不可能实现。我也不能真的建议朱莉娅每周开一次会，每次两小时，然后让我的团队单独与她一起工作。取而代

第十四章
天堂在地球

之的是，我们二人的睡前谈话变成了关于 IT 系统、品牌和房价的争论——多年来，她对房费的定价一直使她能够跻身英国性价比最高的三家连锁酒店之一。我很难因为朱莉娅从来不想为我工作而责备她；她比任何人都了解我的工作风格，并且知道我为了尽可能实现最优结果，会给自己和手下的员工施加了多么巨大的压力。新冠疫情迫使我花时间研究如何质疑、改进和转变我所有的公司。只要有必要，我打算做任何事情对公司进行变革，以确保它们生存下去。在这一关乎存亡的节点上，所有公司及其利益相关者都必须以超越个人情感的角度思考问题。

朱莉娅已经决定做出一些改变，尤其是在采撷典藏酒店采用高科技产品、部署专业技能、房价和品牌等方面。然而，新冠疫情意味着这些变革的速度和广度让采撷典藏酒店的任何员工都措手不及。

不可避免地，朱莉娅和我无法总能达成一致；当然，我也不记得在任何一家公司转型的过程中自己曾完全同意过首席执行官的意见。曾经与我一致性最高的公司领导人是威廉希尔有限公司的约翰·布朗（John Brown），但即使这样，我们也花了大约一年的时间才达成协议，而且他在第一次与我会面时就提出了辞职。有时我们俩的行为举止看起来就像是两个顽皮的小学生在打架。这种方法肯定不适用于朱莉娅。但是，我们俩一致认可采撷典藏酒店应该倡导的价值观：家庭感、地方特色、宾至如归、传承历史、可持续性、与众不同、服务至上、舒适惬意和充满个性。未来的客户是否会认同我们传达的价值——从附近的农场采购早餐香肠、借艺术和雕塑作品反映酒店建筑的历史传承、工作人员竭诚为他们和家人服务的时候还积极分享有关当地社区的一切信息——我们还不得而知，但是朱莉娅和我都坚信他们终将看到这些价值的意义。我们还相信我们可以让大家相信，与其去罗马、米兰、巴黎、斯德哥尔摩或哥本哈根度假，不如来体验一下美妙的英国乡村。在得到超过 1 亿英镑的注资之后，加上朱莉娅和她的团队以比我想象中更快的速度执行了她的愿景，采撷典藏酒店在新冠疫情结束之后必将再创辉煌。

新冠疫情的另一个牺牲品是 Engage Britain 的公开发布，这是一个充当政治变革工具的慈善机构。最近一段时间，我试图重新回归政治，并希望做出积极的贡献——我想在更大的舞台上发挥自己在职业生涯中学到的一些商业经验。

这当然不是一个简单的命题。撇开朱莉娅一再的威胁不谈（如果我真的敢从政，她就会离开我），有一个很简单的事实就是我不喜欢英国的政治舞台。例如，当英国公投"脱欧"时，我的第一反应——也许不可避免地是一种情绪化的反应。我感到沮丧，并且看到留欧派的领导人用灾难性的方式处理这个问题时，感到十分愤怒。然而，作为商人的我则能更理性地思考。我能理解人们选择这条路的原因，以及为什么他们其实对政治现状非常不满。在一家失败的企业中，往往看不到员工的参与、赋能和归属感。在英国脱欧后，你不需要什么特殊本领也能意识到这三项

第十四章
天堂在地球

品质正在英国消失。有非常多的人感到与政府和政治——掌权者的疏离。如果英国政治是一家公司，我会立即下令进行彻底的运营整改、重新定位品牌并更换高管团队。

我开始接触伟人和好人中的温和派，与他们展开了频繁的对话，但结果令我失望。我觉得他们的解决方案似乎在重复过去的错误——唯一的不同是他们显然认为这次自己可以做得更好。对此，我持怀疑态度。在公司里，你只能改变三件事——人、人们做的事情，以及事情的组织方式。当收购陷入困境的公司时，这些都是我会重点关心的地方，而且我基本上最终都会把人换掉——不是因为我把问题归咎于他们，而是因为他们正是问题的一部分，又很难成为解决方案的一部分。我对伟人和好人也有同样的感觉，他们不能成为解决方案的一部分。

当我重返政治舞台时，我尽量以简洁明了的方式阐述我的主要信念：我们的政治家没有为国家做出贡献。政治瘫痪和政策荒废都正在加剧。我们面临的许多重大挑战——例如贫困、环境，以及人们的和谐共处都不是新问题：它们都是尚未得到妥善解决的老问题。英国是一个充满才华和创意的国家，但是在这里，面对亟须解决的问题时，那些拥有最敏锐的第一手经验的人所发表的意见往往并没人听，那些受到白厅[1]（Whitehall）决策影响最大

---

[1] 白厅，伦敦市街道名，这里聚集着国防部、外交部、内政部、海军部等重要英国机关。——译者注

的人的想法也普遍得不到重视。这需要改变。

进入 2017 年后，我发现政府体制内没有人同意我的看法。毕竟，我是在要求他们信任英国各地的社区，并愿作人民的公仆，而不是让百姓为他们服务。这就像是让火鸡来投票要不要过圣诞节 ① 一样。有人告诉我我简直是疯了，因为公众其实并没有明智到能做出正确决定的程度。还有一些人补充道，"人们既偏执又难搞"，暗示着农民起义时期的"乌合之众"。

我回答说，虽然我相信知识的重要性，但我从不认为只有接受过教育的人才能做出正确的决策。我还指出，只要有可能，政客们就会竭力阻止公众对问题进行深入思考。相反，他们会把所有问题打包，并期望选民像球迷爱球队一样全盘接受。至于"人们天生偏执"的指责，我确定这不成立，但也确实担心人们可能会像媒体所说的那样，变得分裂和极端。

约翰·伯特勋爵（Lord John Birt）在整个过程中一直是我的忠实知己。他一开始也认为我处在半疯癫的状态，但慢慢地转变了看法，建议我和政府研究所（Institute for Government）的朱利安·麦克雷（Julian McCrae）聊一聊。我很疑惑。他的简历显示，他曾在牛津大学学院读过政治经济哲学专业，在财政研究所工作过，然后来到白厅工作，并继续在首相的战略部门担任职务。换句话说，他在政府体制内度过了二十多年。对我来说，他

---

① 吃烤火鸡是西方过圣诞节的传统。——译者注

第十四章
天堂在地球

似乎是问题的一部分，而不是潜在解决方案的一部分。

我约了麦克雷来七橡树的家里，在丘吉尔庭院的一个镶板房里跟他会面。我们做了一对有趣的对比。麦克雷留着胡子，看起来活脱脱像一名伊斯灵顿①（Islington）的左边锋球员。有人告诉我，我长得像杰瑞·斯普林格②（Jerry Springer）。我有一次去七橡树的一家印度餐馆吃饭，他们不相信我不是斯普林格，还坚持要我和工作人员一起拍照，以证明斯普林格曾光顾那里。

一开始，我就表达了自己的观点，如果没有政客和媒体，这个国家的人民都会体面正派的，大家也会拥有相似的信仰。我认为，我们在社会中看到的分歧主要是由于沟通不畅造成的。麦克雷似乎大体上同意我的看法，并同意组织一项调查来看看我的直觉是否准确。在这番对话之后，Engage Britain——一个致力于成为变革工具的慈善机构诞生了。朱莉娅和我为其提供了启动资金，麦克雷加入董事会并担任负责人。

麦克雷安排的那项调查证实了我的直觉。政治可能会崩溃，但英国人民绝对不会。绝大多数参与调查的人都刚正不阿，他们坚信社会正义和社区力量，并愿意共同努力做正确的事。自

---

① 伦敦的伊斯灵顿区曾是上流人士聚集地，现成为新兴的时髦住宅区，也是英超球队阿森纳的主场所在地。——译者注

② 杰瑞·斯普林格，美国知名电视主持人，前辛辛那提市市长，曾主持脱口秀节目《杰瑞·斯普林格秀》（*Jerry Springer Show*）长达 27 年。——译者注

脱欧公投以来，我第一次感到充满希望。如果我们能找到一个方法让"沉默的大多数"的声音被听到，那么英国或许就有了前进的道路。

在麦克雷的领导下，Engage Britain 着手开展了进一步测试。例如，让保守的老太太与叛逆青年对话，看看会发生什么。我们为他们设定了讨论话题，现场配备了一名主持人，并架了一台摄像机记录全程，然后就让他们自己聊起来了。这是任何政治家都不敢尝试的社会实验。

结果令人难以置信。一群在日常生活中可能会互相害怕或互相怨恨的人，第一次意识到他们以前并没有真正见过对方或者听到过对方的心声。我特别记得看到一位老奶奶与一个穿着连帽衫的孩子之间的互动。她一开始非常小心谨慎，但是当她注意到小伙子面部的文身看起来很像她孙子的文身时，他们的关系就建立起来了。

新冠疫情迫使我们搁置了计划。我们无法亲自发布 Engage Britain 项目，而且通过视频会议软件进行线上发布似乎也不太合适，所以我们将不得不等到一切恢复正常。但从好的方面来说，随着我们与英国各地的社区领袖频繁接触，我们与当地社区的联系也变得日益紧密。我很荣幸能够参加他们每两月举行一次的会议，与当地人一起讨论封城对他们自己、家人和更广泛社区的影响。

我为 Engage Britain 设定的愿景是，它应该帮助人们更好地

第十四章
天堂在地球

理解问题，并赋予他们发言权。我敏锐地意识到，我们绝大多数人都对社会中许多人绝望的生活和被边缘化的少数群体的感受知之甚少或完全不了解。如果 Engage Britain 能够提高人们的意识，我相信他们会开始要求改变，一个更美好的社会也将随之会出现。我之所以这样说，主要是因为我觉得有不少社会各个阶层所面临的问题——例如贫困与很多人的经历相去甚远，以至于在当前环境下，这些问题得到解决的机会微乎其微。我们要做的，不是让那帮更幸运的人屈尊俯身或提供帮助，我感觉来自伊斯灵顿区的"做作派"或"家长式"保守党人士的所作所为可能就属于这种情况。人们的性情本相通，但生活境遇却截然不同，我们要做的就是把大家聚在一起。

我与母校牛津大学曼斯菲尔德学院的合作正是这一理念的重要组成部分。我们希望创建一个更公平、更美好的国家，而协助该学院从更接近真实组成英国社会的人群中录取学生算得上是在这一领域取得的一个小小成功。在朱莉娅和我计划的下一个项目中，希望能让牛津大学这些享有特权的学生在读书期间花点时间了解其他社区，如果他们不刻意为之，这些社区与他们的生活永远都不会有交集。这要在他们仍然对不同的想法持开放态度的时期进行，要让他们知道并不是说考试成绩好就意味着他们能够高人一等。换句话说，我们希望在他们变得故步自封并支持维持现状之前就影响他们的想法，不然，他们就几乎无法得到真正的幸福和自我实现。

　　随着我关注的范围越来越广，我也重新调整了打理公司业务的方法。在意识到我永远不可能再募集另一只盲池基金之后，我也就不必再花心思做一名为投资人谋求最大回报的资产经理了，因此，我可以重新做回自己最喜欢的事情：做大型交易。泰丰资本现在专注于对资产的收购、执行、运营和最终退出。有它在背后为我全力提供支持——我变成了它的基石投资者，葛氏家族办公室成为我实现商业抱负的主要载体。

　　我不仅回到了我的创业本源，也改变了我的经营理念。公司转型的目的不能仅停留在提升经济价值的层面上。我参与的每家公司不仅要致力于成为其所在行业的头部企业，还应该要求自己以实际行动让世界变得更美好。与简单地表示我们将"不破坏"环境、只投资"有良心的"或"有道德感"的企业相比，这有着本质的不同。我希望我参与经营的公司不再对环境构成威胁，并积极为减少碳排放和碳捕捉贡献力量。即使在收购时它们一条都做不到，这些也都是我们进行转型的目标。它们还必须支持积极的社会议题、重点关注我们投资的社区并促进其多元化发展、创建包容性社会，并建造安全的工作场所。它们必须推动所有利益相关者群体（包括员工、客户、供应商、投资者和社区）实践透明公开的商业操作，实行问责制和可持续发展的战略。它们还应确保积极参与到我们旗下每家公司的整体价值链之中，如果他们不按照我们的标准行事，就必须向每一方——不论是供应商还是投资人解释其中的原因。因此，我们也有责任监督与我们共事的

第十四章
天堂在地球

各方在多大程度上实践着可持续发展的战略。

曾经，环境、社会和治理（ESG）认证是可有可无的。而今天，我相信它是必不可少的。我们要将环境、社会和治理融入公司的全部行为之中，把"让世界变得更美好"这句口号变成每一天的行为准则。我一直对同事说，如果环境、社会和治理是房间里的大象，那么我们的工作就是让大象跳舞。作为一个需要全神贯注才能把舞跳好的人，我知道唯一的方法就是要让这件事变得极其简单。我们没有时间找借口。我不会假装知道所有的答案，但是当我试图寻找答案时，我并不害怕失败，相比之下，我更害怕不去尝试。

如果有人认为这并不符合一个头脑冷静的商人的做事风格，我并不会感到惊讶。但我猜，肯定有不少商界精英已经到达了人生的某个境界，深刻体会到商业上的成功无法再给他们带来幸福，并开始意识到他们为了成功而放弃了什么。就我而言，这有点像悲伤的五个阶段：否认、愤怒、恳求、沮丧和接受[1]。在到达了"接受"的阶段后，我知道自己无法改变过去，因此开始重新评估我运作公司的方法以及公司应该意味着什么。我正在寻求更广泛地参与社会活动。我也正在给自己转型，比如我的

---

[1] 心理学家伊丽莎白·库伯勒-罗丝在她1969年出版的《论死亡与临终》（*On Death and Dying*）一书中提出了人对待悲伤与灾难过程中的五个阶段模型。——译者注

饮食习惯——我过去沉迷于饕餮过度，还有我的家庭生活被我忽视了太久。

2021 年夏天，当我站在豌豆岩柱（Pea Stacks）前——看着这片雷诺阿①（Pierre-Auguste Renoir）在根西岛期间曾画过的美丽的花岗岩，这片维克多·雨果（Victor Hugo）在小说《海上劳工》（*Toilers of the Sea*）中赋予生命的岩石，这片如同根西岛上其他美丽岩石一样的岩石，这片多年来摧毁了数百艘船、淹死了数千名水手的岩石——眺望远处的大海时，我决定把"底蛤蟆"留在身后，让自己从此自由起来。

我要抓住时机，并且至少这一次要随心而行。如果做不到，那么除了我自己，我不能责怪任何人。六岁时，我的人生目标是让世界变得更美好。五十五年后，我没有理由不这样做。如果我为此努力，那么我就有机会得到满足感并获得成就感。如果在我享受生活的过程中，把一些钱用来给我爱的人买礼物，或者帮助我喜欢的人，或者花销奢侈，或者消耗太多的碳——并不是说我所做的一切都秉承着利他主义，因为我也是一个普通人。我不比任何人好，不比任何人差，也不需要因为做自己而感到内疚。如果我坚持这么做，那么"底蛤蟆"最终就会消失。

眺望大海，我感觉自己仿佛又回到了六岁，充满了青春的热

---

① 皮埃尔·雷诺阿，1841—1919 年，著名的法国画家，印象派发展史上的领导人物之一。——译者注

第十四章
天堂在地球

情。同时，我现在还积累了丰富的经验。我对生活的热情又回来了。在我见识过那么大的世界、做过那么多的事情之后，这一定是全天下最棒的感觉。

致谢

沙卡·祖鲁有众人帮，我也一样有幸得到了诸多亲友同事的帮助，在世事难料的岁月中成就了我的人生。如果没有成百上千人的巨大付出，我不可能经历这样的人生故事。于此，我对他们永远充满感激。

我无法对每一位在人生之路上帮助过我的人都一一致谢，但首先要感谢我的家人：我的妻子朱莉娅和我们的四个孩子；我的父母莎莉和克里斯，以及朱莉娅的父母贝蒂和乔（Joe）；我的兄弟姐妹菲利普和艾莉森，还有朱莉娅的姐妹玛丽恩。

我还要感谢那些我写这本书期间帮助过我的人：

制作团队：我的编辑奈吉尔·威尔考克森（Nigel Wilcockson），我的经纪人卡罗琳·米歇尔（Caroline Michel），作家斯蒂芬·阿姆斯特朗（Stephen Armstrong）、詹姆斯·阿什顿（James Ashton）、蒂姆·布奎特（Tim Bouquet）和安迪·西尔顿（Andy Silton），摄影师路易斯·威特（Louis Waite），排版师苏西·卡姆贝拉（Susie Campanella），以及我信赖的公关专家尼克·科莱（Nick Caley）。

另外，还要感谢在过去十年中与我一起耐心工作的泰丰资本的各位员工：萨拉·雷托（Sara Little）、宝琳娜·夫鲁斯

（Paulina Fruth）、莉齐·埃德沃兹（Lizzie Edwards）、劳拉·奥克斯雷（Laura Oxley）、斯凯勒·克莱门特（Schuyler Clemente）和克里森·汤姆森（Christen Thomson）。

也要感谢那些帮我回忆往事并提供当年逸闻趣事的人：蒂姆·普赖斯、维维克·阿胡贾、迈克·金斯基、比尔·迈尔斯（Bill Miles）、朱莉·威廉姆森（Julie Williamson）、贾斯汀·金、约翰·伯特勋爵、珍妮·邓斯坦（Jenny Dunstan）、杰瑞·梅尔奇奥纳（梅尔奇）、保罗·斯皮兰（Paul Spillane）、安东尼·德索萨（Anthony D'Souza）、比利·曼恩（Billy Mann）、卡罗尔·邓赛斯（Carol Dunseith）、蒂姆·肖特（Tim Short）、安德鲁·米勒、帕斯夸里·纳扎罗、里亚·庞查和玛雅米可·卡钦韦。

感谢那些在审理百代唱片案件之前、期间和之后帮助我摆脱困境的人：特里·里维尔（Terry Revere）、特鲁迪·库克（Trudy Cooke）、丹妮尔·迪克森、詹姆斯·奥德诺（James Oldnall）、大卫·托马斯（David Thomas）、大卫·沃尔夫森（David Wolfson）和克里斯·达菲（Chris Duffy）。

最后，我要感谢那些多年来给予我指导的人，我已在人生之中犯错无数，但他们的帮助让我避免了更多错误：汤姆·麦基洛普爵士、格伦·莫雷诺和帕特里克·艾伦。

感谢你们每一个人在这段人生之旅中对我的帮助。